KB233385

통일한국의 사회보장정책

통일한국의 사회보장정책

장용철 지음

한국학술정보㈜

머리말

최근 들어 대한민국의 새로운 국가목표로, 경제·생명·복지와 같은 탈이데올로기적 명제들이 시대적 이슈로 부상하고 있다. 특히 복지사회, 복지국가(welfare state)라는 담론은 1990년대 OECD 회원국 가입과 더불어, 한국의 경제적 위상이 세계 10위권 대에 진입하면서 새로운 국가목표로 강력하게 떠오르고 있다. 복지국가담론은 그동안 안보논리 및 산업화, 민주화 논리에 함몰되어 있던 국민들의 복지 욕구가 국가에 의한 보장이라는 기대심리로 촉발되면서 확산되는 측면이 있다.

복지국가담론은 당면한 우리 사회의 화두일 뿐 아니라, 향후 통일 한국의 새로운 국가유형으로서도 제일 우선시되는 매력적인 의제다. 우리나라는 미국, 영국, 호주 등과 함께 자유주의적 시장 메커니즘의 기본 역할을 인정하는 '자유주의적 복지국가' 유형에 해당된다. 따라서 우리나라는 기본적으로 선택적, 잔여적 개념의 복지정책을 취하고 있지만, 점차 복지의 국가책임을 강조하는 보편적, 제도적 복지형태를 지향하고 있다.

한편 북한과 같은 사회주의 국가들은 마르크스주의 이론의 관점에서 경제적 평등이 이루어지지 않는 곳에서 정치적 평등은 실현될 수 없다고 보고, 처음부터 개인주의와 시장주의를 배격하고, 평등이라는 사회적 가치를 실현하고자 하였다. 따라서 집단주의와 계획경제를 택했기 때문에 복지국가의 논리에 있어 사회주의는 자본주의보다 훨씬 포괄적이고 적극적인 입장에 서 있다고 할 것이다.

대한민국의 당면한 국가목표, 혹은 통일한국의 새로운 국가모델로 복지국가를 지향한다고 할 때, 현재적 시점에서 남북한의 사회보장정책은 어떤 의미가 있으며, 통일한국의 새로운 사회보장정책을 구축하기 위해서는 어떤 방식으로 통합에 접근해야 할 것인가? 복지국가의 수준은 그 나라의 사회보장정책의 수준에 의해 평가될 수밖에 없기 때문에 남북한의 사회보장정책은 남북한 주민들의 삶의 질 수준을 의미하며, 통일은 남북한 구성원 모두의 삶의 질 향상을 전제로 한 사회보장정책의 통합을 중심으로 전개되어야 할 것이다.

사회보장정책은 1990년 독일 통일의 사례에서 보듯이 분단국가의 통일 과정에서 매우 중요한 통합기제로 작용한다. 정치·경제적인 체제 통합과 더불어 사회보장정책의 통합은 '생활의 통합', '심리적 통합'의 핵심기제로서 진정한 통일의 바로미터 역할을 하는 것이다. 따라서 통일한국의 건설은 단순히 정치·경제·사회문화 분야에서의 통합만을 의미하지 않고, 보다 구체적인 차원에서 남북한 주민의 행복추구권을 보장하고, 구성원들의 삶의 질을 균질화하는 것을 목표로 해야 한다. 그것이 바로 통일한국이 추구하는 새로운 국가목표인 복지국가의 기본 상(象)이기도 할 것이다. 이런 관점에서 이 책은 사회보장정책의 통합적 기능에 주목하여 남한의 '사회복지'와 북한의 '인민복지'를 이념, 제도 및 법령, 현실 동향 등에 있어 입체적으로 비교평가하였으며, 그 분석적 토대 위에서 통일한국이 추구할 새로운 복지국가 유형을 탐색하였다.

분단 이후, 남북한은 상이한 체제 성격에 따라 사회보장정책의 부문에 있어서도 각기 '사회복지'와 '인민복지'라는 개념의 복지정책을 추진하였다. '사회복지'와 '인민복지'는 같은 사회복지담론이면서 상호체제의 국가정체성을 반영한 차별적인 사회보장정책으로 체계화되었다. 담론은 이데올로기적 성격을 가지고 재생산과 변혁의 기제로서 작동한다. 따라서 '사회복지'와 '인민복지'라는 담론은 남과 북의 정권들이 자기 이데올로기 및 권력을 정당화하기 위한 하나의 정책담론으로 발화된 측면이 있다.

이 책은 필자의 박사학위 논문「남북한 사회보장정책 비교 연구」를 단행본의 성격에 맞게 재구성한 것이다. 필자는 사회복지현장에서 15년간 종사하였으며, 석사과정과 박사과정에서 북한학을 전공하였다. 필자가 북한의 사회보장 정책에 관심을 기울인 것은 사회복지사로서의 소명감도 있지만, 2000년대 초반부터 전개된 한반도 화해무드 속에서 인도주의 활동을 통해 북한의 '비복지적' 실상을 접하였기 때문이다. 사회보장정책이 독일의 통일에서 통합의 핵심 기제로 작용하였듯이 한반도의 통일 역시 남북한 구성원들이 체감하는 복지 혜택의 간극이 좁혀질 때 비로소 실현될 수 있을 것이다.

지금까지 북한의 사회복지 혹은 사회보장 정책 연구가 사회복지 전공자, 혹은 북한학 전공자 입장에서 단선적으로 진행된 측면이 있다면, 이 책은 필자의 '사회복지'와 '북한학'의 양면적 체험이라는 입장에서 북한의 사회복지를 입체적으로 바라볼 수 있는 균형적 시각을 가지고 있다고 생각된다. 따라서 필자의 이 논문에서는 남북한의 사회보장정책을 제도적, 계량적 측면에서 단순 비교하지 않고, 작동원리와 운영체계 등 이념적 고찰을 시도하였고, 또한 통일한국의 통합 사회보장정책에 대비하여 통합의 장애요인과 촉진요인을 추출하는 데 집중하였다.

남북한 사회보장정책은 상이한 체제와 오랜 분단의 지속으로 인한 정책 및 제도 자체의 이질감으로 통합을 저해하는 '장애'요소들이 상존하고 있지만, 또한 그와 함께 보편성, 민족성, 평등성과 같은 상대적 가치들도 여전히 통합의 촉진요인으로 내포되어 있다. 따라서 선행 통일정책으로서 사회보장정책이 통합 지향적인 본래의 기능을 다할 수 있도록 정권의 성향과는 상관없이 정치·경제분야의 교류 논리와는 분리하여 사회보장정책의 지속적인 교류 협력사업의 추진이 절실히 요구되고 있는 것이다.

이 책의 출판 기회를 통하여 필자의 박사학위논문을 지도해 주신 고유환 교수님, 황진수, 박순성, 이우영, 김용현 교수님께 다시금 사의를 올리며, 김양희, 박아름 동학들에게도 고마운 인사를 남긴다. 또한 기꺼이 출판을 기획해 주신 한국학술정보(주) 관계자분들께도 깊은 감사를 드린다.

2012년 8월

장용철

【북한 사회복지 관련 주요 용어의 정의】

사회보장(社會保障, social security)

"일군들이 노동능력을 잃었거나 사망하였을 때, 본인 또는 그 가족의 생활을 국가적 부담으로 보장하는 제도"로 규정(정치사전, 1973). '국가사회보장'과 동의어로 사용함.

사회보험(社會保險)

"일시적인 노동능력상실자들이 생활보장, 건강회복과 근로자들의 건강증진을 위하여 실시되는 물질적 보장제도"로 규정(정치사전, 1973). '국가사회보험'과 동의어로 사용함.

공공부조(公共扶助)

국가에 의한 '식·의·주 배급제'와 '무상의료제'가 이에 해당하는 것으로 규정.

국가적 시책

'사회복지', '사회보장'과 유사한 의미로 사용하는 개념. "사회주의 제도하에서 근로자들이 노동에 의한 분배 이외의 당과 정부의 인민적 시책에 의하여 국가와 사회로부터 추가적으로 받는 혜택"으로 규정(경제사전, 1989).

인민복지

'사회복지', '사회보장'과 유사한 의미로, '국가적 시책'이라는 용어와 함께 '물질적 방조', '인민들의 복리', '인민의 복지'라는 용어를 사용하고 있으며, 이 책에서는 자본주의의 '사회복지'에 해당하는 개념으로 북한의 '인민복지'라는 개념을 조작적으로 정의하여 사용함.

사회문화시책비

북한에서 주민들의 복리증진과 무상교육, 무상보건, 사회보험과 사회보장, 과학문화 분야 등에 소요되는 정부예산을 말함.

차례

들어가며

1. 연구 목적

1942년 영국은 「사회보험과 관련된 서비스(Social Insurance and Allied Services)」라는 소위 베버리지 보고서(Beveridge Report)를 발간하면서 복지국가에 진입했다. 당시 베버리지 보고서는 노령·퇴직·질병·재난 등과 같은 사회적 위험으로부터 소득단절을 해결할 수 있다면 모든 사람들이 궁핍으로부터 벗어나 복지국가가 가능하다고 보았다. 이러한 전통적 복지국가는 고임금의 제조업을 바탕으로 한 지속적인 경제성장, 아동양육, 노인부양 등 케인즈 경제이론의 성공적 적용으로 낮은 실업률과 국가 경제의 안정으로 인해 도달할 수 있었다.

그러나 최근 범지구적으로 등장한 일련의 경제위기와 인구구조의 변화, 노동시장의 변동은 베버리지가 예상했던 전통적 '복지위험'과는 다른 차원의 새로운 '사회적 위험'을 초래했다. 사회적 위험이란 산업사회로 전환되는 과정에서 새롭게 등장한 사회적, 경제적 변화와 위험을 말한다. 새로운 사회적 위험은 새로운 사회복지정책을 요구하고 있다.

21세기 초 현재, 대한민국의 정치사회적 화두(話頭)는 단연 '사회복지'라고 할 수 있다. 1997년 IMF 외환위기와 2008년 글로벌 금융위기라는 두 차례의 세계적 경제위기를 경험하면서 '사회적 위험'에 대한 예방의식이 높아지고 인구의 노령화, 여성의 사회진출이 확대되면서 범국민적 복지수요와 튼튼한 사회 안전망 구축이 요구되고 있는 것이다.

지금까지 국가 미래에 대한 많은 질문의 경우, 또는 통일한국의 미래상으로 가장 적당한 국가유형을 선택할 경우, 다수의 여론조사나 설문조사들이 복지국가를 선호하고 있다.[1] 또한 대부분의 사회과학 선진 연구자들 역시 통일한국의 새로운 국가유형으로 복지국가를 제시하고 있다.[2]

복지국가란 학자마다 주장이 다르고 시기와 지역마다 다른 견해가 있지만, 일반적으로 국민 전체의 복지증진과 복지확보, 그리고 국민의 행복추구권을 국가의 가장 중요한 목표로 설정하고 완전고용과 사회보장, 사회복지 등의 정의를 실현하는 국가를 의미한다.[3] 복지국

---

1) 「한겨레신문」은 2004년 5월 15일 창간 15돌 기념 여론조사 '앞으로 우리사회가 나아갈 방향'에서 '북유럽식사회민주주의' 복지국가를 원한 응답이 44.8%로 '미국식 자유민주주의'를 원한 39.2%보다 앞섰다고 발표했다. 또한 노무현 정부도 2006년 6월 8일 발표한 복지국가의 장기발전 계획 '비전 2030 – 함께 가는 희망한국'에서 대한민국의 국가목표로 '북유럽식 복지국가'를 지향한다고 하였다. 이명박 정부에 들어서도 '한국형 복지국가'의 모형으로 '능동적 복지', '선별주의 복지', '보편주의 복지' 등 복지국가 담론 논쟁이 계속되고 있다.

2) 민병천, 「신통일론」(서울: 고려원, 1992), pp.359~360. 민병천은 통일국가의 이념으로 '민족자주경제론'에 입각한 복지국가를 제시하며 통일은 오민주의(五民主義), 곧 '민족주의', '민주주의', '민복주의', '민화주의', '민문주의'에 기초하여야 한다고 하였다. 민병천은 또 복지국가의 개념을 "사회적인 개념이면서 경제적인 개념으로서 국민전체를 빈곤과 실업으로부터 해방시켜 경제성장과 더불어 완전고용과 경제적 평등을 지향하는 것"이라고 하였다.

3) 복지국가의 개념에 대하여 브리태니커 사전(Encyclopaedia Britannica, 2007)은 "국가가 국민의 경제적, 사회적 안녕의 보호와 증진에서 중요한 역할을 하는 정부"라고 설명하였으며, 윌렌스키(Wilensky, 1975)는 "복지국가의 핵심은 국가가 모든 국민에게 최소한의 수입, 영양, 건강, 주택 그리고 교육을 보장하는 것"이라고 하였다. 또한 미슈라(Mishra, 1990)는 "복지국가란 국민의 삶과 관련된 최소한의 전국적 기준을 유지하기 위해 국가의 책임을 제도화하는 것"이라고 정의하였다. 복지국가의 어원은 제2차 세계대전 중 독일, 이탈리아 등 추출국가를 전쟁국가라고 하고 이에 대한 영국 등을 복지국가라고 칭한 데서 유래하였다. 그러나 실질적으로 복지국가의 개념이 확립된 것은 1880년대 독일의 비스마르크 정권에 의해 수립된 일련의 사회보험제도가 제정되면서 정착되었다고 볼 수 있다. 복지국가의 기원 및 개념에 대해서는 김종명 외, 「사회복지정책론」(서울: 양서원, 2009); 원석조, 「사회복지정책론」(서울: 양서원, 2003) 참조.

가는 이렇듯 국가가 주도적이고 적극적으로 국민복지를 제공하는 국
가를 뜻하지만 상대적으로 복지의 수준이 잘 발전된 선진 산업국가
들을 지칭하기도 한다.

복지국가는 다양한 이론에 따라 여러 가지 유형으로 분류되고 있
지만,4) 최근의 가장 논리적이고 체계적인 연구로 평가되고 있는 스웨
덴의 사회과학자 에스핑－안데르센(Esping－Andersen)의 유형 분류에
따르면5) 우리나라는 미국, 영국, 호주 등과 함께 자유주의적 시장 메
커니즘의 기본 역할을 인정하는 자유주의적 복지국가에 해당한다.

자본주의형과 사회주의형의 사회보장정책은 그 기본 출발에서부
터 근본적 차이성이 전제되어 있었다. 즉 자본주의는 그 본질상 사회
제 세력 간의 오랜 투쟁에서 승리한 세력이 현실의 세력관계를 정당
화하기 위해 합리적으로 구성한 현실적 이론체계, 곧 '현실의 이론화'
임에 반해 사회주의는 원시공산사회의 가설에서 출발하여 현실의 세
력관계를 혁명적으로 부정하고 새로운 질서를 요구한 '가설적 이론
체계'라는 점이 다르다.6) 따라서 자본주의는 근본적으로 개인과 개인
의 권리를 우선시하는 개인주의(individualism)를 사회의 중심단위로
놓고 복지정책의 기본방향이 설정되는 반면, 사회주의는 본질적으로
'사회주의적 질서의 실현'이라는 강력한 이념적 지향 아래 집단주의

---

4) 김태성·성경륭은 복지국가 유형화에 따른 기준으로, 1) 사회복지지출에 따른 유형화, 2) 사회복지 프로그
램 도입 시기에 따른 유형화, 3) 복지국가 성격의 개념적 분석에 따른 유형화, 4) 복지국가 정책의 결정요인
분석에 따른 유형화, 5) 복지국가 프로그램 내용에 따른 유형화 등 5가지로 분류하고 있다. 김태성·성경
륭, 『복지국가론』(서울: 나남출판사, 2008), pp.166~192 참조.

5) 스웨덴의 사회학자 에스핑－안데르센(Esping－Andersen)은 1999년 노동의 탈상품화(decommodification)
의 정도, 계층화(stratification)의 유형, 국가와 시장의 상대적 비중이라는 측면에서 복지국가를 세 가지 유형
으로 분류하였다. 에스핑－안데르센이 제시한 복지국가 유형은 '자유주의적 복지국가(liberal welfare
state)', '보수주의적 조합주의 복지국가(conservative－corporatist welfare state)', '사회민주주의적 복지국
가(social democratic welfare state)' 등이다.

6) 윤미량, 『북한의 여성정책』(서울: 한울, 1991), p.12.

적 성격을 가지고 사회정책의 모든 영역에 국가가 체계적으로 관여하게 되는 것이다. 이렇듯 남북한 사회보장정책의 근본적인 이념적 지형은 개인주의와 집단주의, 선별주의와 보편주의에 대한 인식에서부터 차이성을 가지고 출발하고 있다.

복지국가는 한마디로 사회보장정책 및 제도가 잘 구축된 나라를 말한다. 소극적 의미로 보더라도 복지는 당연히 복지를 보장하고 비복지 상태를 억제, 제거할 수 있는 사회적 조건을 형성하는 기초가 되는 사회보장정책 및 사회복지제도에 의해 평가될 수 있는 것이다.[7] 통일한국이 남북한의 정치·경제적인 체제 통합뿐 아니라 사회문화적인 통합의 완결로 성취되는 것이라면, 통일한국이 지향하는 '한국적 복지국가'는 남북한의 새로운 통합 사회보장정책의 토대 위에서 그 구축이 가능할 것이다.

남북한의 사회보장정책을 올바로 비교 평가하기 위해서는 남한 등 자본주의 진영의 사회복지 및 사회보장의 유형과 발달과정을 이해하는 바탕위에서 '북한'과 '사회복지(사회보장)' 양면을 모두 이해하는 접근방법이 필요하다. 북한의 사회보장 분야 역시, '북한적 현상'의 하나로 독특하게 전개된 측면이 있기 때문에 북한 자체의 복지 이념과 작동원리에 대한 이해의 토대 위에서 접근하지 않으면 실증적인 북한 복지체계의 연구가 되기 어렵다.

1990년 독일통일의 사례에서 보듯이 분단국가의 통일과정에서 사회보장정책은 매우 중요한 통합기제로 작용한다. 정치·경제적인 체제 통합과 더불어 사회보장정책의 통합은 심리적 통합의 핵심기제로

---

7) 박순성, 『통일한국의 사회복지정책』(서울: 민족통일연구원, 1994), p.7.

서 진정한 통일의 바로미터 역할을 하는 것이다. 통일한국의 건설은 단순히 정치·경제 분야에서의 통합만을 의미하지 않고, 보다 구체적인 차원에서 남북한 주민의 행복추구권을 보장하고 구성원들의 삶의 질을 향상시키는 것을 목표로 해야 한다. 이런 관점에서 이 책은 사회보장정책의 통합적 기능에 주목하여 북한의 '인민복지'와 남한의 '사회복지'를 상호 비교하여 평가하고자 한다.

이 책은 현존하는 남북한 사회보장정책의 층위별 실태 비교를 통해서 남북한 사회보장정책이 지닌 특성과 쟁점을 분석하고, 현 단계에서 통일정책으로서의 사회보장정책의 실효성을 높이는 한편, 거시적 차원에서 통일한국의 국가목표인 '한국형 복지국가'의 유형과 그 기본 방향성을 제시하는 데 연구의 목적이 있다.

본 연구의 연구목적 및 의의를 요약하면 다음과 같다.

첫째, 이 연구는 남북한 사회보장정책의 발전 지체 원인과 복지국가로서의 근본적 성장의 한계가 분단체제에서 오는 환경요인에서 비롯되고 있음을 분석함으로써 통일에 대한 현실적 당위성을 강조하고자 한다. 남북한 모든 구성원들의 삶의 질을 향상시키기 위해서도 통일은 '이념적 당위'가 아니라 현실적 '삶의 당위'로서 절대적으로 긴요한 지상명제인 것이다. 이것은 북한주민들에 대해서는 흡수통일에 대한 불안감을 불식시키고 남한 구성원들에게는 진정한 복지국가가 남북한의 정치·경제적 통일을 위시한 사회보장의 통합 조건하에서 가능하다는 긍정적 인식 확대에 기여할 것이다.

둘째, 현존하는 남북한 사회보장정책의 비교연구는 '결과로서의 통일'이 아닌 '과정으로서의 통일'을 중시하는 '민족복지'적 차원의 복지정책 기능연구로서의 의의가 있다. 사회복지는 이데올로기와 상

관없이 인간의 존엄성과 생존권, 사회적 연대의식의 실현을 그 기본
가치로 한다. 따라서 인간의 존엄성이 훼손당하거나, 물질적 결핍으
로 인해 생존권이 위협 받는 경우, 그 대상을 불문하고 인도주의적
차원에서 지원 및 보상을 본위로 해야 한다. 더욱 그것이 통일과 동
질성회복이 전제된 민족적 차원의 문제일 때 정치·경제논리와는 무
관하게 조건 없이 지속되는 것이 타당한 것이다.

셋째, 이 책은 통일한국이 지향하는 국가모델이 복지국가라는 점
에 유의하여 남북한 구성원들 모두에게 유익한 새로운 '한국형 복지
국가' 유형을 선택하는 데 있어 남북한 사회보장정책의 공통적 '가
치'를 통합의 중심원리로 제시함으로써 정책적 대안 자료로서의 의
의를 지닐 것이다. 남북한 사회보장정책은 오랜 분단의 지속으로 많
은 부분에 걸쳐 이질적 요소를 지니고 있다. 그러나 역사와 전통의
공유, 민족적인 요소와 평등성의 가치 공존 등 동질성 회복의 중요한
기제들도 내재되어 있는 것이 사실이다. 따라서 통일한국의 이상적
복지국가 유형을 구축하는 데 있어 남북한 복지정책 통합의 실질적
기제로서 그 역할을 기대할 수 있을 것이다.

넷째, 이 연구는 '북한'과 '사회보장' 두 부문을 이해하는 바탕 위
에서 북한학 차원의 접근이라는 북한연구방법론으로서의 의의가 있
을 것이다. 북한학은 거시적 차원에서의 한국학 연구이며 지역연구이
지만 그 하위개념의 사회보장정책을 고찰하는 것은 미시적, 일상사적
연구의 한 분야로서 접근방법의 적실성이 중시되어야 하는 것이다.[8]
이 책은 계량적 북한 사회보장정책 연구가 놓치기 쉬운 '북한적 현

---

8) 고유환, "북한연구방법론의 현황과 과제," 『통일과 평화』 창간호(서울대학교 통일평화연구소, 2009), p.32.

상' 등의 변수들을 고려하고, 북한 사회보장정책의 근본 토대라고 할 수 있는 이념 및 작동원리에 대한 고찰에 집중하여, 북한 사회보장정책이 추구하는 이상과 '가치'의 보편성 여부에 주목할 것이다. 최고의 복지국가는 가치의 공유에서 비롯되며 그 완성도를 높일 수 있다.

이상에서 언급한 바와 같이 이 책은 대한민국의 당면한 국가목표, 혹은 통일한국의 국가 모델로써 복지국가를 전제하고 그 출발점인 현존하는 남북한 사회보장정책을 입체적으로 비교 평가함으로써, 선행 통일정책 연구로서의 함의를 높이고 통일한국 복지국가 유형의 구체적 대안 제시라는 차원에서 '통일한국 미래상 연구'의 의의를 지닐 것이다. 나아가 이 책은 다문화시대를 맞이하여 다문화복지론의 관점에서도 북한 사회문화의 독자성을 인정하고 통일한국의 새로운 사회질서를 실현하는 데 기여함으로써 사회정책 차원의 시사점이 있을 것이다.

2. 연구의 방법 및 범위

사회보장정책에 관한 연구는 이념 및 제도, 현황 등을 입체적으로 비교, 분석해야 실체적 사실 접근이 가능하다. 그러나 북한의 경우, 특히 정치적 성격이 강한 사회정책들은 정확한 통계자료 입수나 현장접근이 용이하지 않기 때문에 우선 원전 및 공간(公刊)문헌 등 1, 2차 자료들을 교차 검토하는 문헌연구방법에 치중해야 한다. 다만 사회보장정책의 경우, 북한 이탈주민들을 통한 일상사 체험사례와 7.1 경제관리개선조치나 개성공단의 운영 실태와 같은 자료들을 수집하여 분석할 수 있기 때문에 이들을 중심으로 한 현실 동향 진단 등 일부 실증연구기법의 보완이 가능할 것이다.

북한연구는 대상 그 자체보다는 연구자의 직관과 추론을 중시하는 일종의 '사고실험(thought experiment)'적 특성을 지니고 있다. 따라서 북한연구에 있어 기존 공산주의 비교사례 연구의 한계로 지적되어 온 '방법론적 예외주의(methodological exceptionalism)'나 '이론적 고립주의(theoretical isolationalism)', 그리고 '이데올로기적 인식론적 논쟁'을 넘어서기 위해서는 다양한 방법론을 도입해서 북한의 실체를 정확하게 이해하는 노력이 필요하다. 과학적이고 일관성 있는 북한연구가 되기 위해서는 인식론, 방법론, 분석수준, 분석단위, 분석기법 등으로 분석층위별로 세분화하여 연구를 체계적으로 진행할 필요성이 제기된다.[9]

북한의 사회보장정책은 자본주의 세계의 사회복지정책과 그 체계가 다르고 일반적인 사회주의 진영의 사회보장정책과도 그 작동원리가 다르기 때문에 외재적 시각의 접근보다는 그들의 시각으로 그 자체의 복지체계를 이해하는 내재적 접근방식이 타당하다. 특히 사회보장정책의 토대가 되는 이념적 지형이나 작동원리를 살피기 위해서는 저작집, 교시, 담화 등과 같은 정치담론 담지자들의 의도를 파악하는 작업이 중요하다.

이 연구는 비교사회복지론의 관점에서 사회보장의 보편적 평가요소인 외부적 결정요인, 구성요인, 분야별 범주 등을 각각 이념, 제도, 현실 등의 분석틀로 재구성하여 남과 북의 사회보장정책을 비교 분석하였다. 그동안 북한의 사회복지, 혹은 사회보장정책에 관한 선행연구가 대부분 사회복지학적 관점에서 제도별, 현실동향 분석에 치중

---

9) 고유환, 앞의 글, p.29.

한 나머지 인구학적 특성이나 사회문화적 '가치'를 배제한 측면이 있었다. 따라서 이 책은 '북한학'적 관점에서 제도별, 동향별 비교 분석뿐 아니라 이념 및 작동원리, 운영체계 등의 질적 고찰에 주력한다.

이 연구는 먼저 남북한의 헌법, 법령 등에 나타난 사회보장정책의 이념 및 작동원리, 사회보장정책의 유형과 복지담론들을 비교 분석하고자 한다. 또한 제도별 비교의 경우, 사회보장정책 관련 법령의 규정 및 범주별 실태 비교를 통해 그 주체와 대상, 내용 및 전달체계 등을 단계적으로 고찰하고자 한다.

본 연구가 주요 분석대상으로 삼는 문헌으로는 북한의 경우,『세기와 더불어』,『김일성저작집』과『김일성저작선집』,『김정일선집』 등 지도자들의 담화 및 주요 교시 등이 1차 대상이다. 또한『경제연구』,『근로자』 등 주요 사회정책 관련 정기간행물 등에 게재된 사회보장 관련 논문들도 주요 분석 대상의 텍스트가 될 것이다. 이와 함께 사회보장정책 제도별, 범주별 내용 및 특성 등을 분석하기 위해「사회보험법」 등 북한의 사회보장 관련 각종 법령의 내용 및 전개과정 등의 분석을 통해 북한 사회보장정책의 흐름을 연구하고자 한다.

남한의 사회보장정책을 비교 분석하기 위해서는 제헌 헌법 등 각종 헌법 및 역대 정권들의 복지정책 및 복지담론,「사회보장기본법」 등 관련 각종 법령의 규정 및 전개과정 등을 통해 이념과 전개과정, 운영체계 및 작동원리 등을 고찰할 것이다. 이와 함께 이 책은 한국보건사회연구원 및 통일연구원 등의 정책보고서, 한국사회복지사협회 등 이익단체들이 주관한 정책세미나 등의 학술자료도 주요 분석 대상 문헌으로 할 것이다.

이 연구는 남북한 사회보장정책의 통합을 전제로 한 '한국형 복지국가' 유형 탐색의 함의를 높이기 위하여 범주별, 층위별 단순 제도의 비교가 아닌 이념의 보편성, 제도의 완비성, 급여의 적절성, 대상의 포괄성이라는 국제노동기구(ILO: International Labour Organization)가 제시한 복지국가 목표를 평가의 준거틀로 하여 남북한 사회보장정책의 현 목표수준을 평가할 것이다. 이러한 분석과 평가를 토대로 남북한 사회보장정책의 통합을 촉진하기 위한 공통의 '가치'들을 추출하고 그 통합의 촉진요인들을 중심원리로 하여 통일한국의 이상적인 복지국가 유형을 탐색할 것이다.

북한연구에서 문헌분석방법이 갖는 이점은 공식적으로 발화한 화자의 목소리가 단일하며 동일하다는 담론적 현상으로, 이에 주목해야 한다. 북한의 담론 유통체계는 일차적으로 통치자들이 정치적 발언에 의한 발화 이후 해당분야의 연구자들이나 언론이 지속적으로 그 담론을 확산시켜 어느 정도 주민들의 내면화가 이루어진 다음, 헌법이나 당규 개정 등을 통해 규정화하고 제도화하는 정형화된 과정을 거친다.

남북한의 상이한 사회보장정책을 비교 분석하기 위해서는 남북한의 사회보장정책과 관련된 법령이나 제도를 평면적으로 비교하는 것이 아니라, 상호 의미와 연관을 갖는 동일한 개념 준거틀을 설정하여 남과 북에 함께 적용하여 규명하는 접근기법이 필요하다. 즉 '비교적 접근'과 '관계적 접근'의 범주 설정이 필요한 것이다. 비교적 접근은 남북한 사회보장정책의 특정측면이나 요소를 '독립적으로' 비교하는 것을 의미하며, 관계적 접근은 두 정책 및 제도가 상호 어떤 관계와 의미를 내포하고 있는지를 '연결하여' 규명하는 작업이다.[10]

---

10) 박명림, "남한과 북한의 헌법제정과 국가정체성 연구," 『국제정치학논총』 제49집 제4호(국제정치학회, 2009), p.237.

제 **2** 장

남북한 사회보장정책의 개념과 변천동인

1. 남북한의 사회보장정책 개념
2. 남북한 사회보장정책의 변천 동인
3. 선행연구 및 분석모형

1. 남북한의 사회보장정책 개념

남과 북의 분단과 지속은 정치·경제 체제의 이질화뿐만 아니라 사회·문화 분야에서도 많은 이질화 현상을 초래하였다. 남한은 '세계화'의 물결을 타고 사회·문화를 적극적으로 개방해 말과 글에도 외래어가 급속히 유입됐고, 방송통신과 인터넷 문화가 발달하면서 신조어도 빠르게 생겨나고 있다. 반면 북한은 '우리식 사회주의', '조선민족제일주의' 등 개방정책을 거부하며 외래어 유입을 차단해 왔고, 언어를 사회주의 의식화의 도구로 사용하며 정치화하는 모습을 보여 왔다.

교류와 통합의 시간이 지연되면 될수록 민족의 동질성 회복은 그만큼 어려운 통합의 과제가 될 것이다. 남북한의 언어 이질화는 사회보장과 같은 사회정책분야에 있어서도 예외가 아니다. '사회복지', '사회보장'의 의미뿐 아니라 사회보장정책과 관련된 제도와 내용들도 상호 직접 비교하기가 어려울 정도로 개념과 의미가 다르게 사용되고 있다. 따라서 남북한의 사회보장정책을 제대로 비교연구하기 위해서는 양 체제가 사용하는 관련 용어들과 연구대상 분야의 용어가 내포하는 개념 및 의미 차이를 명확하게 고찰할 필요성이 있다. 먼저 남한과 북한이 각각 다른 개념으로 사용하고 있는 사회복지 관련 용어들을 점검하고 이 연구에서 사용할 사회보장 혹은 사회보장정책이라는 용어의 범주를 정의하고자 한다.

남북한은 '사회복지'라는 용어 자체를 다르게 사용한다. 남한이나 서구 자본주의권에서 일반적으로 사용되고 있는 사회복지라는 용어가 북한에서는 학술적으로도, 일상적으로도 사용되지 않는다. 대신에 사회복지보다 제도의 포괄적 범위가 넓은 '국가적 및 사회적 혜택', 혹은 '추가적 혜택', '물질적 방조', '사회문화적 시책', 혹은 '인민복지'라는 용어가 공식화된 정책 용어로 사용되고 있다. '국가적 및 사회적 혜택'이라는 용어는 북한의 각종문헌과 경제사전 등에 등록된 사회보장 용어이다.

남한에서 사용하는 사회복지라는 용어의 의미는 영국이나 유럽, 미국 등 자본주의권에서 통용되는 일반적인 '사회복지(Social Walfare)'의 그 개념과 크게 다르지 않다. 남한에서의 사회복지 의미는 사회보장정책 등의 근저(根底)에 공통적으로 작용하는 정책목표로서, 또는 이들 정책이나 제도가 실현하려고 지향하는 목적의 개념으로서 파악하는 경우도 있으나, 보통은 제도적 개념으로 사용한다.

남한의 현행 헌법은 제10조에서 "모든 국민은 인간으로서의 존엄과 가치를 가지며 행복을 추구할 권리가 있다."고 행복추구권을 규정하고 있다. 또 제34조에서 "모든 국민은 인간다운 생활을 할 권리를 가진다. 국가는 사회보장·사회복지의 증진에 노력할 의무를 진다(……)."고 규정하여 사회복지국가의 실현을 위한 국가의 의무를 선언하면서 사회보장과 사회복지의 용어를 병렬적으로 사용하고 있다.

자본주의권에 있어서 사회복지의 보편적 의미는 ① 사회복지를 사회보장의 일부로 보는 견해, ② 사회보장, 보건 위생, 노동, 교육, 주택 등의 생활과 관계되는 공공시책을 총괄하는 개념으로 보는 견해, ③ 생활에 관련되는 공공시책 등을 국민(개인)이 이용하고 개선하여 자신의 생활문제를 자주적으로 해결하게 원조함을 의미하는 견해 등이 있다.[1] 첫 번째, 사회복지를 사회보장의 일부로 보는 견해는 협의적 개념으로 일본 등에서 사용하는 개념이다. 사회복지는 국가보조를 받고 있는 자, 신체장애자, 아동과 그 외의 원호 육성을 요하는 자가 자립하여 그 능력을 발휘하게 하기 위해 필요한 생활지도 등을 의미한다. 이 정의의 특징은 사회복지는 자립조장을 위한 지도적인 것으로 그 대상자는 일반 국민이 아니고 일부의 요보호 계층인 것이다.

두 번째의 사회보장, 노동, 교육 등을 총괄하는 개념은 미국과 영국 등 서구 여러 나라 등에서 사용하는 광의의 개념이다. 그 특징은 사회복지 대상자는 전 국민이고 또 그 범위도 생활과 관계되는 사회적 서비스의 전 범위를 포괄한다. 세 번째의 정의는 UN의 정의, 즉 "사회복지란 개인, 집단, 지역사회 및 여러 제도와 전체 사회 층위에서 사회인으로서의 기능이나 사회관계의 개선을 목적으로 한 개인의 복지증진을 위한 각가지 사회적 서비스와 측면적 원조(enabling process)이다."라는 것과 내용을 같이한다.

한편 북한은 헌법 제72조에서 "공민은 무상으로 치료받을 권리를 가지며, 나이 많거나 병 또는 불구로 노동 능력을 잃은 사람, 돌볼 사람이 없는 늙은이와 어린이는 물질적 방조를 받을 권리를 가진다. 이

---

1) 대구대학교 사회복지연구소 편, 『사회복지사전』(서울: 경진사, 1993), p.203.

권리는 무상치료제, 계속 늘어나는 병원, 요양소를 비롯한 의료시설, 국가사회보험과 사회보장제에 의하여 보장된다."[2]고 규정하고 있다. 즉 사회복지라는 개념을 포괄하여 '물질적 방조'라는 용어를 사용하고 있으며 사회복지와 관련된 용어로는 '국가사회보험', '사회보장제' 등의 용어를 협의의 개념으로 사용하고 있는 것이다.

한편 김일성은 "인민들의 복리를 계통적으로 증진시키는 것은 우리 당 활동의 최고 원칙입니다. 우리가 사회주의와 공산주의를 건설하기 위하여 투쟁하는 것도 결국은 전체 인민을 더욱 넉넉하고 골고루 다 잘살게 하려는 데 그 목적이 있습니다. 우리 당은 지난 시기와 마찬가지로 앞으로도 인민생활을 체계적으로 높이기 위하여 계속 끊임없는 배려를 돌릴 것입니다."[3]라고 하여 '인민들의 복리 증진'이라는 용어를 포괄적인 사회복지의 의미로 사용하고 있다.

또한 김정일은 「인민대중 중심의 우리식 사회주의는 필승불패이다.」[4]라는 담화에서 자본주의 사회의 사회복지를 언급하면서 그것을 계급모순을 은폐하기 위한 수단이라고 보고 자본주의의 복지정책에 대응하는 개념으로 '인민적 시책'이라는 용어를 사용하였다. 김정일은 이 담화에서 "자본주의 나라들이 실시하는 '복지정책'은 사회주의 사회의 '인민적 시책'과 근본적으로 다릅니다. 자본주의 사회에서는 그 무슨 '복지정책'을 실시하는 것은 사회의 계급적 모순을 가리우고, 근로인민 대중의 반항을 무마하기 위한 것입니다. 설사 '복지정책'이 실시된다 하여도 그것은 명목에 지나지 않으며, 근로자들의 생활처지

---

2) 조선민주주의인민공화국 사회주의헌법(2009년 4월 개정) 제72조 참조.

3) 김일성, 『김일성저작선집』 5권(평양: 조선로동당출판사, 1965), p.475.

4) 김정일, "조선로동당중앙위원회 책임일군들과 한 담화," 『김정일 동지의 문헌집』(평양: 조선로동당출판사, 1991), pp.318~319.

를 개선하지 못합니다."라고 하여 자본주의 사회의 '복지정책'과 북한의 '인민적 시책'의 차별화를 시도하고 있다.

또한 북한의『경제사전』에서는 '국가적 및 사회적 혜택'이라는 용어의 설명을 "사회주의 제도 하에서 근로자들이 노동에 의한 분배(생활비) 이외의 당과 정부의 인민적 시책에 의하여 국가와 사회로부터 추가적으로 받는 혜택"[5]이라고 규정하고 있다. 이들 문헌에 따르면 북한은 사회복지라는 용어를 공식적으로 사용하지 않고 '물질적 방조', '인민들의 복리', '인민적 시책', '국가적 및 추가적 혜택'이라는 서술적 복지 개념을 사용하고 있으며, 일반적인 사회복지와 관련된 용어로는 '사회보장', '사회보험' 등의 용어를 협의의 개념으로 사용하고 있는 것이다.

북한의 공식적, 학술적 사회복지 용어라고 할 수 있는 '국가적, 사회적 혜택'의 의미는 "사회주의 나라에서 근로자들이 로동 보수 외에 국가와 사회의 순소득 가운데서 분배받는 몫"[6]을 뜻한다고 할 수 있다. 국가적, 사회적 혜택의 특징은 분배의 원천이 '순소득에서 나온다는 점, 분배의 목적이 근로자들의 물질문화생활에서의 수요 충족에 있다는 점, 분배의 방법이 노동지출과 관계없이 이루어진다.'는 세 가지 의미를 내포하고 있다.[7]

남한에서 사용하는 사회보장의 의미는 앞에서 살펴본 바와 같이 사회복지와 혼용되는 개념으로 사용되기도 하지만 사회복지를 광의의 복지개념으로 본다면, 사회보장은 그보다 하위개념인 "사람들의

---

5) 사회과학출판사 편,『경제사전』(평양: 사회과학출판사, 1989), p.208.

6) 최경인, "우리나라에서 추가적 혜택에 대한 통계적 연구,"『경제연구』제2호(과학백과사전출판사, 1989), p.33.

7) 최경인, 앞의 글, p.34.

일상생활상의 위험(노령, 질병, 산재, 실업 등)이나 곤경에 대해 법으로 정해진 일정한 사회적 급부(현금, 현물, 서비스)를 제공하는 사회제도 혹은 사회적 장치"라고 정의 할 수 있다. 우리나라 현행 헌법은 제34조 제2항에서 "국가는 사회보장 사회복지의 증진에 노력할 의무를 진다."고 규정하여 사회보장과 사회복지의 두 개념을 구분하고 있다. 그런데 사회보장기본법이 사회보장의 범위를 '사회보험·공공부조·사회복지서비스 및 관련복지제도'로 규정하고 있어 사회보장을 사회복지에 대해 협의의 복지개념으로 볼 수 있는 것이다.

북한에서는 '국가사회보장' 혹은 '국가사회보험'을 거의 같은 의미로 사용하고 있다. 이것은 북한에서의 국가사회보장 혹은 국가사회보험이 국가의 행정적 책임 아래 재원의 대부분이 국가예산에서 조달되기 때문으로 보인다. 북한에서 사용하는 '국가사회보장'의 의미는 "일군들이 로동능력을 잃었거나 사망하였을 경우에 본인 또는 그의 가족의 생활을 국가적 부담으로 보장하는 제도"[8]라고 설명하고 있다. 북한은 진정한 사회보장제도는 근로자들의 생활에 대하여 국가가 책임지는 사회주의제도 하에서만 실시된다고 주장한다. 북한의 사회보장제도는 현금 및 현물에 의한 방조, 의료상 방조, 사회적 보호시설을 통한 방조, 적당한 일자리의 보장, 사회적 원호 등의 형태로 실시되고 있다.

반면 북한에서의 '국가사회보험'은 "일시적인 로동 능력 상실자들의 생활보장, 건강회복과 근로자들의 건강증진을 위하여 실시되는 물질적 보장제도"[9]라고 설명하고 있다. 이것은 보험가입자가 정한 보

---

8) 사회과학출판사 편, 『경제사전』(평양: 사회과학출판사, 1970), p.7.
9) 사회과학출판사 편, 『정치사전』(평양: 사회과학출판사, 1989), p.533.

험금이 아니라 사회적으로 규정된 기준에 따라 보조금이 지불되며
보험가입자의 보험료와 함께 기관, 기업소에서 납부하는 보험료를 원
천으로 한다는 점에서 일반보험과는 구분된다고 하였다.

이상과 같은 사전적 정의들을 종합하면 북한의 사회보장은 완전히
노동능력을 상실하거나, 노동능력이 없는 경우에 장기적인 보조금을
지급하는 제도이고, 사회보험은 일시적으로 노동능력을 상실한 경우
에 단기적인 보조금을 지급하는 제도라고 할 수 있다. 북한의 사회보
장정책 및 제도를 망라한 「사회주의로동법」[10] 제73조는 "국가는 로
동 재해, 질병, 부상으로 로동 능력을 일시적으로 잃은 근로자들에게
국가사회보험제에 의한 일시적 보조금을 주며, 그 기간이 6개월이 넘
으면 국가사회보장제에 의한 로동능력상실년금을 준다."고 규정하여
두 제도를 구분하고 있다.

한편 북한에서는 '사회문화시책'이라는 복지용어를 사용하고 있는
데 이는 남한에서의 '문화복지' 담론과 유사한 의미로 받아들여진다.
북한은 사회문화시책의 정의를 "사람들의 육체적 및 정신적 능력의
보호 및 발전에 대한 사회의 수요를 공동적으로 충족시키는 국가대
책들의 총체"[11]라고 규정하며, 사회문화시책의 본질과 내용은 그것
을 실시하는 국가의 성격에 의하여 규정된다고 하였다. 사회복지가
일반적으로 물질적 결핍의 보완을 주된 대상으로 하고 있는 데 반하
여, 사회문화시책은 "육체적 및 정신적 능력의 보호 및 발전"의 개념
을 규정하고 있어 정신적, 문화적 복지혜택을 의미하고 있는 남한의
문화복지 개념과 유사하다고 할 수 있다. 북한은 1954년 「국가예산에

---

10) 1978년 4월 18일 최고인민회의 제6기 2차회의에서 채택.
11) 사회과학출판사 편, 『경제사전』(평양: 사회과학출판사, 1970), p.6.

관하여」라는 당해 연도 예산을 발표하며 제3조 제2항에서 사회문화시책에 대한 예산으로 지출 총액 항목을 설정하고 있어 일찍부터 사회문화시책 개념을 도입했음을 알 수 있다. 이러한 인식은 통일한국의 사회보장정책의 통합에 있어서도 상호 공존의 토대가 구비된 의미 있는 부문으로 받아들여지고 있다.

지금까지 살펴본 바와 같이 남북한의 사회보장정책 개념은 그 용어에서부터 차이가 있다. 자본주의 일반에서 보편적으로 사용하고 있는 사회복지 용어는 북한에서 공식적으로 전혀 사용되고 있지 않으며, 국가적 및 사회적 혜택이라는 용어가 남한의 사회복지 개념에 대응하는 '인민복지'의 총괄적인 용어로 통용되고 있는 것이다. 뿐만 아니라 북한에서는 남한의 사회복지 영역에서 매우 큰 비중을 차지하고 있는 '기업복지'와 '민간복지', '종교복지'의 영역도 존재하고 있지 않아 남북한 사회보장정책의 비교 범주는 일정한 범위와 대상을 조작 정의하여 실행할 수밖에 없다.[12]

따라서 본 연구에서는 이상에서 살핀 내용들을 종합하여 사회보장의 개념을 다음과 같이 조작 정의하여 남북한 사회보장정책의 비교 범주로 사용하고자 한다. 즉, 사회보장정책의 범주를 현재 남한 및 자본주의 일각에서 일반적으로 분류하고 있는 범주인, 사회보험, 공공부조, 사회복지서비스로 분류하되, 북한의 사회보장을 적용대상 등 정책적 성격에 따라 사회보험의 범주에 소득보장의 성격인 연금제도,

---

12) 북한의 사회보장정책에 관한 법령들은 복지제도별 법령들이 독립된 형태가 아니라 여러 가지 법령 속에 항목별로 존재하고 있다. 즉, 사회보험에 해당하는 연금제도, 산업재해보상제도, 고용(보험)제도, 의료(보험) 제도가 각각 분리, 독립된 법적 체계를 가지고 형성된 것이 아니라 '국가사회보장'과 '국가사회보험' 내에 통합된 형태로 나열되어 있다. 다만, 의료보장에 해당되는 무상치료제의 경우에는 별도의 법령이 존재하고 기타 복지법령과 중복된 형태라고 할 수 있다. 이철수, 『북한사회복지─반복지의 북한』(서울: 청목출판사, 2003a), p.87 참조.

산업재해보상제도, 실업보험제도 등을 묶고, 식·의·주 배급제, 무
상 의료제는 공공부조로, 아동, 노인, 여성, 장애인복지제도는 사회복
지서비스의 범주로 대별하여 남북한 사회보장정책을 비교하려고 한
다. 이러한 준거틀은 남북한 사회보장정책을 단순한 제도의 비교가
아닌, 정책의 범주로 포괄 설정할 때 비교적 조작적 정의가 타당하다
고 생각된다.

2. 남북한 사회보장정책의 변천 동인

사회복지 또는 사회정책 현상은 사회주의, 자본주의 사회체제를
불문하고 사회변동과 발전의 맥락 속에서 구체화되고 관련되는 사회
이념, 정치체제, 경제제도, 사회구조의 분화, 문화적 전통 등의 요인
들과 상호작용하면서 그 형태가 결정되는 복합적이고 다원적인 현상
이라고 할 수 있다.[13] 지금까지 제시된 다원적이고 복합적인 사회정
책의 변천동인에 관한 선행이론을 남북한 사회보장정책에 대비하면
사회경제적 요인, 정치적 요인, 통합적 요인 등으로 요약된다.

먼저 사회경제적 요인은 산업화론, 수렴론 등이 대표적인 관련 이
론이라고 할 수 있다. 사회경제적 요인은 사회정책 변천의 동인을 산
업사회의 발전에서 오는 기본적 특성 가운데 하나로 분석하고, 사회
보장정책의 발전을 수반하는 요인으로 경제수준의 향상을 주목하고
그것에 의한 사회구조적 변화의 영향을 강조하고 있다. 이러한 이론의

---

13) 오정수, "남북한 사회정책 변천의 비교연구," 서울대학교대학원 박사학위논문, 1993, p.3.

대표적인 연구자는 윌렌스키(H.L. Wilensky), 커트라이트(P. Cutright), 플레어(F. Pryor) 등이다. 특히 윌렌스키는 경제적 수준이 복지국가 발달의 근본적인 동인이며 경제성장과 그로 인해 파생되는 인구학적 변화와 복지제도의 경험에 의해 사회보장의 성장이 이루어진다고 보고 있다.[14] 또한 플레어는 경제적 수준을 통제하면 정치체제는 시장경제국가와 사회주의국가를 불문하고 모든 정책영역에서 복지지출의 수준을 예측하는 데 무관하다는 결론을 내렸다.[15]

산업화론은 사회정책 변천의 양태를 설명하는 과정에서 수렴론과 접목되게 되는데, 윌렌스키 등 수렴론자들에 의하면 사회주의국가와 자본주의 국가는 산업화의 진전에 따라 유사한 경제수준에서 사회복지제도의 명백한 수렴의 과정이 나타난다고 한다.

사회보장정책의 변천동인을 정치적 요인에서 찾고 있는 정치적 이론은 수렴론에 대한 반대의 논거로 주장되었다. 골드드롭(J. Goldthorpe)은 산업사회가 수렴이론이 결정적으로 적용되어 온 방향으로 발전되지 않았다고 보고 수렴논자들이 산업화론을 지나치게 강조하여 갈등적 가치와 이념에 대한 설명에 실패하였다고 주장하였다.[16] 사회보장정책의 변동원인으로 정치적 요인을 강조하는 연구자들은 공공복지의 수준은 우익정당에 대한 투표수에 반비례한다는 가설을 제시하고 정치적 요인이 가장 중요한 환경적 요인임을 강조하였다. 정치적 요인의 주요 이론으로는 통치기구의 성격 또는 정책과정을 반영한

---

14) Harold L. Wilensky, *The Welfare State and Equality: Structural Ideological Roots of Public Expendituree*, Berkeley: (California: Univ. of california press. 1975).

15) Frederick Pryor, *Public Expenditure in Capitalist and Communist Nations* (Homewood: Irwin, 1968).

16) John Goldthorpe, "*Social stratification in industrial Socity*," *Sociological Review*, (Monograph: Univ. of Keele, 1864).

음모이론, 사회통제론, 다원주의 정치이론 등이 거론된다. 이 밖에 헬 (Hall) 등은 사회보장정책 형성의 결정요인으로 이익집단의 역학관계에 의한 집단이론을 주장하였는데, 이 또한 정치적 이론을 중시한 시각이라고 보인다.

사회보장정책의 결정요인과 변천동인은 사회경제이론과 정치이론들 가운데 어느 특정한 요인이 보편적 중요성을 갖는다고는 단정할 수 없을 것이다. 남한의 경우, 실제로 사회보장정책은 산업화 및 민주화의 과정에서 사회경제적인 요인 및 정치적 요인에 의해 지체되고 발전되었던 실증적 과정이 있었다. 북한 역시, 일찍부터 사회보장정책을 도입하고 다양한 시스템을 구축하였지만 경제적 요인에 의해, 이상적인 목표와 방향성에도 불구하고 그 실효성이 의심되는 여러 현상들이 나타나고 있기 때문이다. 따라서 사회정책 및 사회보장정책의 변동요인을 분석하는 이론으로 통합적 이론에 대한 시사성이 대두되는 것이다.

사회보장정책의 변천동인을 통합적 비교분석의 관점에서 밝힌 이론으로 라임링거(G.V. Rimlinger)의 사례가 대표적이다. 그는 서구 산업국가의 사회보장의 형성요인으로 ① 전 산업사회로부터 성숙한 산업사회로의 변천에 따른 빈곤문제의 변화된 속성, ② 계급관계의 강조, ③ 정치체계의 본성, ④ 경제변수의 역할, ⑤ 이념의 역할 등 다섯 가지 요인을 분석관점으로 제시하였다.[17] 통합적 다원주의(integrated pluralism) 패러다임으로 명명되는 이러한 분석방법은 사회보장 현상의 통합적이고 다원적인 성격에 대한 비교연구 사례로 널리 통용되고 있다. 그

---

17) Gaston V. Rimlinger, *Welfare Policy and Industrialization in Europe, America and Russia* (New York: John Wiley & Sons, 1971).

러나 이 분석방법은 각 변수를 연결하는 독자적인 분석체계를 발전시키지 않고, 각 변수와 사회보장제도와의 관계를 병렬적으로 설명함으로써 사회정책의 발전에 관한 제 이론적 입장을 불분명하게 수용하는 입장을 취하고 있는 것으로 지적되고 있다.[18]

이상에서 살펴본 바와 같이 사회보장정책의 변천동인을 분석한 이론으로는 산업화 과정에서의 사회경제적 수렴현상 요인을 중시하는 사회경제적 이론, 민주화 과정 등 정치적 환경을 사회정책 및 사회보장정책의 주된 변화요인으로 보는 정치적 이론, 그리고 이들 이론을 포함하여 계급관계, 이념의 역할 등 복합적 관점으로 보아야 한다고 주장하는 통합적 다원주의 시각 등 다양한 이론이 있다. 이와 더불어 국가이론적 관점에서 국가정체성 등 국가성격의 변화요인이 사회정책 및 사회보장정책의 변천을 수반한다고 하는 이론적 정향들이 있다.

3. 선행연구 및 분석모형

1) 선행연구

1980년대 후반부터 시작된 소련과 동구권 사회주의국가들의 개혁·개방정책과 미·소간의 냉전 종식, 1990년 독일의 통일은 한반도에도 민족의 화해협력과 통일논의를 촉진하는 계기가 되었다. 1988년 출범한 노태우 정부는 자주, 평화, 민주, 복지에 입각한 민족공동체 선언, 이

---

18) 오정수, 앞의 글, p.4.

른바 '7.7선언'을 내놓았고, 1989년 9월 11일에는 남한의 한반도 통일 방안으로 '한민족공동체통일방안'을 제시하였다. 이와 같은 국내외 정세의 변화에 따라 한반도에서도 통일에 대한 기대와 관심이 고조되어 '북한 바로 알기' 등 북한사회의 실상에 대한 연구가 시작되었다. 남북한 사회보장 정책에 관한 연구도 이와 같은 맥락 속에서 거시적으로는 한국학의 지역학 연구차원에서 미시적으로는 북한의 사회보장정책이라는 사회정책 분야에 대한 행위적 연구 일환으로 접근되었다.

지금까지 남북한의 사회보장정책에 관한 연구는 주로 초기에는 북한과 관련된 정치·경제의 전문기관에 속한 소수의 연구자들에 의해 주도되었지만, 점차 사회정책 및 사회사업, 사회복지 전공자들이 참여하면서 그 접근방법도 다양화되었다. 연구범위도 초기에는 북한 사회보장정책 및 제도에 대한 '윤곽잡기' 연구가 주류를 이루었지만[19] 이러한 성과를 바탕으로 남북한 사회정책 및 사회보장정책의 제도적인 비교와 분석이 이어졌다.[20] 2000년대에 들어 남북교류 및 화해 분위기가 조성되고 통일한국의 국가 목표로 복지국가가 이슈화되면서 통합 사회보장정책의 제도적 기본 틀을 모색하기 위한 방향으로 연

---

19) 이에 해당하는 연구로는 문옥륜 외, 『북한의 보건체계와 의료보장제도 연구』(서울: 의료보험관리공단, 1989); 김연명, "북한의 사회복지 제도에 관한 연구: 소득보장제도와 의료보장제도를 중심으로," 『북한통일 연구논문집(Ⅵ)』(서울: 통일원, 1991); 오정수, "남북한 사회정책 변천의 비교 연구: 국가성격에 기초한 사회변천 동인의 분석," 서울대학교대학원 박사학위논문, 1993; 황진수, "북한 사회보장제도에 관한 연구," 『북방연구』 제3집(한성대학교, 1993) 등을 들 수 있다.

20) 이에 해당하는 연구로는 정경배 외, 『남북한 사회보장제도 비교 연구』(서울: 한국보건사회연구원, 1992); 변종화 외, 『남북한 의료보건제도 비교 연구』(서울: 한국보건사회연구원, 1993); 이상은, 『남북한 사회복지 비교연구』(서울: 한국사회과학연구소, 1993); 한국보건사회연구원 편, 『남북한 시회보장제도 비교연구』(서울: 한국보건사회연구원, 1992); 홍종덕, 『남북한 기본수요 및 사회보장제도의 비교』(서울: 한국개발연구원 북한경제연구센터, 1993); 김영윤, "남북한 사회보장제도의 비교," 『사회보장연구』 제10권 제2호(민족통일연구원, 1994); 김현우 외, "남북한 사회보장제도 비교," 『통일문제연구』 제19호(영남대학교, 1994) 등을 꼽을 수 있다.

구의 범위가 확대되었다.[21]

내용면에 있어서도 초기의 남북한 사회복지 및 사회보장정책에 관한 연구는 대체로, 정치·경제부문의 연구에 국한되었으며, 연구자들의 시각은 경제적인 측면, 특히 통일비용과 관련된 내용에 초점이 맞추어져 있었다.[22] 이후 사회정책 및 사회복지 분야에 초점을 맞춘 연구들은 사회복지발달론의 관점에서 남북한 사회보장정책의 형성요인과 운영체계 등을 분석하고, 통합 사회보장정책의 수립과정에서 고려해야 할 기본원칙들을 제시하고 있다.[23]

남북한 사회보장정책의 비교 혹은 그 통합방안 연구는 그 연구의 질적인 수준을 기대하기 위해서도 연구 대상 자체의 상호 비교의 가능성 및 비교연구방법론 등의 심도 있는 고찰이 전제되지 않으면 안 된다. 지금까지 수행된 북한 사회보장정책에 관한 연구들은 대체로 수렴론이나 규범론 등 전통적인 비교이론을 수용하는 바탕 위에서 북한의 개별적 특성을 인정하는 '방법론적 다원주의' 기법을 취하고 있다. 사회과학은 비교의 방법 없이 성숙될 수 없는 분야이다. 사회보장정책은 자본주의나 사회주의, 자본주의 내에도 각 지역 및 국가의

---

21) 이에 해당하는 연구로는 박진 외, 『남북한 사회보장제도의 비교 및 통합 방향』(서울: 한국개발연구원, 1994); 정경배 외, 『남북한 사회보장 및 보건의료제도 통합 방안』(서울: 한국보건사회연구원, 1993); 박종삼 외, "남북한 사회통합을 위한 통합복지모델 연구," 『사회복지정책』 제8집(한국사회복지정책학회, 1999); 성경륭, "통일한국의 사회통합을 위한 사회복지 정책의 방향," 『통일한국의 새로운 이념과 질서의 모색』(서울: 한국정치학회, 1993); 이철수, 『통일한국 사회복지제도 통합에 관한 연구』(서울: 한국외국어대학교, 1998); 김형식, 『남북한 사회복지체제의 비교와 통합모형』(한국사회복지학회 주최 전국사회복지사대회 추계학술대회 발표논문집, 2000); 노용오, "통일과 남북한 사회복지 제도통합에 관한 연구," 『동북아논총』 제38집(2006) 등이 있다.

22) 김영윤, 『통일한국의 경제체제』(서울: 민족통일연구원, 1994); 박진, 『북한재정의 현황과 추이』(서울: 한국개발연구원, 1994); 김유찬, 『독일통일 3년에 대한 경제적 평가』(서울: 한국조세연구원, 1995).

23) 정경배, "통일한국의 사회보장정책 방향," (한국사회보장학회 주최, 하반기 학술대회자료집, 1994); 박순성, 『통일 한국의 사회복지정책』(서울: 민족통일연구원, 1994); 김형식·김연명, "통일국가의 사회복지," 『한반도 통일 국가의 체제 구상』(서울: 한겨레신문사, 1995).

정치체제 및 문화, 역사 등에 따라 상이한 형태로 나타나고 있다.

따라서 각 나라의 사회보장정책을 비교할 때, 그 대상의 일관성을 유지하고 보편성을 높이는 요소를 포착하는 일과 함께 개별 국가나 사회의 다양한 이질성을 인정하고 개별화된 사회복지 개념을 추적하는 다원적인 접근이 필요한 것이다. 그런 점에서 제3세계 사회보장정책 형상에 주목하며 비교사회복지론의 관점을 강조한 신섭중의 논지는 타당성이 있으며, 남북한 사회보장정책의 비교 연구에 있어서도 현실적이고 사실적으로 연구 분석하여 어느 한쪽의 논리에 편향되지 않는 이론을 개발하는 것이 중요하다고 할 것이다.[24]

오정수는 남북한 사회정책의 변동요인으로, 전통적인 비교이론인 수렴론 등의 사회경제적인 요인, 정치적인 요인, 통합적 요인을 중시하는 것과 함께 국가성격에 관한 요인을 중시해야 함을 강조하고 있다. 그는 "개별국가의 고유 특성은 정치, 경제체제를 운영하는 주체(국가, 사회)의 에토스로서 국가발전 단계에 따른 국가발전 목표와 전략의 중심"이 된다는 것이고, 국가성격은 사회정책의 변동요인에도 근본적으로 억제 또는 촉진 요인으로 영향을 미친다고 하였다.[25]

김연명의 논지도 국가성격을 사회정책 형성 및 변동의 중요한 요인 가운데 하나로 보는 유사한 맥락에서 접근하고 있다. 그는 진영모순론[26]에 입각하여 한반도의 냉전체제가 남북한 사회복지에 미친 영

---

24) 신섭중, "비교사회복지이론," 『비교사회복지론』(서울: 유풍출판사, 1990), p.19.

25) 오정수, 앞의 글, p.37.

26) 진영모순은 제1차 세계대전, 1920년대 후반의 대공황, 제2차 세계대전 등으로 표출되는 세계적 수준에서의 '자본주의의 전반적 위기'를 설명하는 개념으로 소련 마르크시즘에서 생성되어 세계 자본주의를 정치경제학적 시각으로 분석하는 데 중요한 개념으로 사용되어 왔다. 진영모순론은 사회주의권의 몰락과 냉전의 종식으로 그 개념이 적합성을 상실했다는 지적도 있으나 냉전의 영향 및 이데올로기가 각인되고 있는 남북한과 같은 지역에서는 아직도 정치, 경제, 이데올로기 등을 설명하는 중요한 개념이라고 할 수 있다. 김연명, "한반도 냉전체제가 남북한 사회복지에 미친 영향," 중앙대학교대학원 박사학위논문, 1993, p.20 참조.

향을 고찰하고 있다. 곧 분단체제의 유지를 위한 국방비의 쏠림현상으로 남북한 공히 사회복지의 발전이 지체되었다는 냉전체제에 의한 사회복지발달 장애론을 주장하고 있다.[27] 그러나 이 이론은 그 스스로의 지적처럼 남북한에서 국가사회복지를 발달시킨 여타의 정치, 경제적 요인을 설명하는 데는 기본적 한계가 있다고 볼 수 있다. 즉, 북한의 정권초기 집단 이데올로기에 의한 사회보장정책의 조기 구축 등의 설명에 대해서는 다른 관점의 접근이 요구된다고 할 것이다.

지금까지 남북한 사회보장정책에 관한 연구들이 대부분 제도별, 사회복지 분야별 계량적 비교 및 분석에 치우친 반면, 이철수는 이념 및 작동원리, 운영체계 등에 있어 내재적 시각으로 접근하고 있다.[28] 그는 북한의 사회보장정책이 초기에는 사회주의 일반의 보편적 복지이념인 평등의 원리에 입각하여 '국가의 보장' 체계였으나, 주체사상 등 통치이데올로기가 변화되면서 북한의 사회보장정책이 '수령에 의한 보장형'으로 변형되었다고 주장한다. 그러면서 그는 북한의 사회보장정책이 7.1경제조치, 개성공단 등을 설치하면서 변화의 가능성이 있음을 시사하고 있다. 그러나 북한은 1985년 협동농민들에게 사회보장제를 확대실시한 것 외에는 실제적인 복지정책의 변화를 보이고 있는 현상이 목격되지 않고 있다. 따라서 북한의 사회보장정책의 탈북한 현상으로 지목할 만한 변화의 전주곡은 아직까지 크게 감지되고 있지 않는 것이다.

노용오는 남북한 사회보장정책의 연구 의의를 통일담론과 사회복

---

27) 김연명, 위의 글, p.130.

28) 이철수, 앞의 책(2003a); 『북한사회복지법령집』(서울: 청목출판사, 2003b); 『북한사회복지의 변화와 전망: 탈사회주의의 전주곡』(서울: 남북한보건의료연구소, 2004); 『북한사회복지법제: 알파와 오메가』(서울: 높이깊이, 2005).

지와의 상호관계에서 찾고 있다. 즉, 거시적 통일담론으로 한반도를 둘러싼 통일문제의 분석수준을 주변 4국(미·일·중·러)과 남북한과의 관계, 남북한 당사자 간의 관계, 체제 내부의 정치질서 관계 등 3가지의 층위로 분석하는 한편, 미시적 담론으로는 정치체제 및 정당과 행정체계로 대표되는 정치통합, 계획경제와 시장경제로 대표되는 남북한의 경제통합, 사회복지와 교육 등 주민생활의식으로 대표되는 사회문화 통합의 세 층위로 구분하고 있다. 그는 남북한 사회보장정책은 거시적 담론인 한반도 통일의 국제적 요인을 제외한 두 층위와 미시적 담론인 체제통합 담론의 세 층위에 모두 중첩된 중요한 통일정책의 근본적 과제라는 점에 문제의식을 두고 있다.[29]

이상에서 살펴본 바와 같이 남북한 사회보장정책을 비교 및 분석한 선행연구들은 남북한 사회보장정책 역시 체제 이념의 상이성에 대한 근본적 차별성에도 불구하고, 기본적으로 수렴이론이나 복합이론 등 비교사회복지론의 차원에서 '비교의 가능성'이 있다고 설명한다. 다만 한반도의 냉전체제와 국가정체성 등 특수성이 고려된 다양한 방식의 접근방법이 보완될 필요성이 있다고 보는 것이다. 마지막으로 언급될 것은 대부분의 선행연구들에서 공통적으로 지적될 접근방식 가운데 하나가 통일의 방식을 가정함에 있어 흡수통일을 전제로 하고 있다는 점이다. 이 부분은 현 단계에서 이미 남한이 경제력 등에서 체제경쟁의 우위를 점했다는 현실적 판단을 기초로 하고 있으나 북한의 경우, 여전히 체제의 강력한 내구성을 유지하고 있고, 그 기제 가운데는 문화복지적 정책의 실효성이 작동하고 있다는 점에서

---

29) 노용오, "통일과 남북한 사회복지 제도통합에 대한 연구." 『한국동북아논총』 제38집(한국동북아학회, 2006), p.8.

물질적 복지만을 복지로 생각하는 편향된 시각의 접근방식 역시 유의할 필요성이 제기되는 것이다.

박순성의 지적처럼 남북한 사회보장정책에 관한 연구는 "통일의 당위성에 대한 논의를 '민족적 당위'라는 이념적 수준으로부터 '삶의 질 고양'이라는 현실적 차원으로 이동시킬 수 있는 '통일한국 미래상 연구'의 한 분야"이다. 따라서 남북한 사회보장정책에 관한 연구는 통일정책의 선결과제로서 통일의 준비 과정에서부터 단계적으로 치밀하게 접근할 필요성이 있는 것이다.[30] 더불어 향후 통일한국의 통합사회보장정책의 기본방향 수립에 있어서도 일방적인 자본주의적 시각의 흡수통합 방식만을 전제로 할 것이 아니라, 순수한 '사회복지적' 시각에서 남북 사회구성원들이 갖기 쉬운 통일에 대한 거부감이나 불안감의 해소에 주력하는 심리적 통합방안에 더 큰 관심을 가지고 접근해야 할 것이다.

〈표 2-1〉 주요 선행연구 목록

저자	논문제목(출처)	주요내용(연구경향)
문옥륜 외	「북한의 보건체계와 의료보장제도 연구」(의료보험관리공단, 1989)	북한 의료 보건체계에 관한 연구<A>
김연명	"북한의 사회복지제도에 관한 연구: 소득보장제도와 의료보장제도를 중심으로"(통일원, 1991)	북한의 소득보장과 의료보장제도에 관한 연구<A>
오정수	「남북한 사회정책 변천의 비교연구: 국가성격에 기초한 사회변천 동인의 분석」(서울대학교대학원 박사학위 논문, 1993)	국가성격론에 기초하여 남북한 사회정책의 변천을 분석함<B>
정경배	「남북한 사회보장 및 보건의료제도 통합방안」(한국보건사회연구원, 1993)	남북한 사회보장 및 보건의료제도의 비교와 통합방안에 관한 연구<C>
황진수	"북한 사회보장제도에 관한 연구"(「북방연구」 제3집, 한성대학교, 1993)	북한의 사회보장제도의 범주별 고찰<A>

---

30) 박순성, 앞의 책, p.2.

변종환 외	「남북한 의료 보건제도 비교연구」(한국보건사회연구원, 1993)	남북한 의료보장제도에 관한 비교 고찰 <B>
이상은	「남북한 사회복지 비교연구」(한국사회과학연구소, 1993)	남북한 사회복지제도에 관한 비교 연구 <B>
성경륭	"통일한국의 사회통합을 위한 사회복지정책의 방향," 「통일한국의 새로운 이념과 질서의 모색」(한국정치학회, 1993)	사회복지 통합을 중심으로 남북한 사회통합의 방향성 탐색<C>
박순성	「통일 한국의 사회복지정책」(민족통일연구원, 1994)	단계별 통일 방안에 따른 사회복지 통합방안 제시<C>
김영윤	「남북한 사회보장제도의 비교」(민족통일연구원, 1994)	남북한의 사회보장제도를 법령중심으로 비교함<B>
김연명	「한반도 냉전체제가 남북한 사회복지에 미친 영향」(중앙대학교대학원 박사학위논문, 1994)	한반도 냉전체제와 남북한 사회복지 발달의 상관관계 고찰<B>
박진 이유수	「남북한 사회보장제도의 비교 및 통합방안」(한국개발연구원, 1994)	남북한의 사회보장제도별 비교와 통합방안에 대해 고찰<C>
김연명	"남북한 사회복지 50년 성과와 전망," 「사회복지정책」 창간호, (한국사회복지정책회, 1995)	1LO의 기준을 중심으로 남북한 사회복지 수준의 평가<B>
김연명 김형식	"통일국가의 사회복지"(한겨레신문사, 1995)	남북한의 소득보장 및 의료보장제도에 관해 비교평가와 통합 모형 연구<C>
박종삼 외	"남북한 사회통합을 위한 통합복지 모델 연구," 「사회복지정책」 제8집, (한국사회복지정책학회, 1999)	남북한 간 통합 복지 모델 연구<C>
김형식	「남북한 사회복지체제의 비교와 통합모형」(한국사회복지학회, 2000)	남북한 사회복지 비교 및 통합방안 제시 <C>
이철수	「북한사회복지-반복지의 북한」(청목출판사, 2003)	북한사회복지의 이념과 제도, 현실을 법령 및 사례 중심으로 분석<B>
박종철 외	「통일 이후 갈등해소를 위한 국민통합방안」(통일연구원, 2004)	독일통일 사례를 시사점으로 한국통일과 국민통합방안에 관한 연구<C>
이철수	"개성공업지구의 사회복지체제에 대한 연구"(통일연구원, 2005)	개성지구의 사회복지체제를 중심으로 북한 사회복지의 변화 연구<B>
임현진	"남북한 사회복지의 비교-통일과정에서의 사회정책 과제"(서울대학교 통일연구소, 2007)	통일한국의 사회정책 통합과제의 하나로 남북한 사회복지의 비교 통합방안연구<C>

〈비고〉 연구경향〈A〉: 북한 사회보장제도에 관한 연구
　　　　연구경향〈B〉: 남북한 사회보장제도의 비교 연구
　　　　연구경향〈C〉: 남북한 사회보장 비교 및 통합에 관한 연구

2) 분석모형

　남북한 사회보장정책을 비교 평가하기 위한 이 책의 연구방법은 보편적인 사회보장정책 형성이론 및 인식론 등을 바탕으로, 남북한의 개별성 및 특수성의 측면을 고려한 비교사회복지론의 3가지 영역의 구성요인 준거틀을 다음과 같이 재구성하여 고찰하고자 한다(<그림 2-1> 참조). 즉, 비교사회복지론의 3가지 영역, 곧 외적 결정요인(환경요인)은 사상 및 정체성, 작동원리의 영역을 포괄하므로 '이념'의 범주로 묶고, 구성요인은 입법 및 행정, 운영체계 등에 해당하므로 '제도'의 영역으로, 분야별 내용은 실태적 범주에 해당하므로 '현실'의 영역으로 묶는다.

　본 연구의 이러한 영역별 분석체계는 남북한 사회보장정책의 경우, 자본주의와 사회주의 체제라는 이념적 특수성이 정책의 상위규범으로 작동하며, 광범위한 영역에서 영향을 미치기 때문에 이질적인 체제의 상호 비교를 위해서는 매우 유용한 분석도구가 되리라 믿는다. 또한 제도 비교의 경우, 제도는 법령에 의해 규제되고 그 행정 및 운영체계를 갖추기 때문에 관계법령, 재정원리, 운영체계 등을 비교적 명료하게 고찰할 수 있다. 다만 분야별 실천적 범주에 해당하는 현실의 경우, 이념과 제도에 대한 현장에서의 전달 수준 등을 평가하는데 매우 유용한 검증과정이지만, 북한의 경우 그 실체적 현장 접근이 어렵기 때문에 기존의 정보기관 자료 및 문헌정보들을 참고로 할 수밖에 없는 한계성이 있다.

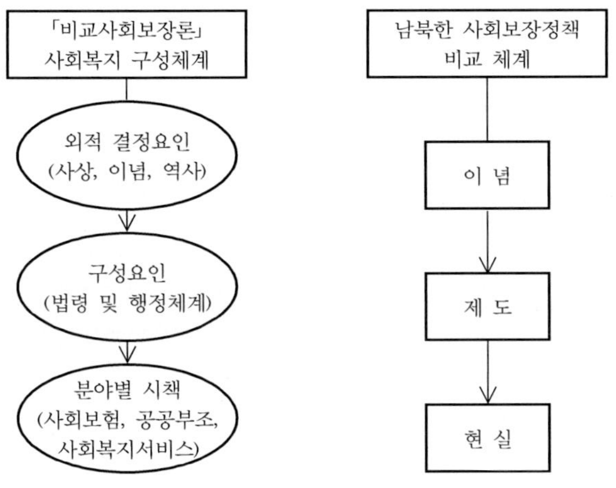

〈그림 2-1〉 남북한 사회보장정책 비교체계 구성

이 연구는 남북한 사회보장정책의 이념 비교의 경우 각 복지정책의 유형, 작동원리, 전개과정에서 파생되는 사회복지담론 등에 내재된 의미 등을 분석하여 남북한 각 사회보장정책의 이질성 및 동질성을 검색하고, 향후 통합단계에서의 통합 저해요인과 촉진요인을 추출하는 데 집중할 것이다. 또한 제도 분석의 경우, 관계법령의 제정과정 및 내용, 제도, 운영체계 등에 담긴 개별적 특징과 장단점을 분석하여 제도 자체에 담긴 문제점과 보완점을 파악하여 단계적 선행 통일정책으로서의 접근범위를 설정하는 자료로서의 유용성을 높이고자 한다.

제도별 구체적 분석대상은 길버트(N. Gilbert)와 스펙트(H. Specht)의 분석틀[31]을 응용하여 사회보험, 공공부조, 사회복지서비스 등 3가지 분야로 한정할 것이다. 마지막으로 현실 비교의 경우, 직접적인 비교

---

31) Neil Gilbert & Herry Specht, *Dimensions of Social Welfare Policy* (New Jersey: Prentice-hell, Inc., 1974), pp.28~33.

의 가능성이 낮기 때문에 분야별 영역별 내용에 대한 실태적 자료들을 수집, 분석하여 내생변인의 여부를 추적하고 '결과로서의 통일'이 아닌, '과정으로서의 통일'을 중시하는 사회보장정책의 유용성 및 정책적 함의를 도출할 것이다(<그림 2-2> 참조).

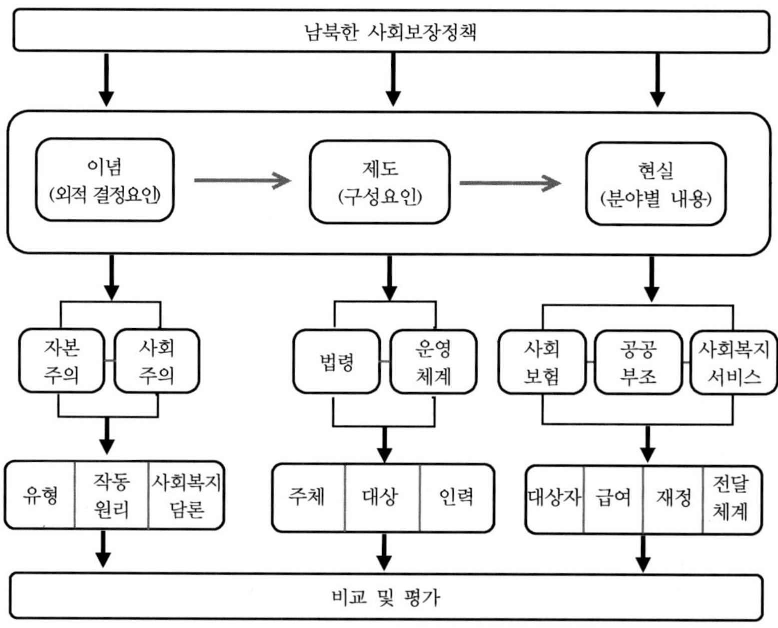

〈그림 2-2〉 남북한 사회보장정책 분석 개념도

상이한 체제의 남북한 사회보장정책의 비교분석 및 평가에 대한 실용성을 높이기 위해서는 앞서 고찰한 비교사회보장론에 입각한 정책 구성요인별 응용분석 방법과 함께 복지국가의 보편적 규준성을 평가하는 다양한 접근방식이 필요하다. 즉, 국가 간, 혹은 남북한과 같은 상이한 체제의 사회보장정책의 수준 및 가치를 평가하기 위해서는 단순한 제도별, 법령비교로서는 그 실체 및 가치를 파악하는 데 한계성이 있을 수밖에 없기 때문에 ILO와 같은 국제기구 등이 제시하는 공식적인 복지국가 평가도구를 동원하여 '통합 촉진요인'과 같은 의미 있는 결과를 도출해 내기 위한 입체적 평가 작업이 병행되어야 할 것이다.

두 개 이상 사회보장정책의 비교 및 평가틀을 제시하는 데 있어 연구자마다, 혹은 지역과 대상마다 다양한 도구를 제시하는 것은 '제도별' 혹은 '범주별' 단순비교의 경우, 제도의 상이성 및 범주별 보장영역의 차이성으로 인한 오류나 미비점들이 발생하기 때문이다. 제도별 비교는 일반적으로 인정되는 '사회적 위험' 영역에 포함되나 그에 상응하는 복지제도가 없는 경우, 그 제도를 비교대상에서 원천적으로 제한하게 된다. 또한 인구의 범위에 대한 적용범위의 포괄성도 획일적으로 적용하는 것이 문제가 되기 때문에, 해당국가의 사회보장 수준을 '집약적'으로 표현하는 데 있어 한계점을 가질 수밖에 없는 것이다.[32]

비교사회보장론의 기본적인 한계점들을 극복하기 위한 다양한 평가의 관점으로 여러 모형의 분석 준거틀이 제시되고 있다. 따라서 어떤 특정한 준거틀을 일방적으로 강조하기보다는 연구의 목적이나 초점에 따라 각기 다른 유용한 평가모형을 도입하거나 조합하여 준거틀로 사용하는 방식이 바람직할 것이다.

사회복지정책의 '제도별' 비교 혹은 평가의 도구로서 일반적으로 가장 많이 활용되는 것이 길버트(N. Gilbert)와 스펙트(H. Specht)가 제시하고 있는 4가지 차원의 원칙이라고 할 수 있다. 길버트와 스펙트

---

32) 김연명, "남북한 사회복지 50년의 평가와 전망," 『사회복지정책』 창간호(한국사회복지정책회, 1995), p.8 참조.

의 도구는 현존하는 제도와 정책을 명쾌하게 대상(Allocation), 급여
(Provision), 재원(Finance), 전달체계(Delivery) 등 급여를 중심으로 한 4
가지 분야로 분석하여 비교 및 평가를 용이하게 한다. 특히 산출연구
(Product)와 성과연구(Performance)의 통합을 통하여 제도와 정책의 수
혜에 대한 효과를 정확히 평가하게 해 준다는 장점을 지닌다.

사회보장정책은 기본적으로 '비복지' 상태에 놓인 구성원들에게
급여라는 소득보장의 매개를 통해 '복지' 상태의 환경으로 바꿔 주는
사회정책을 말한다. 따라서 사회보장정책의 가장 중요한 핵심은 급여
이며, 이것을 수급자에게 전달하기 위한 자격 조건으로서의 대상 및
할당이 필요하다. 또한 어떤 형태로 줄 것인가에 대한 급여 종류차원
의 문제가 발생하며, 또 이 재원을 어떻게 마련할 것인가의 기본적인
문제가 발생한다. 궁극적으로 어떻게 전달할 것인가에 대한 경로확보
가 관건이 되는 것이다. 길버트와 스펙트가 제시한 4가지 분석틀에
대한 세부적 내용을 도표로 보면 다음과 같다.

〈표 2-2〉 Gilbert & Specht의 사회보장정책의 평가틀

선택차원	의미	선택의 대안
대상자(할당) Allocation	수급자격 대상체계	귀속적 욕구(Attributed Needs), 보상(Com-perisation), 진단적 차별(dignostics Differentation), 자산조사(Means-tested needs)
급여(대책) Provision	급여종류 급여체계	현금급여, 현물급여, 증서, 기회, 권력
재정 Finance	재정마련방법 재정체계	공공재원(일반조세, 사회보험료, 조세지출), 민간재원(자발적 기여, 기업복지, 사용자부담), 비공식재원
전달체계 Delivery	전달방법 전달체계	중앙집권과 지방분권, 단독서비스와 복수서비스, 동일건물 내 위치 또는 다른 건물에 위치, 협력관계와 대화단절, 전문가 의존 또는 소비자 및 준전문가 의존, 공공행정가 또는 민간행정가

출처: 김종명 외, 『사회복지정책론』(서울: 양서원, 2009), p.147.

길버트와 스펙트의 평가도구가 사회보장정책의 범주별 급여 체계 수준을 비교 평가하기 위해서는 매우 유용한 검색도구이지만, 남북한 과 같은 이질적인 사회보장정책을 평가하여 통합 사회보장정책의 방 향성을 모색하기 위해서는 2차적으로 보다 규범적인 수준의 사회보 장정책 평가틀을 사용하지 않으면 안 된다. 사회보장정책은 급여를 전제로 한 사회복지정책이기는 하지만, 정책의 형성 및 기능을 발현 하기 위해서는 이념 및 작동원리, 운영체계와 같은 보다 근원적인 구 조에 대한 입체적인 접근이 필요하기 때문이다.

남한의 선행연구들 가운데 사회보장정책의 평가틀, 특히 남북한 사 회보장정책의 비교평가를 위해 유용한 도구를 제시한 학자는 정경배 외(한국사회보건연구원, 1992), 김연명(중앙대학교대학원, 1993), 박순 성(민족통일연구원, 1994), 김연명·김형식(학술단체협의회, 1995), 이 철수(아주남북한보건연구소, 2004) 등이 있다. 정경배 등은 두 개의 각 각 다른 체제를 비교하는 데 있어서 비교의 기준으로 삼기 위하여, 평 등성(equality), 보편성(universality), 공평성(equity), 적절성(adequacy), 효율 성(efficiency)의 5가지 원칙을 제시했고, 김연명과 김형식은 ① 제도의 완비성, ② 적용인구의 포괄성, ③ 급여수준의 적절성 등 3가지 준거 틀을 제시했다. 또한 박순성은 ① 복지혜택의 적용범위, ② 복지혜택 의 수준 혹은 적절성, ③ 복지혜택의 형평성 혹은 재분배성, ④ 복지 재원의 안정성, ⑤ 사회복지전달체계의 민주성 및 효율성 등 5가지 항목을 비교평가의 준거틀로 제시했다.[33)]

---

33) 이 외에도 사회보장정책의 비교 평가틀을 제시한 경우는 함인희, "남북공화국연합단계에서의 사회복지 및 여성정책 교류방안에 대한연구"(한국여성학회, 1987); 최균 외, 『한국사회보험의 현황과 정책 과제』(한국 사회과학연구소, 전국노동조합 대표자회의 발표논문집, 1994); 김태성·성경륭, 『복지국가론』(서울: 나 남, 1993); 이철수, 『북한사회복지 – 반복지의 북한』(서울: 청목출판사, 2003) 등이 있다.

　　국제적 기구로는 1942년 ILO가 「사회보장의 접근」이라는 보고서에서 사회보장의 개념을 정의하면서 사회보장정책의 평가를 위한 구성요소를 제시한 바 있다. ILO의 사회보장 관련 구성요건 제시는 '제도' 위주로 되어 있지 않고, '사회적 위험'에 따른 급여종류의 위주로 되어 있기 때문에,[34] 길버트와 스펙트의 분석틀과 함께 평가틀로 사용할 때, 사회보장정책 비교평가의 적실성을 높일 수 있다.

　　ILO는 사회보장의 규범적 구성요소로 ① 전체국민을 대상으로 해야 하고, ② 최저생활이 보장되어야 하며, ③ 모든 위험과 사고로부터 보호받아야 하고, ④ 공공기관을 통해서 보호나 보장이 이루어져야 한다고 하였다. 따라서 본 논문은 국제기구인 ILO가 제시한 사회보장정책의 4가지 구성요소를 ① 대상의 포괄성, ② 급여의 적절성, ③ 제도의 완비성, ④ 보장의 안정성 등으로 재규정하여 남북한 사회보장정책을 평가하고자 한다.

　　이러한 평가모형은 자본주의와 사회주의 복지체계라는 이질적인 남북한 사회보장정책을 비교하기 위한 유용한 평가틀로, 특히 통합을 전제로 한 촉진요인과 저해요인을 분석하여 통일한국의 복지국가 유형을 선택하는 데 있어 실용성이 높은 준거틀이라고 생각한다.

---

34) 김연명, 앞의 글, p.87.

제 3 장

남한 사회보장정책의 체계와 특성

1. 남한 사회보장정책의 이념과 작동원리

사회보장정책 이념에 대한 기본적인 이해는 복지정책의 토대를 이해하는 출발점이 될 뿐만 아니라 향후 논의될 통일한국의 복지국가의 건설과정에서 가장 중요하게 접근해야 할 핵심 의제 가운데 하나이다. 이념은 국가나 사회체제의 정체성, 곧 '종자'일 뿐만 아니라 그 자체가 국가나 사회의 존립의 당위성이며 목표이기도 하다. 사회정책은 이념이라는 '종자'로부터 발아하여 제도라는 꽃을 피우고 다시 이념이라는 씨앗을 맺으며 사회적 윤회를 거듭한다.

이념은 그 사회나 구성원들이 가지고 있는 일종의 가치체계의 집합이며 기본틀과 같다. 따라서 사회정책의 일종인 사회보장정책의 구조 속에는 그 사회나 국가의 정체성 및 이념적 체계가 용해되어 있다. 남북한은 분단 이후, 자본주의와 사회주의라는 배타적인 이념을 근간으로 상이한 국가체제를 형성하여 적대적인 입장을 견지해 왔지만, 이는 역설적으로 상호성, 대쌍성(對雙性)을 가진 상호 보완과 결합이라는 당위의 요소가 있다고 보아야 한다. 즉 남과 북의 분단은 이념적 분절이 그 근본적 원인이 아니라, 민족 구성원들의 행복추구권을 보장하기 위한 견해와 노선 차이에서 이념적 선택이 있었고, 정치적 갈등이 구조화된 측면이 있는 것이다. 바로 이런 점에서 '민족복지'적 차원의 사회보장정책의 접근은 민족구성원들을 이념적 분절 이전의 단계로 되돌아가게 할 수 있는 동질성 회복의 가장 긴요한 효율적 기제가 될 수 있다.

남과 북은 일제 식민지 극복의 투쟁과 제2차 세계대전 이후의 국제질서의 재편이라는 외부적 요인에 의해 민족구성원들의 행복추구권을 성취하기 위한 시각의 차이에서 자본주주의와 사회주의라는 기존의 배타적인 이데올로기적 지대를 선택하였다. 그 결과 남과 북에는 사회정책의 제 분야에 있어서도 상호 배타적이면서도 대쌍성의 요소를 지닌 정책 및 제도들이 구축되었다. 남한 사회보장정책의 이념적 기본지형이라고 할 수 있는 개인주의의 이론에 대해서 살펴보고자 한다.

개인주의는 정치적으로 보수주의를 기본으로 하고 있다. 보수주의는 사회개입의 기초로서 가족, 종교단체, 민간단체 등과 민간기관을 가장 중시한다. 또한 개인주의는 열심히 일하는 사람은 물질적인 성공으로 보상받는다는 낙관적인 전제를 바탕으로 하고 있다. 인생에 실패하는 경우에는 개인의 결함, 노력 부족 때문에 실패한 것으로 보는 것이다. 개인주의는 시장, 경제적인 측면에서 누구에게도 박해받지 않고 자기 자신의 물질적 이익을 위해 자유롭게 일할 수 있을 때 사회가 가장 잘 돌아간다는 자유방임주의를 기반으로 하고 있다. 더불어 개인주의는 정부의 활동 국방, 외교, 치안과 같은 국가를 유지하는 데 필요한 활동 영역에서 최소한의 수준에 머물러야 한다고 보고 있기도 한다. 이 밖에 개인주의는 사회복지가 기본적으로 개인의 책임을 손상시키고 시장의 활동을 방해한다고 보기 때문에 사회 유지를 위한 최소한의 안전망이라는 범위를 넘어 사회복지를 확대하는데 반대하고 있다.[1]

개인주의는 18~19C에 생겨나서 서구문화의 기본을 이루어 왔고 서구인들의 의식구조 속에 내재되어 사회보장제도의 발달에 커다란 장벽으로 작용해 온 것이 사실이다. 개인주의에 바탕을 둔 자본주의가 발전해 나감에 따라 다양한 사회문제가 생겨나고 이와 같은 사회문제들을 해결하기 위해 국가가 개입하지 않을 수 없게 되었는데, 이러한 국가의 개입을 정당화시켜 준 사회가치가 집합주의이다. 집합주의 가치를 추구하는 사회민주주의, 사회개량주의, 페이비언주의(fabianism)[2] 등은 영국을 비롯한 서구의 사회복지제도를 성립시키는데 많은 역할을 담당하였다.

최근 들어 남한사회는 복지 영역의 확장문제로서 선별주의(selectivism)와 보편주의(universalism)의 논쟁이 뜨겁게 전개되고 있다. 선별주의와 보편주의는 누구에게 사회복지 급여를 제공할 것인지에 관한 가치들이다. 선별주의란 개인적인 욕구에 근거를 두고 도움을 필요로 하는 사람들에게만 급여를 제공해야 하며, 도움을 필요로 하는 사람인가 아닌가의 판별은 자산조사에 의하여 결정되어야 한다는 것이다. 선별

---

1) 박정호, 『사회복지정책론』(서울: 학지사, 2001), pp.29~30 참조.

2) 페이비언주의(fabianism)는 1884년 영국런던에서 결성된 영국 사회주의 단체의 이념이다. 사회주의 실현을 위해서 "끈질기게 시기가 도래 할 것을 기다리고, 때가 오면 과감히 돌진한다."는 것을 모토로 점진적 사회주의를 추구하는 사람들의 모임인 페이비언협의 이념을 나타내는 말이다. 페이비언주의는 소극적 집합주의와 마르크스주의의 다소 모호한 중간영역에 위치한다. 페이비어니즘은 한마디로 정의하기는 어렵지만, 의회정치의 방법으로 점진적으로 사회개량을 진행하면서 생산수단의 공공적 소유라는 관점을 견지하는 사회주의 이데올로기로 정의된다. 양정하 외, 『사회복지정책론』(서울: 양서원, 2008), p.54 참조.

주의의 장점은 도움을 가장 필요로 하는 사람에게 집중적으로 도움을 제공함으로써 자금 및 자원의 낭비가 적으며 불필요한 의존심을 키워 주지 않게 집중적이고, 반면 단점으로 집중적 낙인감(stigma) 효과가 발생하며 행정절차가 뒷받침이 되어야 한다는 것이다.

이에 반해 보편주의는 복지는 하나의 사회적 권리로서 전 국민을 대상으로 그들에게 골고루 나눠 주어야 한다는 가치이다. 보편주의의 장점은 낙인감이 없으며 전체를 대상으로 함에 따라 최저수준의 삶의 질을 보장할 수 있으며 간단한 행정절차, 급여의 공정성을 보장할 수 있다는 점이다. 또한 보편주의 복지에 의해 사회 전체의 구매력을 유지시켜 줌으로서 경제안정과 성장에 기여할 수 있다는 장점이 있는 반면, 많은 자금과 재원을 필요로 하며 불필요한 의존성을 생산할 가능성이 있다는 단점이 있는 것이다.

선별주의에서는 필요한 사람에게 필요한 복지만을 제공한다는 비용효과성을 강조하는 반면, 보편주의는 사회구성원을 가진 자와 못 가진 자로 구분하지 않음으로써 인간의 존엄성 유지 및 사회의 일체감이라는 사회적 효과성을 강조한다.

선별주의냐 보편주의냐 하는 가치는 앞서 언급한 그 사회가 가지고 있는 복지에 대한 이념 및 가치관이 개인주의냐 집단주의냐에 근거를 두고 있다. 남한은 개인주의와 선별주의를 사회보장정책에 내재하는 이념적 지형이라고 할 수 있으며, 사유재산제도의 기초 위에서 자유경쟁의 원칙에 따라 사회정의의 실현을 위한 보완적 정책으로 추진되고 있다.

남북한은 체제이념과 사회질서가 다르기 때문에 복지이념이 다르고, 사회보장정책이 작동되는 메커니즘도 다를 수밖에 없다. 남한은 모든 경제활동이 민간 중심의 자발적 개인의 행동에 의해 시장기구를 통한 방식으로 이루어지고 있고, 국가는 시장경제 운용에서 발생하는 경제·사회적 위험으로부터 개인의 최소한의 생활을 보장하고 소득의 불평등을 해소하려는 목적으로 사회보장정책을 운영하고 있다.

사회보장정책이 작동되는 경로 역시 일반 사회정책과 마찬가지로 체제이념 → 정책의 담론화(정책화) → 법령제정(제도화) → 전달체계(현실화)의 과정을 거친다고 할 수 있다. 먼저 체제이념의 경우, 남한은 자본주의 체제를 출발점으로 함으로써 사회보장정책 자체는 개인주의 및 시장경제주의의 원리에 의해 작동된다. 남한은 정책의 담론화 과정에서 민주주의 선거원리에 의한 정권선택에 따라 역대 정권마다 일정한 차이의 복지담론을 진전시켜 왔다.[3]

남한의 사회보장정책 및 제도에 대한 국가역할은 사회보장과 관련된 법령에 잘 장치되어 있다. 남한은 헌법 제34조에서 "모든 국민의 인간다운 생활을 할 권리를 가진다."고 규정하고 있다. 또 헌법 제32조에서는 생존권을, 헌법 제9조에서는 행복추구권, 헌법 제10조에서는 보편적 평등 보장을 기본이념으로 하는 사회개발정책의 일환으로 사회보험, 공공부조, 사회복지서비스 등 국민의 구체적인 생활보장과 의료보장 등과 관계되는 각종 사회보장제도와 관련된 사항을 규정하고 있다.

이상에서 살펴본 바와 같이 남한의 사회보장정책은 헌법 및 관련

---

3) 남한의 역대정권들은 서구 자본주의 방식의 사회복지정책 추진이라는 거시적 방향성을 추구해 왔지만 정권의 성격에 따라 각각 다른 사회복지정책 및 복지담론을 제시하였다. 박정희 정권시절에는 '선경제 후복지'라는 논리로 복지담론 자체가 이데올로기적 성격을 지녔다고 할 수 있고, 김대중 정부는 '생산적 복지'라는 개념을 도입하여 복지와 생산의 조화를 모색하여 한편으로는 소비적 복지정책의 폐단을 극복하고 다른 한편으로는 신자유주의의 위험도 극복하려고 하는 복지정책을 추구하였다. 또한 노무현 정부는 복지정책과정에 국민이 적극적으로 참여하고 수요자의 욕구에 능동적으로 대처할 수 있는 '참여복지'를 복지정책의 지표로 하였다. 또한 이명박 정부는 맞춤형 예방형 복지를 추구한다는 의미로 '능동적 복지'를 주장하고 있다. 능동적 복지의 개념은 복지정책에서도 시장개념을 도입, 어려움이 닥쳤을 때 일방적으로 도와주기보다는 사회구성원들의 인적 역량에 미리 투자한다는 의미로 해석된다.

법령을 통해 생존권 및 행복추구권, 보편적 평등성을 추구하고 있지만, 자유민주주의라는 체제이념과 시장경제원리에 따라 개인주의적 복지책임의 원칙으로 작동되고 있다. 선별주의 정책에 따라 개인의 복지에 대한 기본적 책임은 개인에게 있으며, 국가는 잔여적 차원에서 보완적 사회보장정책을 실시하고 있는 것이다. 남한의 사회보장정책은 경제발전 및 사회체제의 개편에 따라 점차 선택적 보장영역의 확장을 통해 보편주의적 복지노선을 지향하고 있다.

2. 남한 사회보장정책의 운영체계

사회체제가 다른 국가들 간의 사회보장정책을 비교하기 위해서는 먼저 비교 대상 국가들의 사회보장정책이 가진 이념적 차원의 체제론적 특성을 밝힌 다음, 대상 국가들의 사회보장정책의 운영체계와 전개과정, 그리고 구체적 법령 및 전달체계 등의 내용을 살펴보아야 한다.

남한의 사회보장정책은 기본적으로 근대국민국가의 형성전략, 또는 현대산업사회의 경제성장으로 인한 계층 간 갈등과 빈부격차, 개인의 생존권보장 등 사회문제에 대한 국가의 개입과 적극적인 대응전략으로부터 출발하였다고 할 수 있다. 남한의 사회보장정책은 자유민주주의와 개인주의라는 체제의 근본이념에 따라 자본주의 시장경제 원리를 채택함으로써, 국가가 잔여적 복지를 담당하면서 점차적으로 사회보장정책을 부문별로 제도화시키는 방향으로 체계화되었다.[4]

---

4) 사회보장정책은 기본적으로 사회에 존재하는 다양한 사회문제를 다루고 해결하기 위한 정책이라고 할 수 있다. 사회문제의 정의에 관하여는 개개인의 주관이 개입될 수 있지만, 주로 어떤 사회현상이 ① 사회적 가

　남한의 사회보장정책은 1948년 건국헌법 전문에 명시된 "정치·경제·사회·문화의 모든 영역에 있어서 각인의 기회를 균등히 하고, (……) 안으로는 국민생활의 균등한 향상을 기한다."는 헌법정신을 기반으로 출발하였다. 남한의 사회보장정책에 관한 기본 법률은 1963년 제정되었다가 폐기되고, 1995년 입법 대체된 「사회보장기본법」과 1970년에 제정된 후 1992년에 전문 개정된 「사회복지사업법」 등 2가지의 법령을 양 축으로 하고 있다.[5]

　남한의 사회보장정책에 관한 최초의 법률적 장치는 1963년 11월에 제정된 「사회보장에 관한 법률」(법률 제1437호)이 그 효시이다. 이 법은 제정 당시인 제3공화국의 헌법 제30조, 국가의 사회보장 증진의 의무라는 헌법정신에 의거하여 사회보장제도의 기본원칙 및 기준설정의 필요성에 따라 전문 7조로 제정되었다. 그러나 이 법은 사회보장의 기본계획, 이론정립 등 세부적인 사항을 담고 시행하려 했으나, 정부의 사회보장의 의지가 후퇴하면서 상징적인 의미를 갖는 정도에 그쳤다.

　「사회보장에 관한 법률」은 경제성장정책과 안보정책의 두 축을 기반으로 한 군사정권의 정책 기조에 의해 필요한 범위 내에서 임시방편적으로 분립되어 실시되었다. 하지만 이 법은 사회보장제도간 연계성의 부족, 제도 간 충돌과 갈등, 관리운영상의 비효율성 등 많은 문제점이 발생하자, 시대적 변화에 맞는 새로운 사회보장의 기본법을

치(규범)에서 벗어나고, ② 상당수 사람들이 그 현상으로 인하여 부정적 영향을 받고 있으며, ③ 그 원인이 사회적인 것이며, ④ 다수의 사람들이나 영향력 있는 사람들이 문제로 판단하고 있고, ⑤ 사회가 그 개선을 원하고 있고, ⑥ 개선을 위하여 집단적, 사회적 행동이 요청되는 것을 말한다. 최일섭·최성재, 『사회문제와 사회복지』(서울: 나남출판사, 1994), pp.24~25 참조.

5) 여기서 「사회복지사업법」이 '국민기초생활수급법' 등 사회복지법인 및 시설관리 등 복지관련 분야를 총괄하는 법이라고 한다면 「사회보장기본법」은 주로 사회보험 및 공공부조 등 국민들의 소득보장과 관련된 내용을 규정하고 있어 이 논문은 북한의 사회보장정책과 현실적 비교가 가능한 사회보장기본법을 중심으로 한 남한의 사회보장정책 운영체계를 고찰한다.

제정해야 한다는 필요성이 제기되어, 1995년 「사회보장기본법」(법률 제5134호)이 입법 제정되면서 폐기되었다.

「사회보장기본법」은 사회보장을 통하여 모든 국민이 '인간다운 생활'을 영위할 수 있도록 '최저생활을 보장'하고 국민생활의 수준을 향상시키며, 사회보장정책의 시행에 있어 형평성과 효율성의 조화를 통해 '복지사회'를 실현하는 것을 그 목적으로 하고 있다. 따라서 이 법은 남한의 각종 사회보장 관련 제도에 관한 기본적인 사항을 규정하여, 제도 간 상충과 갈등을 막고, 통일성과 일관성을 견지하기 위한 운영체계 등의 내용을 담고 있다.

이 법은 제3조에서 사회보장의 정의에 관해 "사회보장이란 질병, 장애, 노령, 실업, 사망 등의 사회적 위험으로부터 모든 국민을 보호하고 빈곤을 해소하며 국민 생활의 질을 향상시키기 위하여 제공되는 사회보험, 공공부조, 사회복지서비스 및 관련복지제도를 말한다."고 규정하고 있다. 즉 사회보장은 실업, 사고, 재해 등으로 인한 국민들의 빈곤방지를 위한 소득보장의 개념으로 시행되는 사회정책인 것이다. 구체적으로 분야별 용어의 개념에 대해서는 "사회보험은 국민에게 발생하는 사회적 위험을 보험의 방식으로 대처함으로써 국민의 건강과 소득을 보장하는 제도를 말한다."고 정의하고 있고, "공공부조(公共扶助)란 국가와 지방자치단체의 책임 하에 생활 유지 능력이 없거나 생활이 어려운 국민의 최저생활을 보장하고 자립을 지원하는 제도를 말한다."고 정의하고 있다. 또한 "사회복지서비스란 국가·지방자치단체 및 민간부문의 도움이 필요한 모든 국민에게 상담, 재활, 직업의 소개 및 지도, 사회복지시설의 이용 등을 제공하여 정상적인 사회생활이 가능하도록 지원하는 제도를 말한다."고 정의하고 있으며, "관련복지제도란 보건, 주거, 교육, 고용 등의 분야에서 인간다운 생활이 보장될 수 있도록 지원하는 각종 복지제도를 말한다."고 규정하고 있다.

또한 이 법령은 사회보장의 주체와 책임에 대해 명시하고 있는데, 사회보장을 위하여 "국가 및 지방자치단체는 국가발전의 수준에 부응하는 사회보장제도를 확립하고 매년 이에 필요한 재원을 조달하여야 한다."고 하였다. 곧 사회보장정책의 주체 및 책임으로 국가와 지방자치단체의 역할을 명시하고 있는 것이다. 더불어 국가와 지방자치단체는 "사회보장제도를 시행함에 있어 가정과 지역공동체의 자발적 복지활동을 촉진하여야 한다."고 규정하여 국민의 자발적인 참여와 공동체의 역할 또한 강조하고 있다. 더불어 이 법에서는 사회보장정책의 대상인 수급권자는 개별 사회보장법과 제도의 자격기준, 자격요건에 따라 선정, 결정되는 것이지만, 포괄적으로는 전 국민을 대상으로 설정하고 있다.

한편 이 법에서는 사회보장정책을 총괄적으로 심의하고, 관리 운영하는 실행기구로서 '사회보장심의위원회'에 관한 사항을 규정하고 있다. 사회보장심의위원회는 위원장 1인과 부위원장 3인을 포함한 위원 30인 이내로 구성되며, 위원장은 국무총리가 되고 부위원장은 기획재정부장관, 교육과학기술부장관, 보건복지부장관이 된다. 이 위원회는 사회보장의 증진을 위한 사회보장 장기발전방향, 사회보장제도의 개선, 국가 및 지방자치단체의 역할 및 비용분담 등 사회보장정책과 관련된 전반적인 내용들을 심의 조정하며 관리한다.

남한의 사회보장정책은 기본적으로 잔여적 복지개념을 그 출발로 하고 있기 때문에 시기적으로 발생하는 사회적 욕구에 대한 소극적인 보충을 목표로 하여 구성되었다. 따라서 남한의 사회보장 체계는 각각의 대상자별로 각기 분리되어 운영되고 있으며, 이에 따라 영역별로 평면적이고 분리된 사회보장 체계를 가지고 있다. 남한의 사회보장제도에서는 원칙적으로는 동일대상에 대한 중복수급은 허용되지 않으며, 한 분야의 대상자에 대한 사회보장은 하나의 보장제도가 적용되는 단층적인 형태로 운영된다고 할 수 있다.

이상에서 살펴본 바와 같이 남한의 사회보장정책의 체계는 자유민주의와 개인주의, 시장경제라는 국가의 기본 체제이념을 원리로 하여 구체적, 법률적 근거로는「사회보장기본법」에 의해 관리 운영되는 체계이다. 사회보장정책의 범위는 사회보험, 공공부조, 사회복지서비스 및 관련복지제도를 그 영역으로 하고 있으며, 주체 및 책임은 국가와 지방자치단체이고, 민간의 적극적인 참여와 역할이 강조되고 있다. 또한 수급권자는 전 국민을 대상으로 하고 있으며, 사회보장심의위원회를 통해 관련 정책의 심의 및 조정이 이루어지는 관리 운영체계이

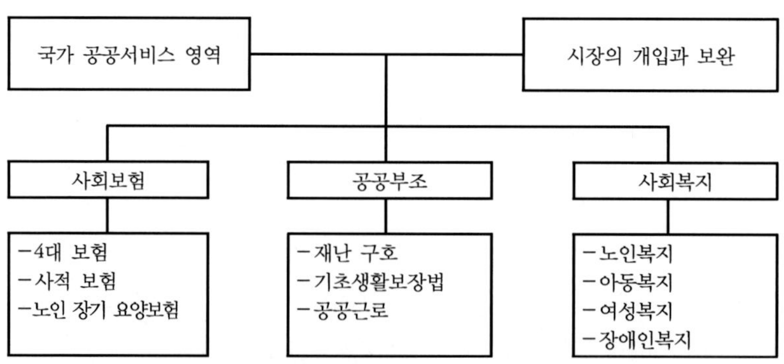

출처: 임현진, "남북한 사회복지의 비교."『통일과정에서의 사회정책과제』(서울대학교통일정책연구소 주최, 통일학기초연구 학술심포지움 자료집, 2007), p.77.〈그림 15〉의 참조 및 재구성.

〈그림 3-1〉 남한의 사회보장정책 운영체계

다. 이와 함께 남한의 사회보장정책은 「사회보장기본법」을 법적인 근
거로 하여 작동되는 체계이지만, 「사회복지사업법」에 의해 상호 보완
적 역할을 하는 이원구조적 체계라고 할 수 있다.

3. 남한 사회보장정책의 전개과정

특정 국가의 사회보장정책의 전개과정을 고찰하기 위해서는 해당
국가의 사회정책의 형성과 변화 등 사회복지정책 발달에 영향을 주
는 환경요인 분석과 함께 사회복지발달론에 입각한 이론적 분석이
전제되어야 할 것이다.[6] 특히 남북한과 같은 상이한 체제이념으로 인
한 적대적 대립 관계 속에서 근대화전략을 추진해 온 경우에는 각기
국제적 요인과 같은 외부결정요인과 더불어 국내적 정책요인, 시기별
환경요인 등과 같은 다양한 정책결정 요인들이 변수로 고려되어야
할 것이다. 그러나 특정 국가의 사회보장정책의 전개과정은 사회복지
와 관련된 법령의 형성시기 및 목적, 배경 등에도 그 환경요인과 함
께 정책결정의 영향을 미친 요인들이 내포되어 있으므로 본 연구에
서는 남북한의 사회보장정책과 관련된 법령이 형성된 시기를 중심으
로 사회보장정책의 전개과정을 고찰하고자 한다.[7]

---

6) 사회보장정책 발달이론은 인도주의에 기초한 '사회양심이론', 사회양심이론과는 정반대의 입장에서 사회통
제와 현상유지에 목적이 있다고 보는 '음모론', 산업화가 복지정책에 미치는 영향에 관한 '수렴이론', 국제
관계의 영향을 받는다고 보는 '확산이론', 공동체의 구성원에게 부여되는 권리라는 '시민권론', 정치경제사
회의 환경적 영향을 받는다는 '환경결정론' 등이 있다. 사회보장정책의 발달이론에 관해서는 박병현, 『복지
국가의 비교』(서울: 공동체, 2005); 김종명 외, 『사회복지정책론』(서울: 양서원, 2009), pp.37~49 참조.

7) 남북한 사회보장정책의 비교와 관련된 법령연구 참고자료로는 법제처, 『2009년 남북법제연구보고서(Ⅱ)』
(서울: 한국법제연구원, 2009); 정경배 외, 『남북한사회보장제도의 비교연구』(서울: 한국보건사회연구원,
1992); 이철수, 『북한사회복지법령집』(서울: 청목출판사, 2003) 참조.

남한의 사회보장정책의 전개과정은 대략 5단계로 구분되며, 복지빈곤국 시기, 도입기, 정착기, 확장기, 재편기 등으로 살펴볼 수 있을 것이다.[8]

먼저 제1단계는 한국 사회보장정책의 부재기라고도 할 수 있는데, 1945년 해방이후부터 한국전쟁을 거쳐 1960년대에 이르는 과정이다. 광복 이후 3년간 미군정시대의 사회복지사업은 일제 시대 조선총독부 경무국 위생과를 '보건후생부'로 변경하고, 빈민들에 대한 식량, 의료 등을 중심으로 한 임시적인 구호정책이 주류를 이루었다. 이 시기는 복지에 대한 행정정책이 전무했던 관계로 무계획적으로 종교 및 자선단체들 중심의 민간구호시설이 증가했고, 국제 자선단체와 기관들이 들어와 임시 구빈적 성격을 띤 민간의 사회복지서비스와 외국 원조에 의지하는 의존적 구제방식이 주를 이루었다. 이 시기의 사회보장정책은 긴급구호의 성격이 강했지만, 사회복지를 앞세운 일부 종교단체들의 '위장 활동'은 한국의 사회보장정책을 정상적으로 제도화시키는 데 오랜 걸림돌로 작용하기도 하였다.

1948년 출범한 이승만 정권은 미군정 시대의 보건후생부와 노동부를 병합하여 사회부로 개칭하고 보건, 후생, 노동 및 부녀 등에 관한 복지행정을 관장하도록 하였다. 이 시기의 사회복지입법으로는 1952년 10월 4일 '후생시설운영요령' 제정을 들 수 있다. 이후 한국전쟁을 거치면서 전쟁고아와 난민이 급증하자 정부는 요구호자 구호를 위해

---

8) 김태성·성경륭은 한국사회의 국가성격을 공화국별로 구분하였는데 제1공화국은 정복·약탈국가, 제2공화국은 민주국가, 제3공화국부터 제5공화국까지는 발전국가, 그리고 제6공화국은 민주국가로 정의하였다. 이러한 국가의 성격에 따라 1공화국이 복지빈곤국의 전형이었다면, 이러한 전형은 3~5공화국의 기간 동안에도 지속되었다고 하였으며, 1987년 후반 이후에 한국에서도 복지국가가 태동하게 되었다고 하였다. 김태성·성경륭, 『복지국가론』(서울: 나남, 2010), pp.371~413 참조.

외국 원조단체들의 응급구호 유치에 집중하였으며, 난민들을 수용하기 위한 사회복지시설이 급증하여 1959년에는 700여개의 시설이 생겨나기도 했다.

한국전쟁은 우리나라 사회보장정책의 두 가지 큰 변화를 가져왔는데, 첫째는 정부 수립 후 단계적, 계획적으로 준비되어 왔던 사회복지의 모든 정책이 임시적, 응급정책으로 전락하였다는 것이고, 둘째는 막대한 외국원조로 인해 남한 사회의 의존적 구제방식을 심화시켜 놓았다는 것이다.9) 이 시기는 구호사업이 민간에 의해 자선적이고 비전문적인 형태로 이루어졌으며, 정부는 최소한의 구호활동만 수행한, 특별한 사회보장제도가 없던 복지빈곤국 시기였다고 할 수 있다.

제2단계는 1961년부터 1972년에 이르는 시기로 군사정권에 의해 경제개발계획과 함께 산업화와 도시화가 급격히 진행되고, 사회보장정책의 형식적 기초가 법령의 제정을 통하여 이루어진 사회보장정책의 형식적 도입기라고 할 수 있다. 1961년 5.16군사쿠데타를 통해 집권한 제3공화국은 정당성 확보를 위해 여러 가지 사회복지관련법을 제정하였다. 박정희 정권은 '복지국가'를 표면적으로 내걸고, 헌법에 생존권 보장 조항(제30조)과 인간다운 생활을 할 국민의 권리(제30조 제1항)와 사회보장 증진에 노력해야 할 국가의 의무(제30조 제2항)을 명시하였

〈표 3-1〉 남한의 복지빈곤국 시기의 사회보장관련법

복지빈곤국 (해방 이후~1960년)	공공부조	
	사회보험	•1951. 09. 국민의료법
	사회복지서비스	

---

9) 손준규, 『현대복지정책론』(서울: 대학출판사, 1992); 이진숙 외, 『사회복지정책론』(서울: 양서원, 2009), p.100 참조.

다. 이시기에 우리나라 사회보장정책에 관한 효시가 되는 「사회보장에 관한 법률」을 비롯, 10여 개의 사회복지관련법도 제정되었다.

이 시기에 제정된 관련법들은 사회보험, 공공부조, 사회복지서비스에 모두 걸쳐 있었다. 먼저 사회보험으로는 「공무원연금법」(1960), 「선원보험법」(1962), 「군인연금법」(1963), 「산업재해보상보험법」(1963), 「의료보험법」(1963)이 제정되었다. 공공부조부문에는 「생활보호법」(1961), 「군사원호보상법」(1961), 「재해구호법」(1962), 「국가유공자 및 월남귀순자 특별보호법」(1962) 등이 있었고, 사회복지서비스 부문에는 「아동복리법」(1961년), 「윤락행위방지법」(1961), 「자활지도에 관한 임시조치법」(1968) 등이 제정되었다. 또한 1970년에는 「사회복지사업법」이 제정되어 1963년 제정된 사회보장에 관한 법률과 함께 우리나라 사회보장정책의 기반이 되는 법률적 단초가 마련되었다. 이러한 법률제정과 부분적인 사회보험의 실시로, 이 시기는 우리나라의 근대적인 사회복지법제를 마련하여 지금까지의 구빈적, 원조적 성격에서 벗어나 국가중심의 체계적인 사회보장정책의 체계를 형성하는 시기였다고 할 수 있다. 이를 두고 우리나라의 중요한 복지제도는 군사정권하에서 이루어졌다는 주장이 제기되기도 하지만, 군사쿠데타 세력들이 정당성의 빈곤을 메우기 위해 각종 사회보장정책 및 제도를 입안하고,

<표 3-2> 남한의 형식적 제도도입기의 사회보장관련법

형식적 제도도입기 (1961~1972년)	공공부조	•1961. 12. 생활보호법 및 아동복리법 •1962. 03. 재해구호법
	사회보험	•1960. 01. 공무원연금법 •1963. 01. 군인연금법 •1963. 11. 산업재해보상보험법 •1963. 12. 의료보험법
	사회복지서비스	•1970. 01. 사회복지사업법

실제로는 산업화·도시화로 인해 발생한 도시빈민층과 노동계급에 대해 체계적인 복지제공은 이루어지지 않았던 시기로 평가된다.[10]

제3단계는 1973년에서 1986년에 이르는 시기로 직장의료보험 실시, 「아동복지법」, 「노인복지법」, 「국민연금법」 제정 등 남한의 주요 사회보장 정책 및 사회복지제도가 전면적으로 확대되고 법령적 기반이 확보된 남한 사회보장정책의 정착기라고 할 수 있다. 1970년대 초 유신정권은 경제적, 사회적으로는 1, 2차 경제개발 5개년 계획이 성공적으로 이루어져 급속한 경제성장을 이루게 되었다. 그러나 산업화 일변의 경제성장 과정에서 나타난 인구의 도시 집중현상 및 이로 인한 도시빈곤층, 소득 불평등과 같은 각종 사회문제가 야기되자 결국 정부는 제4차 경제개발 5개년 계획부터 경제성장 중심의 국가발전정책의 궤도를 수정하여 사회보장정책의 3대 영역에 걸쳐 주요 법령들을 제정, 정비하여 시행하였다. 또한 1980년 군사쿠데타로 집권한 전두환 제5공화국 정권 역시 정치적 정통성을 확보하고자 '복지사회 건설'을 국장지표로 전면에 내세우고, 1960년대와 1970년대에 추진되었던 각종 사회복지법제 중 도입되지 않은 사회복지법제를 도입하였다.

이 시기에는 사회보험 부문에서 「사립학교교원연금법」(1973), 「국민복지연금법」(1973), 「개정의료보험법」(1976), 「공무원 및 사립학교 교직원의료보험법」(1977)이 제정되었고, 공공부조 부문에서 「재해구제로 인한 의사상자구호법」(1970), 「의료보호법」(1977), 「월남귀순자 특별보상법」(1978)이 제정되었다. 또한 사회복지서비스 부문에서 「사회복지사업기금법」(1980)이 제정되었고, 「아동복리법」(1981), 「노인복

지법」(1981), 「심신장애자복지법」(1981) 등이 독립된 법으로 입법화
되었다. 특히 1983년 「사회복지사업법」을 전면 개정하여 사회복지
종사자 명칭을 사회복지사로 변경하고 자격을 3등급으로 구분하였
다. 1986년에는 1974년 제정되었으나 사문화되었던 「국민복지연금법」
을 「국민연금법」으로 전면 개정하였다. 「국민연금법」은 1988년도부
터 전면 실시되어 남한사회보장 정책의 큰 분수령을 이루었다.

<표 3-3> 남한의 복지서비스 도입기의 사회보장관련법

복지서비스 제도도입기 (1973~1986년)	공공부조	•1982. 12. 생활보호법 개정
	사회보험	•1973. 01. 국민복지연금법 제정 •1973. 12. 사립학교교원연금법 •1976. 12. 의료보험법 강제가입 개정 •1977. 07. 직장의료보험 실시 •1977. 12. 의료보호법
	사회복지서비스	•1980. 12. 사회복지사업기금법 •1981. 04. 아동복지법 •1981. 06. 노인복지법 및 장애인복지법 제정 •1983. 05. 사회복지사업법 개정

한국사회의 민주화가 크게 진전된 1988년부터 2002년에 이르는 시
기는 남한사회에서의 사회보장서비스가 질적·양적 측면에서 본격적
으로 실현되기 시작한 제4단계의 사회보장정책 확장기라고 할 수 있
다. 이 시기는 1993년 김영삼 문민정권의 출범 이후, 정치적 민주화와
시민단체운동 및 노동운동이 활성화된 시기였으나, 1997년 IMF 구제
금융으로 인해 남한 경제가 급속한 하락국면을 맞은 시기이다. 따라서
이 시기는 대량실직자와 노숙자문제, 생계형 범죄 등 각종 사회문제들
을 해결하기 위해 사회보장정책 및 사회복지 분야의 재정지출을 확대
해야만 했다. 경제, 사회적으로는 크게 침체되었으나 역설적으로 고용

보험, 「국민기초생활보장법」 제정 등 중요한 사회복지제도의 전면 확대가 이루어진 남한 사회보장정책의 발달기라고도 할 수 있다.

이 시기에 제정된 사회보험과 관련한 법령으로는 노동자에 대한 기업의 복지진출을 촉진하기 위한 「사내복지기금법」(1991)과 「고용보험법」(1993)을 들 수 있다. 특히 「고용보험법」은 근로자들의 소득보장과 함께 실업의 예방, 고용의 촉진, 근로자들의 직업능력 개발과 향상에 이바지할 수 있는 사회보장정책의 핵심 제도 가운데 하나로 1995년부터 전면 시행되었다. 고용보험제도가 도입됨에 따라 남한은 1990년대 이후 비로소 4대 보험(산업재해보험, 의료보험, 국민연금법, 고용보험)이 완성되어 본격적으로 복지중진국 단계로 진입하게 되었다고 할 수 있다. 이 시기에 제정된 사회복지서비스 관련법으로는 「모자복지법」(1989), 「장애인고용촉진에 관한 법률」(1990), 「영유아보

<표 3-4> 남한의 사회보장정책 확장기의 사회보장관련법

	공공부조	•1986. 12. 최저임금법 •1995. 12. 정신보건법 제정 •1999. 09. 국민기초생활보장법 제정 •2001. 05. 의료급여법 개정
사회보장제도의 확장기 (1988~2002년)	사회보험	•1986. 12. 국민연금법 제정 •1988. 01. 농어촌지역 의료보험 실시 •1989. 07. 도시지역 의료보험 실시 •1991. 03. 의료보험법 개정 •1993. 12. 고용보험법 제정 •1997. 07. 국민의료보험법 제정
	사회복지서비스	•1986. 05. 사회복지사업법 개정 •1989. 04. 모자복지법 제정 •1989. 12. 노인복지법 및 장애인복지법 개정 •1990. 01. 장애인고용 촉진 등에 관한 법률 제정 •1991. 01. 영유아보육법 제정 •1991. 12. 노령자고용촉진법 제정 •1992. 12. 사회복지사업법 개정

육법」(1991), 「청소년기본법」(1991)이 있다. 한편 공공부조 부문에 있어
서는 1999년 9월 「국민기초생활보장법」이 제정되어 2000년 10월부터
전면적으로 시행되었는데, 이는 저소득층의 최저 생계비를 보장하기
위한 것으로 한국 공공부조 정책의 새로운 시대를 연 것으로 평가된다.

끝으로 제5단계는 2003년 노무현 참여정부 수립 이후 현재까지로
남한 사회보장정책의 재편기라고 할 수 있다. 이 시기는 사회보장제
도의 제도적 변화보다는 그 이념적인 변화 및 담론화에 주목할 필요
가 있다. 이제까지의 남한사회가 가지고 있던 '적극국가[11]' 모델의
이념에서 탈피하여 사회복지국가로의 변화를 모색하기 시작한 시기
라고 할 수 있다. 참여정부는 저출산, 고령화 등 사회, 경제적 변화에
대응한 복지인프라 구축 및 사회안전망 구축을 위해 차상위 계층 및
틈새계층에게까지 국민기초생활보장법의 확대실시를 모색하였다. 이
시기 제도적인 측면에서는 「저출산고령사회기본법」(2005), 「노인장기
요양보험법」(2007), 「기초노령연금법」(2007) 등의 제정을 통하여 본격
적인 노령화사회를 대비하는 제도를 도입하였고, 「장애인차별금지
및 권리구제 등에 관한 법률」(2007), 「장애인 등에 대한 특수교육법」
(2007), 「장애인활동지원에 관한 법률」(2011) 등의 제정을 통하여 사

<표 3-5> 남한의 복지국가 재편기의 사회보장관련법

복지국가로의 재편기 (2003년~현재)	공공부조	•2005. 01. 사회보장기본법 개정
	사회보험	•2007. 04. 노인장기요양보험법 제정 •2007. 04. 기초노령연금법 •2007. 07. 국민연금법 개정
	사회복지서비스	•2005. 05. 저출산·고령사회기본법 •2007. 04. 장애인차별금지 및 권리구제 등에 관한 법률 •2007. 05. 장애인 등에 대한 특수교육법 •2007. 10. 한부모가족지원법 개정 •2011. 01. 장애인활동지원에 관한 법률 제정

회 소수계층의 복지를 위한 각종 제도가 도입되었다.

이상에서 살펴본 바와 같이 남한 사회보장정책은 짧은 역사에도 불구하고 경제성장과 더불어 비교적 빠르게 성장하였다고 할 수 있다. 그러나 충분한 준비과정이나 세밀한 정책적 검토 없이 정치적인 목적에서 단편적으로 도입한 경우가 많다 보니 관련 법령의 제정 및 폐기, 재개정 등 집행 과정에서 여러 가지 시행착오를 거듭하고 있다. 특히 남한의 사회보장정책은 매년 많은 복지예산이 증가하고 있지만, 여전히 OECD 평균 수준에는 미치지 못하고 있으며, 복지 사각지대 역시 줄어들지 않고 있는 실정이다. 따라서 남한의 사회보장정책이 국가의 당면한 목표이자 통일한국의 목표인 선진복지국가로 진입하기 위해서는 선택적, 잔여적 복지모형에서 보편적 복지의 모형으로 나아가야 하며, 국방비 등 막대한 분단유지 비용을 사회복지비로 전환할 때의 구성원들의 체감복지 확대 등 통일에 대한 긍정적 인식전환 등의 노력이 필요할 것이다.

〈표 3-6〉 남한의 사회보장 관련법의 역사

복지빈곤국 시기 (해방 이후~1960년)	•1951. 09. 국민의료법
사회보장정책 도입기 (1961~1972년)	•1960. 01. 공무원연금법 •1961. 12. 생활보호법 및 아동복리법 •1962. 03. 재해구호법 •1963. 01. 군인연금법 •1963. 11. 산업재해보상보험법 •1963. 12. 의료보험법 •1970. 01. 사회복지사업법

---

11) 퍼니스와 틸턴(Furniss and Tilton)은 「The Case for the Welfare Sate」에서 복지국가의 모형을 3가지로 구분하고 있는데, 이는 사회보장국가 · 사회복지국가 · 적극국가이다. '적극국가(積極國家, positive state)'는 극단적 자본주의를 배경으로 하여 복지시스템을 도입한 국가들로 미국과 한국이 여기에 해당된다.

사회보장정책 정착기 (1973~1987년)	•1973. 01. 국민복지연금법 •1973. 12. 사립학교교원연금법 •1976. 12. 의료보험법 개정 •1977. 07. 직장의료보험 실시 •1977. 12. 의료보호법 •1980. 12. 사회복지사업기금법 •1981. 04. 아동복지법 •1981. 06. 노인복지법 및 장애인복지법 •1982. 12. 생활보호법 개정 •1983. 05. 사회복지사업법 개정
사회보장정책 확장기 (1988~2002년)	•1986. 05. 사회복지사업법 개정 •1986. 12. 최저임금법 •1986. 12. 국민연금법 •1988. 01. 농어촌지역 의료보험 실시 •1989. 04. 모자복지법 •1989. 07. 도시지역 의료보험 실시 •1989. 12. 노인복지법 및 장애인복지법 개정 •1990. 01. 장애인고용 촉진 등에 관한 법률 •1991. 01. 영유아보육법 •1991. 03. 의료보험법 개정 •1991. 12. 노령자고용촉진법 •1992. 12. 사회복지사업법 개정 •1993. 12. 고용보험법 •1995. 12. 사회보장기본법 •1997. 07. 국민의료보험법 •1999. 09. 국민기초생활보장법 •2001. 05. 의료급여법 개정
복지국가로의 재편기 (2003년~현재)	•2005. 01. 사회보장기본법 개정 •2005. 05. 저출산·고령사회기본법 •2007. 04. 노인장기요양보험법 •2007. 04. 기초노령연금법 •2007. 04. 장애인차별금지 및 권리구제 등에 관한 법률 •2007. 05. 장애인 등에 대한 특수교육법 •2007. 07. 국민연금법 개정 •2007. 10. 한부모가족지원법 개정 •2008. 08. 다문화가족지원법 제정 •2009. 06. 사회보장기본법 개정 •2011. 01. 장애인활동지원에 관한 법률

4. 남한의 사회보장정책

남한의 「사회보장기본법」은 사회보장의 범주를 사회보험, 공공부조, 사회복지서비스, 그리고 관련복지제도로 구분하고 있다. 따라서 본 장에서는 남한 사회보장정책의 범주인 사회보험, 공공부조, 사회복지서비스 등 정책별 각론에 대해 분석한다. 분석방법은 먼저 각 범주에 대하여 원칙 및 특성을 고찰한 다음, 그 구성체계 및 각 정책별 내용에 대해 급여 수준 및 대상, 재원, 전달체계 등을 중심으로 고찰한다.

사회보장정책은 기본적으로 사회문제로 인해 야기되는 제반의 사회적 위험이나 장애요인들을 개인이 아닌 국가나 사회가 연대적 책임으로 해결해야 할 당위성에서 출발한다. 따라서 이들 각 정책의 범주에는 원칙 및 기본원리가 있다. 이른바 보험의 원칙, 공급의 원칙, 부조의 원칙이 그것이다. 또한 각 사회보장정책은 최저생활보장의 원리, 소득재분배의 원리, 보편주의 원리, 비용분담의 원리와 같은 기본원리들이 있다. 이들 원칙 및 기본원리의 선택에 따라 구체적으로 사회보장정책별 혹은 사회복지서비스 및 관련 복지제도의 시행에 있어 적용대상, 급여의 내용 및 수준, 재원의 조달 및 관리방식, 행정관리방식 등의 부분에 있어 차이가 발생하게 되는 것이다.

사회보장정책별 고찰에 앞서 먼저 본 장에서 살펴본 바와 같이 남한 사회보장정책은 대상자의 기여를 우선시하는 사회보험으로부터 사회보장의 역사가 시작되었다는 점을 상기할 필요가 있다. 즉, 사회보장정책 도입 초기에 제정되었던 「공무원연금법」(1960) 및 「산업재해보상보험법」(1963) 등과 같이 개인의 기여를 중시하는 사회보험의 형태가 우선 도입되었으며, 가장 최소한의 공공보장을 담보하는 「국민기초생활보호법」(1999)이 나중에 제정되었다는 점이다. 따라서 남한의 사회보장정책은 대상의 '최소성'과 기여에 대한 '의존성'을 주요 원칙으로 하여 최소한의 영역에서부터 선택적으로 실시되어 경제발전에 따라 단계적으로 확대되는 과정을 겪었다고 할 수 있다.

1) 사회보험정책

(1) 남한 사회보험정책의 기본원리

남한의 「사회보장기본법」(1995)은 제3조 제2항에서 "사회보험이라함은 국민에게 발생하는 사회적 위험을 보험방식에 의하여 대처함으로써 국민건강과 소득을 보장하는 제도를 말한다."고 규정하고 있다. 따라서 사회보험은 생활상에 직면하는 제반 사회적 위험을 민간보험 원리를 적용하여 국가가 시행하는 강제보험을 총칭한다고 할 수 있다.[12]

사회적 위험은 정치·경제정책의 시행착오나 모순 등 개인의 문제에서 비롯되기보다는 사회적인 환경 등으로부터 야기된다. 따라서 사회적 위험은 사회구성원 개인의 책임이라기보다는 국가나 사회의 연대적 책임인식에서 그 해결점을 찾아야 한다. 사회적 위험에 대하여 초기 자본주의 체제에서는 사적부양 원칙에 의해 본인 자신이나 가족 스스로가 대처하여야 했지만, 임금노동자가 사회구성원의 대부분을 차지하는 현대사회에 와서는 공동체에 의한 위험분산방식으로 대처해야할 당위성이 대두되었다. 사회보험은 바로 이러한 관점에서 특정한 사회적 위험을 집단적 노력으로 극복될 수 있도록 고안된 사회

---

12) 양정하 외, 「사회복지정책론」(서울: 양서원, 2008), p.179.

보장정책의 제도적 장치라고 할 수 있다. 따라서 사회보험은 각종 사회문제를 사회적 책임으로 방지하고 자본주의 체제하의 사회적 병폐인 소득불균형을 시정하여 근로자의 소득체계 균형을 실현하고 국민경제의 발전을 유도할 수 있는 사회경제의 체계적 기반을 조성하는 데 그 목적이 있다고 할 것이다.[13]

일반적으로 보험은 가입자 간 상부상조의 원칙과 구성원 개인의 자구성의 원칙이 혼합된 상품을 의미한다. 보험은 가입자 상호 간 위험분산의 기능 또는 위험 조정의 기능을 수행하게 되는데 조직의 구성원 가운데 일부가 곤경에 처할 경우, 그 비용을 전체에게 분산함으로써 상호 연대적 기능과 공동체적 극복기능을 수행하게 되는 것이다. 또한 보험은 경제학 측면에서 사전에 적절한 가격을 지불하고 사후에 그 보상을 받는 일종의 상품으로서 배타적 자구성의 원칙을 바탕으로 하고 있는 것이다.

남한의 사회보험은 자구성의 원칙에서 일반 상업보험과 같은 상품적 측면이 있지만, 몇 가지 원칙 및 기본원리 면에서 사보험과는 차이점을 지닌다. 먼저 남한의 사회보험은 최저생활보장원칙을 그 기본원리로 하고 있다. 즉, 최저 생계비 개념에 근거하여 납입 수준을 정하고 그 수준을 보장하는 것이다. 최저 수준이상은 개인의 노력에 맡기는 것이 자유주의, 자본주의의 기본 개념이다. 연금보험에서 보장하려는 소득보장 수준은 그 하한이 최저생활보장에 있고 그 상한은 퇴직 전의 생활수준을 보장하려는 것을 그 이상으로 하고 있다.[14]

두 번째, 남한의 사회보험정책은 비용분담의 원칙을 그 기본원리

---

13) 신섭중 외, 『한국사회복지정책론』(서울: 대학출판사, 1999), pp.193~194.
14) 양정하 외, 앞의 책, p.180.

로 하고 있다. 사회보험의 보험료는 사보험과는 달리 일반적으로 강제성을 지니며 피보험자뿐만 아니라 고용주와 정부도 함께 보험료를 부담해야 한다는 것이다. 즉 피용자(被傭者)의 경우, 노무를 제공하고 사용자로부터 일정한 급여를 수령하기 때문에 보험제도의 수혜자인 점에서 자기책임의 원리에 입각하여 기여금을 분담해야 하고 사용자는 현대사회의 특징의 하나인 무과실책임원리에 근거하여 비용을 분담해야 하는 것이다. 또한 국가는 헌법상 기본권 보장 의무자로서 기본권의 하나인 생존권적 기본권을 보장하여야 할 의무가 있으므로 비용의 일부를 부담하게 되는 것이다.

세 번째, 남한의 사회보험은 소득재분배의 원리에 입각하여 급여금의 납부나 수급에 있어서 일반 사보험에서처럼 엄격하게 보험료를 기준으로 하지 않는다. 기여금의 납부 시에는 소득에 비례하거나 누진율을 적용하여 기여율을 책정하고, 급여의 지급에 있어서는 소득과 무관하게 요구(needs)의 크기에 따라 급여를 지급하여 소득 재분배효과를 나타나게 하는 것이다. 마지막으로 남한의 사회보험은 보편주의 원리에 입각하여 그 적용대상을 범국민으로 하고 있다. 일반적으로 사보험은 보험료를 납입한 가입자에게만 그 수령 자격이 유지되지만 남한의 사회보험은 보편주의 원리에 입각하여 전 국민을 대상으로 함을 원칙으로 하고 있는 것이다. 남한의 국민건강보험의 경우, 제도 도입 초기에는 500인 이상 사업장의 근로자에게 적용하기 시작하여 5인 미만의 사업장까지 그 적용범위를 확대하였고, 직장 가입자뿐만 아니라 지역거주자에게까지 그 가입 범위를 확대하여 전 국민을 대상으로 한 보편주의 원리를 적용하고 있다.

(2) 남한 사회보험의 구성 체계

일반적으로 사회보험은 주체, 대상, 급여의 종류와 수준, 재원의 조달방식 등으로 그 체계가 구성된다. 먼저 남한 사회보험의 주체를 살펴보면, 일차적인 주체는 국가이며 이어 지방자치단체와 개인의 역할 및 책임이 강조되고 있다. 사회보장기본법은 제5조에서 사회보장의 주체로 "국가와 지방자치단체는 국가발전의 수준에 부응하는 사회보장제도를 확립하고 매년 이에 필요한 재원을 조달하여야 한다."고 명시하고 있다. 또한 제6조에서는 "국가와 지방자치단체는 가정이 건전하게 유지되고 그 기능이 향상되도록 노력"하여야 하며, "국가와 지방자치단체는 사회보장제도를 시행할 때에 가정과 지역공동체의 자발적인 복지 활동을 촉진하여야 한다."고 규정하여 사회보장의 주체로 국가 및 지방자치단체의 책임을 강조하고 있다.

사회보험의 운영주체는 국가마다 다양하게 구성되며 남한의 경우, 보험의 성격에 따라 주관부처는 정부의 각 부처에 분산되어 있다. 군인연금은 국방부, 국민연금은 보건복지부, 공무원연금은 행정자치부, 사립학교교직원연금은 교육과학기술부, 산업재해보상보험은 고용노동부에서 관리, 운영하고 있다. 다만 연금의 기금 및 운영의 효율화를 위하여 직접적인 보험사무는 공공법인인 공단들이 관리하고 있는데 국민연금관리공단, 공무원연금관리공단, 사립학교교직원연금관리공단, 근로복지공단 등이 정부 부처의 해당업무를 위탁받아 관리, 운영하고 있다.

남한 사회보험의 적용대상은 보편주의 원리에 입각하여 기본적으로 전 국민을 대상으로 하고 있다. 사회보장기본법은 제9조 사회보장을 받을 권리에서 "모든 국민은 사회보장에 관한 관계 법령에서 정하는 바에 따라 사회보장급여를 받을 권리(이하 '사회보장수급권'이라 한다)를 가진다."고 규정하여 그 수급대상을 전 국민으로 하고 있음을 밝히고 있다. 사회보험의 종류와 성격에 따라 특수계층만을 대상으로 하는 경우가 있으나 전체적 적용범위는 원칙적으로 전 국민을 대상으로 하고 있는 것이다. 다만 외국인의 경우, 사회보장기본법에서는 "상호주의의 원칙에 따르되, 관계 법령에서 정하는 바에 따른다(제8조)."고 규정하여 외국인에게도 사안 및 자격 취득에 따라 그 대상을 확대 적용하고 있다.

남한의 사회보험은 보험급여와 수준에 있어 피보험자가 일정한 수급 자격을 갖추었을 경우, 소득보장의 원칙 차원에서 현금 및 현물로써 지급하도록 규정하고 있다. 현행 국민연금법상 규정된 급여의 종류는 노령연금, 장애연금, 유족연금, 반환일시금이 있고, 일시급여에는 반환일시금, 사망일시금 및 장애일시보상금이 있다. 국민건강보험의 급여는 요양급여, 요양비 지급급여, 임의 급여 및 건강검진이 있고, 산업재해 보상의 급여는 요양급여, 휴업급여, 장해급여, 유족급여, 상여보상급여, 장의비가 있으며, 대통령령에 의한 장애특별급여와 유족특별 급여가 있다. 고용보험의 급여는 고용안정사업, 직업능력개발사업 및 실업급여로 구분되어 있다.[15]

사회보험은 재원의 조달방식에 있어 국가가 전액을 부담하는 방식, 사용자가 부담하는 방식, 사용자·피용자의 2자부담방식, 사용자·피용자·국가의 3자부담방식, 사용자·피용자의 2자부담방식에 국가가 보조금을 부담하는 방식 등이 있다. 남한의 경우, 산업재해보상보험에

---

15) 양정하 외, 앞의 책, p.183.

있어서는 비용의 전액을 사용자가 부담하고 국가가 관리운영비를 보조하고 있으며, 기타 사회보험의 경우는 사용자 피용자의 2자부담을 원칙으로 하고 국가가 관리운영비를 부담하는 방식으로 하고 있다.[16]

(3) 남한의 사회보험정책

남한은 다양한 사회보험정책을 도입, 운영하고 있다. 남한의 사회보험정책은 대상의 '최소성'과 기여에 대한 '의존성'을 주요 원칙으로 하여 최소한의 영역에서부터 선택적으로 도입, 실시되었다. 현재 남한에서 운용되고 있는 대표적 사회보험정책으로는 국민연금, 국민건강보험, 산업재해보상보험, 고용보험 등 이른바 4대 사회보험이 있고, 노인장기요양보험제도가 2007년부터 제정되어 실시되고 있다. 본 연구에서는 국민연금, 국민건강보험, 산업재해보상보험, 고용보험 등 4대 보험에 관하여 고찰하기로 한다.

가) 국민연금

남한의 연금보험은 1988년부터 실시된 국민연금을 위시하여 공무원연금(1960), 군인연금(1964), 사립학교교직원연금(1973) 정책이 각각 시행되고 있다. 국민연금정책은 국민 대다수가 가입되어 있는 남한의 대표적 연금정책이라고 할 수 있다. 국민연금은 강제가입 및 기여금을 바탕으로 한 소득재분배의 성격을 가지고 있고, 노령, 폐질, 사망으로 인한 개인과 가족의 빈곤화를 예방하기 위한 소득보장의 기능을 가지고 있다.

---

16) 장동일, 『사회복지행정론』(서울: 학문사, 2004), p.238.

〈표 3-7〉 국민연금 연혁

시기	내용
1973. 12. 24.	국민연금복지법 공포(석유파동으로 시행연기)
1986. 12. 31.	국민연금법 공포【법률 제3902호】(구법 폐지)
1987. 09. 18.	국민연금관리공단 설립
1988. 01. 01.	국민연금제도 실시(상시근로자 10인 이상 사업장)
1992. 01. 01.	사업장 적용범위 확대(상시근로자 5인 이상 사업장)
1993. 01. 01.	특례노령연금 지급 개시
1995. 07. 01.	농어촌지역 연금 확대 적용
1999. 04. 01.	도시지역 연금 확대 적용(전 국민 연금 실현)
2000. 07. 01.	농어촌지역 특례노령연금 지급
2001. 11. 01.	텔레서비스 시스템 전국 확대 운영
2003. 07. 01.	사업장 적용범위 1단계 확대(근로자 1인 이상 법인·전문직종 사업장)
2006. 01. 01.	사업장 적용범위 확대 완료(근로자 1인 이상 사업장 전체)

출처: 국민연금관리공단, http://www.nps.or.kr/jsppage/intro/nps/current/current_04.jsp(검색일: 2011. 9. 5.).

국민연금은 장기보험 성격으로서 가입기간을 20년으로 하고, 60세에 이르렀을 때 노령연금을 수급할 수 있도록 설계되어 있으며, 18세에서부터 60세에 이르는 전 국민을 가입대상으로 하는 보편주의의 실현을 목적으로 하고 있다. 국민연금의 가입자는 사업장가입자, 지역가입자, 임의가입자, 임의계속가입자로 구분된다(국민연금법 제7조). 2010년을 기준으로 남한의 국민연금의 총 가입자는 1,922만 8,875명이며, 납부 예외자가 509만 9,783명이다. 납부 예외자가 전체 가입자의 26.52%(지역가입자 대비 58.79%)를 차지하는 것은 국민연금을 받지 못하는 연금 사각지대가 많음을 보여 준다.

한편 남한의 국민연금 급여의 종류는 그 지급방법에 따라 연금급여와 일시금급여로 구분되는데, 연금으로는 노령연금, 장애연금, 유족연금의 3종류가 있고, 일시금급여에는 반환일시금, 장애일시금, 사망일시금이 있다. 연금 급여의 구성은 기본연금과 부양가족연금으로 혼합형 급여방식을 채택하고 있다.

혼합형 급여방식이란 최저생계비의 보장은 균일급여 방식을 취하고, 최저생계비 이상의 급여에 대해서는 소득비례급여 방식을 취하는 형태이다. 이 방식은 균일급여 방식에서 사회적 연대에 의한 위험분산과 소득재분배의 효과를 기할 수 있고, 개인의 능력과 인센티브에 따라 보상을 한다는 자본주의 기본원칙과 일치한다는 점에서 오늘날 많은 선진국에서 채택하고 있는 방식이다.[17]

〈표 3-8〉 2010년 국민연금가입자 현황

구분	계(A)	사업장 가입자	지역가입자			임의 가입자	임의 계속 가입자
			소계(B)	소득 신고자	납부 예외자(C)		
가입자 (명)	19,228,875	10,414,780	8,674,492	3,574,709	5,099,783	90,222	49,381
납부예외자 비율(%)	26.52(C/A)		58.79(C/B)				

출처: 국민연금관리공단 편, 『국민연금통계연보』 제23호(국민연금관리공단, 2011), p.23.

연금별 급여종류 및 수준은 유형별로 계산하며 이에 따른 수급요건과 급여수준을 정리하면 다음의 표와 같다.

---

17) 양정하 외, 앞의 책, p.189.

〈표 3-9〉 국민연금의 수급요건과 급여수준

급여유형		수급요건	가입기간	연령	급여수준
노령연금	완전 노령연금	가입기간이 20년 이상인 자가 60세(광원, 선원 등은 55세)가 된 때	20년 이상	60세 이상	기본연금액의 100% + 부양가족연금
	감액 노령연금	가입기간이 10년 이상 20년 미만인 자가 60세(광원, 선원 등은 55세)가 된 때	10~20년	60세 이상	기본연금액의 50~95% + 부양가족연금
	재직자 노령연금	가입기간이 10년 이상이며 60세 이상 65세 미만(광원, 선원 등은 55세 이상 60세 미만)인 자가 소득이 있는 업무에 종사하고 있는 경우	10년 이상	60~64세	노령연금 또는 감액노령연금의 50~90%
	조기 노령연금	가입기간이 10년 이상이며 55세 이상인 자가 소득이 있는 업무에 종사하지 아니하는 경우	10년 이상	55세 이상	기본연금액의 70~94% + 부양가족연금
	특례 노령연금	1999년 4월 1일 현재 50세 이상인 자로서 가입기간이 5년 이상 10년 미만인 경우	5~10년	1999. 4. 1. 현재 50세 이상	기본연금액의 25~45%
	분할 노령연금	혼인기간이 5년 이상인 자가 이혼하고 배우자가 노령연금수급권자가 되며 본인이 60세가 된 때	5년 이상	60세 이상	혼인기간에 해당하는 연금액의 50%
장애연금		가입기간 중에 생긴 질병이나 부상으로 완치된 후에도 신체상 또는 정신상의 장애(1~4급)가 있는 경우	제한 없음.	제한 없음.	• 1~3급: 기본연금액의 100%, 80%, 60% + 부양가족연금 • 4급: 기본연금액의 2.25배
유족연금		노령연금의 수급권자, 가입기간이 10년 이상인 가입자였던 자, 가입자, 장애등급 2급 이상인 장애연금 수급권자가 사망한 경우 그에 의해 생계를 유지하고 있던 유족	가입자에 따라 가입기간이 다름.	수급권자에 따라 연령제한이 다름.	가입기간 10년 미만, 10년 이상 20년 미만, 20년 이상 각각 기본연금액의 40%, 50%, 60% +부양가족연금
반환일시금		가입기간이 10년 미만인 자가 60세가 된 때, 가입자 또는 가입자였던 자가 사망하고 유족연금의 수급요건을 충족하지 못한 때, 국적을 상실하거나 국외로 이주한 때 본인 또는 그에 의해 생계를 유지하고 있던 유족반환일시금	제한 없음.	수급권자에 따라 연령제한이 다름.	연금보험료 + 이자

| 사망일시금 | 가입자 또는 가입자였던 자가 사망하였으나 유족연금이나 반환일시금의 수급요건을 충족하는 유족이 없을 경우, 그 배우자, 자녀, 부모, 손자녀, 조부모, 형제자매 사망일시금 | 제한 없음. | 제한 없음. | 연금보험료 + 이자 단, 최종 기준소득월액과 가입기간 중 기준소득월액의 평균액 중에서 많은 금액의 4배를 초과하지 못함. |

출처: 채구묵, 『사회보장론』(서울: 학현사, 2009), p.195 참조.

국민연금의 재원 조달방식은 적립식방식과 부과방식의 두 가지가 있는데, 적립방식은 연금지급 시기에 지급될 연금을 가입기간 동안 보험료, 국고출연금, 누적기금의 이식 등으로 정립하는 방식이고, 부과방식은 일정기간에 지출될 급여를 동일기간의 보험료 수입으로 충당하는 재정방식이다. 남한의 국민연금 재원조달방식은 부분적립방식을 택하고 있는데, 이는 제도 시행초기에 미래 급여지출금액의 상당부분에 해당하는 금액을 적립하여 기금으로 확보하는 적립방식이다.[18] 남한 국민연금의 재원은 원칙적으로 연금보험료, 기금운용수익, 적립금, 국고보조금 등으로 그 기금이 구성된다.

남한의 국민연금정책은 1988년 도입 이후, 25년여 동안 시행된 주된 사회보험이지만 적용대상의 개선, 관리운영의 효율화 등 많은 개선 과제를 안고 있다. 먼저 정밀한 소득 파악체계를 구축하여 적용대상의 관리방법을 발전시킬 필요가 있으며, 연금의 사각지대를 해소하기 위한 조치가 필요하고, 무엇보다 기금관리 운영의 효율화로 인구의 노령화에 대비한 정확한 예측 등 국민의 신뢰를 쌓아 가는 것이 중요할 것이다.

---

18) 원석조, 『사회복지정책론』(서울: 양서원, 2002), pp.158~159 참조.

나) 국민건강보험

국민건강보험은 질병, 부상, 분만, 사망 등의 위험으로부터 일시적 가계지출의 과부담을 방지하기 위하여 보험원리에 의거해 국민이 평소에 보험료를 납부하여 기금화하였다가 보험사고가 발생할 경우 보험급여를 제공함으로써 국민생활의 안정을 도모하는, 공공부조 성격이 강한 사회보험의 하나이다.

남한의 국민건강보험은 국민의 생존권을 보장한다는 사회보장정책의 근본이념에 기초하고 있다. 개인의 능력으로 해결할 수 없는 의료문제를 사회적 연대책임으로 해결하기 위하여 전 국민을 당연대상자로 하여 집단화함으로써 위험을 분산하고, 개별부담에 관계없이 필요에 따라 균등한 의료서비스를 받게 함으로써 가계의 경제적 부담을 경감시켜 주는 소득재분배 기능을 수행한다.

남한의 국민건강보험정책은 1963년 「의료보험법」이 제정되면서부터 시작되었다. 도입 직후에는 경제적 자원의 부족으로 임의적용방식으로 시행되었으나, 1976년 기존의 의료보험법을 전면 개정하고, 1977년부터 500인 사업장 근로자를 대상으로 하는 강제가입 성격으로 바뀌었다. 이어 1988년 1월에는 농어촌주민 대상 지역의료보험 실시를 확대했고, 1988년 7월에는 도시지역 자영업자를 대상으로 의료보험을 실시하였으며, 2001년부터 5인 미만 사업장까지 확대하여 전 국민 의료보험제가 달성되었다. 또한 1989년 10월에는 약국 의료보험이 실시되었다.

1998년 10월 227개의 지역의료보험조합과 의료보험공단을 통합하여 국민의료보험관리공단이 발족되었으며, 1999년 2월에는 국민건강보험법이 국회를 통과하여 2000년 7월부터 시행되었다. 국민건강보험의 적용대상자는 국민연금과 거의 동일하며 일정한 소득원을 가진 경제활동인구는 보험료를 부담하고 욕구가 발생할 시, 가입자 및 피부양자는 급여를 받는다.

국민건강보험 가입자는 직장가입자와 지역가입자로 구분된다. 가입자 중 직장가입자와 그 피부양자를 제외한 자는 지역가입자가 되며, 지역가입자의 경우 피부양여부와 관계없이 모두 가입자라는 명칭을 사용한다. 재외국민과 외국인의 경우 재외국민에 한해 법률이 정하는 요건을 충족한 자는 직장가입자가 될 수 있고, 재외 국민과 외국인 중 법률이 정하는 요건을 충족하는 자는 본인의 신청에 의해 지역가입자가 될 수 있다. <표 3-10>을 살펴보면 건강보험의 가입자는 지속적으로 증가하고 있음을 알 수 있는데, 세부적으로는 직장가입자는 증가하고 있으나 지역가입자는 감소하고 있음을 살펴볼 수 있다.

〈표 3-10〉 국민건강보험 가입자 현황

			2005	2006	2007	2008	2009
건강보험		계	47,392,052	47,409,600	47,819,674	48,159,718	48,613,534
	직장	소계	27,233,298	28,445,033	29,424,424	30,416,577	31,412,740
		가입자	9,745,597	10,415,340	11,174,872	11,616,958	12,145,781
		피부양자	17,487,701	18,029,693	18,249,552	18,799,619	19,266,959
	지역	가입자	20,158,754	18,964,567	18,395,250	17,743,141	17,200,794
		세대수	8,384,173	8,107,304	8,141,761	8,058,086	8,110,855
의료급여		계	1,761,565	1,828,627	1,852,714	1,841,339	1,677,237
		1종	996,449	1,028,536	1,062,263	1,024,848	1,036,291
		2종	765,116	800,091	790,451	816,491	640,946

출처: 건강보험공단 http://www.nhic.or.kr/portal/site/main/menuitem(2009)(검색일: 2011. 9. 5.).

국민건강보험의 급여는 급여형태에 따라 크게 현물급여와 현금급여로 구분한다. 현물급여는 요양기관으로부터 의료서비스를 제공받는 것으로 요양급여와 건강검진이 있다. 현금급여는 가입자의 신청에 의해 현금으로 제공받는 것으로 요양비, 장애인보장구급여비, 본인부담액상한제가 있다.[19] 본인부담액 상한제란 가입자 및 피부양자가 일정기간 동안 요양기관에서 요양급여를 받고 납부한 본인 일부 부담금이 일정금액을 초과하는 경우 보험자가 그 일부를 보상하는 제도이다.

본인부담금은 의료이용자의 도덕적 해이(moral hazard)의 방지와 건강보험재정의 안정화를 기하기 위해 도입된 제도이다.[20] 보험체계상 진료비용은 그 부담주체에 따라 보험급여부분과 비급여부분으로 나누어지며 보험급여부분은 보험자부담부분과 본인부담부분으로 나누어진다. 의료서비스 이용자가 실제 부담하는 금액은 급여부분 중 본인부담부분과 비급여부분에 대한 비용을 합한 금액이다.

<표 3-11> 국민건강보험 발전 연표

	의료보험법 제정	
1963	피용자 제도	자영자 제도
	300인 이상 사업장 임의적용 근거마련	자영업자에 대한 임의적용 근거마련
1977	500인 이상 사업장 당연 적용	
1979	공무원 및 사립학교 교직원 당연적용 300인 이상 사업장 당연 적용	지역의료보험1차 시범사업 실시 (홍천, 옥구, 군위) 직종의료보험조합 설립
1981	100인 이상 사업장 당연 적용	지역의료보험2차 시범사업 실시 (강화, 보은, 목포)
1982	16인 이상 사업장 당연 적용	농어촌지역 자영업자 당연 적용

---

19) 채구묵, 앞의 책, p.248.

20) 이인재 외, 『사회보장론』(서울: 나남출판사, 2008), p.330.

1988	5인 이상 사업장 당연 적용	도시지역 자영업자 당연 적용
1989	전 국민 의료보험 실시	
1998	국민의료보험법 제정(공무원 및 사립학교 교직원의료보험관리 공단과 지역의료보험조합 통합)	
1999	국민건강보험법 제정 국민의료보험관리공단과 직장의료보험조합 통합	
2000	국민건강보험법 시행(2000. 7. 1.)	
2008	노인장기요양보험법 시행(2008. 7. 1.)	
2011	사회보험 징수통합(건강보험, 국민연금, 고용보험, 산재보험)	

출처: 국민건강보험관리공단, http://www.nhic.or.kr/portal/site/main/menuitem(검색일: 2011. 10. 11.).

국민건강보험법 제41조는 요양급여를 받는 자는 대통령령이 정하는 바에 따라 그 비용의 일부를 부담한다고 규정하고 있고, 동법 시행령 제22조에서는 본인이 부담할 비용의 부담률 및 부담액을 규정하고 있다. 국민건강보험의 재정은 가입자의 보험료와 정부의 재정지원으로 이루어진다. 전달 및 관리체계는 보건복지부장관이 관장하며, 그 구체적인 실무는 국민건강보험공단이 맡는다.

국민건강보험공단은 건강보험법 및 동법 시행령에 규정된 사업을 합리적이고 효율적으로 수행하기 위해 설립한 특수 공익법인이다. 이 기관에서는 가입자와 피부양자의 자격관리, 보험료의 부과 및 징수, 보험급여의 관리, 가입자와 피부양자 건강의 유지 및 증진을 위하여 필요한 예방사업과 보험급여의 지급, 자산의 관리, 운영 및 증식사업, 의료시설의 운영, 건강보험에 관한 교육훈련과 홍보, 건강보험에 대한 조사연구와 국제협력 등 주요 업무를 수행한다. 남한의 국민건강보험정책은 보험의 보장성강화와 보험의 안정적 재정 확충, 지불제도의 다양화 등의 과제를 안고 있다.

다) 고용보험

고용보험은 근로자가 실업 시 일정기간 동안 일정한 소득보장을
목적으로 하는 사회보험의 하나이다. 고용보험은 직업 안정을 위한
고용보장뿐만 아니라 직업훈련과 더불어 적극적인 고용정책까지를
포괄한다. 고용보험은 실업중의 소득보전을 비롯하여, 실업예방, 취
업촉진, 고용구조개선, 근로자의 능력개발 등 바람직한 고용상태의
유지를 목적으로 하는 정책이다.

〈표 3-12〉 고용보험 연표

1991. 08.	80년대 초, 높은 실업률로 인하여 실업보험제도의 필요성이 제기되자, 제7차 경제 사회발전계획(1992~1996) 후반기 중 고용보험제도를 도입하기로 결정
1992. 05.	KLI에 "고용보험연구기획단" 설치
1993. 04.	신노총, 경총의 중앙노사합의에서 "고용보험조기실시"를 대정부 건의사항으로 채택
1993. 07.	신경제5개년 계획의 대국민 발표를 통해 95년 시행고지
1993. 12.	고용보험법 제정
1995. 07.	고용보험 시행
1998. 10.	1인 이상 전 사업장으로 고용보험 적용확대
2001. 11.	고용보험을 통해 모성보호급여(육아휴직·산전후휴가급여) 지급
2002. 12.	일용근로자 고요보험 적용 등 고용보험법 개정

출처: 한국고용정보원, http://www.ei.go.kr/jsp/int/HPINT1100L.jsp(검색일: 2011. 9. 10.).

남한의 고용보험정책은 1993년 고용보험법의 제정에 의해 시행된
후 현재에 이르고 있다. 고용보험의 가입자는 당연적용가입자, 임의
적용가입자, 의제적용가입자로 구분된다. <표 3-13>을 살펴보면
고용보험의 가입 사업장이나 피보험자 모두 지속적으로 증가하는 추
세에 있음을 알 수 있다.

〈표 3-13〉 고용보험 가입 사업장 및 피보험자 현황

(단위: 개소, 천 명, %)

당연적용 　　　　구분	사업장	근로자
2007년	1,399,608	12,342
2008년	1,565,189	13,297
2009년	1,532,242	13,699
2010년	1,578,685	13,983
전년대비	3.0	2.1

출처: 한국고용정보원,
　　　http://www.keis.or.kr/servlet/board?writeNo=339&cmd=VIEW&page=1&bbsName=MAGAZINE&ca
　　　tegory=3&searchType=&searchString=&startDate=&endDate=&orderby=(검색일: 2011. 10. 15.).

고용보험의 사업은 고용안정·직업능력개발사업, 실업급여, 육아휴직·산전후휴가급여로 구분되며 각각은 세부의 사업을 전개한다. 고용안정·직업능력개발사업은 적극적인 고용창출 및 고용기회를 확대하기 위해 사업주에게 필요한 지원을 제공하는 사업이다. 고용안정 및 취업촉진은 피보험자 등의 고용안정 및 취업을 촉진하기 위하여 고용관리진단 등 고용개선지원사업, 창업지원사업 등의 사업을 직접 실시하거나 이를 실시하는 자에게 필요한 비용을 지원 또는 대부하는 것으로 고용지원개선사업, 창업촉진지원사업, 취업지원사업의 지원, 고령자 등 고용환경 개선 지원 등이 있다.

고용촉진시설에 대한 지원은 피보험자 등의 고용안정·고용촉진 및 사업주의 인력 확보를 지원하기 위하여 상담 시설, 어린이집, 기타 고용촉진 시설을 설치·운영하는 자에게 필요한 지원을 하는 제도로 고용촉진시설 설치·운영, 보육시설 운영비 지원, 보육시설 설치비용 융자 및 지원 등이 있다.

실업급여는 근로자가 실직하였을 때 실직자와 그 가족의 생계안정

을 위하여 일정기간 동안 소득상실을 보전해 주는 제도이다. 실업급여는 구직급여과 취업촉진수당으로 구분된다. 구직급여는 근로자가 실직하였을 때 일정기간 생계유지에 필요한 소득을 보전해 주는 현금 급여이다. 취업촉진수당은 적극적 취업활동을 장려하기 위하여 지급하는 급여로서 조기재취업수당, 직업능력개발수당, 광역구직활동비, 이주비가 있다.

한편 남한의 고용보험정책은 남녀 고용 평등을 보장하기 위하여 육아휴직 및 산전후휴가급여를 사회보험에서 분담할 수 있게 규정함에 따라 2001년 11월 1일부터 육아휴직 및 산전후휴가급여를 고용보험에서 지급할 수 있도록 하였다.

고용보험의 재정은 가입자의 보험료와 국고부담으로 이루어진다. 고용보험의 보험료는 고용보험의 사업내용에 따라 분리 적용한다. 고용보험료는 보험수지의 동향과 경제성장 등을 고려하여 3% 범위 안에서 고용안정·직업개발사업의 보험료율 및 실업급여보험료로 구분하여 정한다(2011년 4월 기준: 고용안정·직업개발사업의 보험료율은 2.5~8.5%, 실업급여 보험료율은 1.1%).[21] 고용안정·직업개발사업의 보험료는 사업주가 전액 부담하고 실업급여보험료는 사업주와 근로자가 각각 50%씩 부담한다. 고용보험법에 의하면 국가는 매년 보험사업에 드는 비용의 일부를 일반회계에서 부담할 수 있으며 매년 예산의 범위에서 보험사업의 관리, 운영에 드는 비용을 부담할 수 있다.

---

21) 한국고용정보원, http://www.keis.or.kr(검색일: 2011. 9. 10.).

〈표 3-14〉 고용보험 영역별 사업 현황

실업급여	구직급여	•구직급여 •상병급여 •연장급여(훈련, 개별, 특별)
	취업촉진수당	•조기 재취직수당 •직업능력개발수당 •광역구직비 •이주비
	육아휴직급여 등	•육아휴직급여 •산전후휴가급여
고용안정직업 능력개발사업	고용창출지원	•중소기업근로시간단축지원금 •교대제전환지원금 •중소기업고용환경개선지원금 •중소기업전문인력활용장려금 •중소기업신규업종진출지원금
	고용조정지원	•고용유지지원금 •전직지원장려금 •재고용장려금
	고용촉진지원	•고령자고용촉진장려금 •신규고용촉진장려금 •중장년훈련수료자채용장려금 •임금피크제 보전수당 •출산 후 계속 고용지원금 •직장보육시설 보육교사 인건비지원 •직장보육시설설치비지원 및 융자 •고용관리진단 지원 •장기실업자 취업 지원 •고령자 등 고용환경개선 지원
	건설근로자 고용지원	•건설근로자 퇴직공제부금 지원 •건설근로자 고용안정지원금
	사업주지원	•직업능력개발훈련 지원 •유급휴가훈련 지원 •직업능력개발훈련시설 지원 •장비자금 대부 및 지원
	근로자지원	•전직실업자 훈련 지원 •근로자수간지원금 지원 •근로자학자금대부 지원
	건설근로자 직업능력개발지원	

출처: 한국고용정보원,
http://www.keis.or.kr/servlet/board?writeNo=339&cmd=VIEW&page=1&bbsName=MAGAZINE&category=3&searchType(검색일: 2011. 10. 15.).

남한 고용보험의 관리책임은 고용노동부에 있고 주요 행정업무는 고용보험의 적용, 보험료 징수, 피보험자 관리, 급여지급 등으로 구분된다. 이 행정 업무 중 고용보험의 적용과 보험료의 징수업무는 근로복지공단에서 담당하고 있으며, 피보험자 관리, 급여의 지급 등은 노동부 고용지원센터에서 담당한다. 따라서 남한의 고용보험은 그 업무 분담체계가 이원화된 것이 특징이라고 할 수 있다.[22]

라) 산업재해보상보험

남한의 산업재해보험정책은 1963년 「산업재해보상보험법」이 제정됨으로써 그 제도가 시행되었다. 산업재해보상보험법에서는 근로자를 사용하는 모든 사업 또는 사업장은 산업재해보상보험의 적용 대상이 된다고 규정하고 있어 1인 이상 근로자를 사용하는 사업장은 산재보험의 당연적용대상자가 되며, 사용자가 보험 관계 신고를 하였는지의 여부와는 무관하게 사업개시 등의 이후에 재해를 당한 근로자는 산재보험법에 의한 보상을 받을 수 있다.

산재보험의 적용 대상은 당연적용(강제적용사업), 임의적용(임의적용사업), 의제적용(의제적용사업)으로 구분된다. 당연적용사업은 사업이 개시되거나 사업개시에 필요한 일정요건에 도달하게 되면 사업주의 의사와는 무관하게 법률적으로 당연히 보험관계가 성립하는 사업을 말한다. 임의적용사업은 적용제외사업으로서 산재보험의 가입여부가 사업주와 근로자의 의사에 의해 결정되는 것을 말한다. 적용제외사업의 사업주는 근로자 과반수(3분의 2)의 동의 및 근로복지공단의 승인을 얻어 산재보험에 가입(계약 해지)을 할 수 있다. 의제적용

---

22) 이인재 외, 앞의 책, p.367.

사업은 산재보험의 당연적용사업이 임의적용사업으로 된 경우 일정 기간 당연적용사업으로 간주하는 것을 말한다.

<표 3-15> 산업재해보상보험 연표

1953. 05. 10.	근로기준법 제정(사업주의 개별보상책임제 시행)
1963. 11. 05.	산업재해보험법 제정 공포(법률 제1438호)
1964. 06. 09.	산재보험법 시행령 제정 공포
1964. 07. 01.	산재보험법령 시행(산재보험제도 실시)
1976. 12. 12.	근로복지공사법 공포(법률 제2913호)
1977. 02. 15.	근로복지공사법 시행령 공포
1977. 06. 02.	근로복지공사 설립
1994. 12. 22.	산재보험법 개정(법률 제4826호)
1995. 04. 07.	재단법인 산재의료관리원 설립
1995. 05. 01.	근로복지공단 설립(법률 제4826호)
1998. 04. 15.	실업자대부사업 수행
1998. 07. 01.	금융보험업 산재보험 적용확대, 임금채권보장사업 수행
1999. 10. 01.	고용보험 적용·징수 업무 수탁
2000. 07. 01.	산재보험 5인 미만 사업장 적용 확대
2001. 07. 15.	산재보험재활사업 5개년 계획 선포
2002. 01. 01.	근로자신용보증지원사업 수행
2004. 01. 30.	산재·고용보험 인터넷 토털서비스 시행
2005. 01. 01.	고용·산재보험 통합징수 업무 수행
2005. 10. 04.	산재보상 찾아가는 서비스 시행
2006. 08. 01.	고객지원센터 개소
2008. 01. 01.	진폐근로자 보호업무 수행
2008. 07. 01.	노·사·정 합의 산재보험 제도개선 시행
2010. 04. 28.	한국산재의료원 통합
2011. 01. 01.	고용·산재보험 징수업무 이관(건강보험공단)

출처: 고용노동부, http://www.moel.go.kr/view.jsp(검색일: 2011. 10. 15.).

　남한 산재보험의 재정은 사업주가 전액 부담하는 보험료와 정부의 재정지원으로 이루어진다. 산재보험법에는 산재보험에 대한 국고부담을 규정하고 있어 국가는 회계연도마다 예산의 범위에서 보험사업의 사무집행에 드는 비용을 일반회계에서 부담하여야 하며, 예산의 범위에서 보험 사업에 드는 비용의 일부를 지원할 수 있다.

　산재보험은 다른 사회보험과 분리되어 고용노동부의 책임 하에 근로복지공단에게 위임되어 운영된다. 즉 정책 수립 등의 기능은 고용노동부가 관장하고 보험료의 징수나 급여의 지급 등은 근로복지공단이 수행하는 것이다.[23]

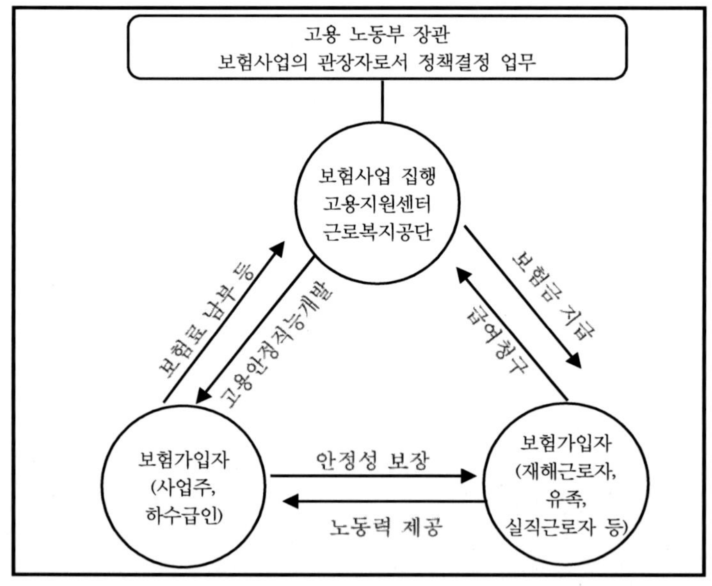

〈그림 3-2〉 남한의 산재보험 운영체계

---

23) 이인재 외, 앞의 책, p.408.

<표 3-16>을 살펴보면 산재보험의 가입자는 2010년에 1990년 대
비 약 2배의 근로자가, 그리고 동 기간에 10배가 넘는 사업장이 가입
되었음을 알 수 있다. 이 수치만으로 남한의 근로환경이 얼마나 더
개선된 것인지에 대한 판단은 할 수 없다고 보이나 적어도 사업장의
운영에 있어 발생할 수 있는 재해에 대한 대비는 분명히 개선된 것이
라 볼 수 있다.

산재보험급여를 받기 위해서는 첫째 산재보험 가입 사업의 근로자
여야 하며 둘째 재해가 업무상 재해로 인정을 받아야 한다. 산재보험
법 제37조에서는 업무상 재해의 인정기준을 업무상 사고와 업무상
질병의 인정기준으로 나누어 제시하고 있다. 산재보험의 급여에는 요
양급여, 휴업급여, 장해급여, 간병급여, 유족급여, 상병보상연금, 장의
비, 직업재활급여가 있다.

〈표 3-16〉 산재보험 가입 사업장 및 대상 근로자 현황

(단위: 명, 개소)

연도	근로자	사업장
'90	7,542,752	129,687
'95	7,893,727	186,021
'96	8,156,894	210,226
'97	8,236,641	227,564
'98	7,582,479	215,539
'99	7,441,160	249,405
'00	9,485,557	706,231
'01	10,581,186	909,461
'02	10,571,279	1,002,263
'03	10,599,345	1,006,549
'04	10,473,090	1,039,208
'05	12,069,599	1,175,606

'06	11,688,797	1,292,696
'07	12,528,879	1,429,885
'08	13,489,986	1,594,793
'09	13,884,927	1,560,949
'10	14,198,748	1,608,361

출처: 근로복지공단, http://www.kcomwel.or.kr(검색일: 2011. 10. 20.).

2) 공공부조정책

(1) 남한 공공부조정책의 기본원리

남한 사회보장기본법 제3조 제3항은 "공공부조라 함은 국가 및 지방자치단체의 책임 하에 생활유지능력이 없거나 생활이 어려운 국민의 최저생활을 보장하고 자립을 지원"하는 정책으로 규정하고 있다. 공공부조는 국가가 주체가 되어 보장한다는 점에서 사보험과는 구별된다. 공공부조는 자본주의 사회의 모순에서 오는 구조적 산물 가운데 하나인 빈곤으로부터 생활보호 기능이 필요한 사람에게 최저한의 생활수준보장원칙으로 공적비용으로 사회보장을 제공하는 것을 의미한다.

공공부조는 사회보험과 함께 사회보장정책의 양대 축이며, 상호보완적 관계에 있다고 할 수 있다. 사회보험은 그 대상에서 현재 피고용자로서 소득이 있는 자를 대상으로 하지만, 공공부조는 전 국민을 수혜자로 한다는 점에서 차이점이 있다. 또 사회보험은 그 재원을 보험가입자에서 각출한 보험료가 주된 재원이지만, 공공부조는 국가의 예산이 재원이 된다. 운영체계 역시 사회보험은 정부 혹은 공공단체에게 위탁하거나 금융기관에 재정을 위탁관리하는 것이 상례이지만,

공공부조는 언제나 국가가 직접 관리한다.

일반적으로 공공부조는 국가 또는 지방자치단체가 모든 국민이 인간다운 생활을 할 수 있게 최저생활을 보장하고, 경제적 자립을 지원하는 제도의 기능을 유지하기 위해, 복지권 보장의 원리, 국가책임의 원리, 최저생활보장의 원리, 무차별평등의 원리, 보충성의 원리, 자립조장의 원리 등 여섯 가지 기본원리가 있다.[24] 복지권보장의 원리는 모든 국민은 인간다운 생활을 영유하기 위해 필요한 조건을 국가와 지방자치단체로부터 부여받을 수 있다는 권리가 있다는 원리이며, 국가책임의 원리는 국가는 국민의 기초생활 보장을 위해 주체가 되며, 조세 등 공적자원을 사용하고, 효율적이고 효과적으로 운영될 수 있도록 공공의 전달체계를 확인해야 할 책임이 있다는 것이다. 최저생활보장의 원리는 생존권 보장을 제도의 근본이념으로 하는 원리로 국가가 보장해야 하는 최저한의 생활, 최저한도의 수요가 충족되도록 모든 국민에게 같은 수준의 보장을 제공한다는 원리이다.

무차별평등의 원리는 공공부조가 그 목적을 달성하기 위해 빈곤의 이유를 불문하고 모든 국민을 대상으로 해야 한다는 원리이다. 국민기초생활보장법에서는 인구학적 기준을 철폐하고 빈곤여부와 부양의무자 기준에 의해서만 대상자가 선정되도록 하고 최저생계비 이하의 저소득층은 누구나 국가로부터 최저생계를 보장받을 수 있도록 규정하고 있다(제3조 및 제4조). 보충성의 원리란 최저생계의 보호를 받아야 할 수급권자가 기본적으로 자기의 생활유지를 위해서 가능한 노력을 다해야 하고, 그래도 최저한의 생계를 유지할 수 없는 경우에

국가가 부족분을 메워 주어야 한다는 원리이다. 마지막으로 자립조장의 원리는 국가의 국민에 대한 최저생활 보장이 구빈의 효과만이 아닌 자립을 조장하는데 목적을 두고 직업훈련, 공공근로, 자활공동체 참여 등을 조건부로 생계비를 제공해야 한다는 수급권자의 근로능력을 향상시키기 위한 원리이다.

공공부조는 또한 신청보호의 원칙, 기준 및 정도의 원칙, 필요즉응의 원칙, 세대단위의 원칙, 현금부조의 원칙, 거택급여의 원칙을 가지고 운용되고 있다. 국민의 기초생활 보장은 국가의 구빈제도가 아닌, 요보호자의 수급권 자격 신청에 의한 절차적 권리에 의해 시행되어야 하며, 수급권자의 상황에 따라 일정한 기준 및 정도를 준수해야 하고, 획일적 적용이 아닌, 필요시 차상위 계층에게까지 범위를 확대하는 필요즉응의 원칙이 실행되어야 한다. 또한 공공부조는 국민들의 생활 형태나 경제활동 구조가 세대단위로 이루어지기 때문에 보장기관은 세대를 단위로 하여 급여를 시행하되 특히 필요하다고 인정되는 경우에는 개인을 단위로 행할 수 있어야 한다. 또한 공공부조는 요보호자의 급여 선택의 자유 및 관리상의 간소화를 위해 현금부조의 원칙을 전제할 필요가 있으며, 기본적으로 수급권자의 주거를 중심으로 한 거택급여의 원칙을 가지고 실행되어야 한다.

(2) 남한의 공공부조정책

남한의 공공부조 정책은 정부 수립 후 한국전쟁 이전까지 별다른 입법 조치 없이 일제시대의 '조선구호령'을 형식적으로 시행해 왔으나 급증하는 요보호 대상자를 국가의 빈약한 재정으로는 감당하지 못하여 대부분 외국원조와 민간시설에 의존하였다. 1961년 군사정권에서 남한 최초의 사회복지법이라는 의의를 가지고 있는 「생활보호법」을 비롯 「재해구호법」, 「군사원호보상법」 등이 제정되었으나, 정권의 산업화 전략과 분단체제로 인한 국방비의 과도한 비중에 따라 상대적으로 취약한 복지예산 등으로 상징적인 제도로만 존치된 채 제대로 시행되지 못하였다.

1999년 IMF 체제하의 대량실업사태를 맞아 사회안전망 구축이 절실해지자 보편적이고 광범위한 공공부조 정책의 도입 공감대가 형성되어, 당시의 김대중 정부의 '생산적 복지' 이념을 바탕으로 국민적 합의에 의해 「국민기초생활보장법」이 제정되었다. 「국민기초생활보장법」은 지난 40여 년간 시혜적 단순보호 차원의 생활보호제도로부터 저소득층에 대한 국가책임을 강조하는 종합적인 빈곤대책으로 전환하는 계기가 되었다는 점에서 남한의 사회복지발달사적 의의가 있다. 국민기초생활보장제도는 헌법 제34조에서 천명하고 있는 인간다운 생활을 할 권리, 생존권, 사회권, 복지권 내지 사회보장수급권 보장에 근거한 제도로서 공공부조 수급권을 구체적으로 보장하기 위한 제도라고 할 수 있다.[25]

국민기초생활보장제도에서는 구체적으로 기초생활유지가 어려운 계층에게 소득인정 기준과 부양의무 기준의 두 가지 기준을 조작적으로 정의하고, 수급권자의 선정 및 급여액을 결정하여 지급한다. 국민기초생활보장제도에서의 수급권자는 가구별 소득 인정액이 최저생계비 이하인 자로서 부양 의무자가 없거나, 부양 의무자가 있어도 부양능력이 없거나 부양을 받을 수 없는 자이다. 가구별 소득 인정액

---

25) 김종명 외, 『사회복지정책론』(서울: 양서원, 2009), p.271.

은 가구원의 소득평가액에 재산의 환산액을 합한 금액을 산출한다.

최저생계비는 국민의 건강하고 문화적인 생활을 유지하기 위하여 소요되는 최소한의 비용을 말하며 보건복지부장관이 매년 9월 1일까지 국무총리 산하 중앙생활보장위원회의 심의, 의결을 고쳐 공표한다. 부양의무자란 수급권자를 부양할 책임이 있는 자로서 수급권자의 1촌 이내 직계혈족 및 그 배우자를 말하며 "부양 의무자가 없거나 부양 의무자가 있어도 부양을 받을 수 없는 경우"에 대해서는 국민기초생활보장법의 규정으로 상세히 하고 있다.

국민기초생활보장법상의 급여에는 생계급여, 주거급여, 의료급여, 교육급여, 해산급여, 장제급여, 자활급여가 있다. 급여제공은 생계급여를 기본으로 하고 필요에 따라 다른 급여를 함께 지급한다. 생계급여는 수급자에게 의복·음식물 및 연료비와 기타 일상생활에 기본적으로 필요한 금품을 지급하여 그 생계를 유지하는 급여를 말하며 생계급여는 금전을 지급하는 것을 원칙으로 하나 금전 지급이 곤란한 경우 물품지급을 할 수 있다. 가구별 생계급여액은 가구별 현금급여 기준에서 가구의 소득인정액과 주거급여액을 차감한 금액으로 한다.

주거급여는 수급자에게 주거안정에 필요한 임차료, 유지수선비 기타 대통령령이 정하는 수급품을 지급하는 것을 말한다. 급여액은 주거급여 제외 대상자를 제외한 모든 수급자에 대하여 다음의 기준에 의한 현금급여를 제공한다.

의료급여는 수급권자의 질병, 부상, 출산 등에 대하여 진찰, 검사, 약제 치료재료의 지급, 처치수술과 그 밖의 치료, 예방 및 재활, 입원, 간호 이송과 그 밖의 의료목적을 위한 조치 등을 지급하는 급여이다. 의료급여 비용은 대통령령이 정하는 바에 따라 그 전부 또는 일부를 의료급여기금에서 부담하되, 의료급여기금에서 일부를 부담하는 경우 그 나머지 비용은 본인이 부담한다. 의료급여기금에서 부담하는 급여비용의 범위는 의료급여 종별, 의료급여기관과 의료급여 내용에 따라 다르다.

교육급여는 수급자에게 입학금·수업료·학용품비 기타 수급품을 지원하는 것을 말하며 학교의 종류·범위 등에 관하여 필요한 사항은 대통령령으로 정한다. 교육급여는 금전 또는 물품을 수급자 또는 수급자의 친권자나 후견인에게 지급함으로써 행한다. 또한 해산급여는 출산할 여성에게 조산(助産), 분만전과 분만 후의 필요한 조치와 보호를 하는 급여를 말한다.

해산급여로 1인당 50만 원(쌍둥이의 경우 100만 원)을 지급하며 건강보험에 의한 해산비를 지급받는 수급자는 이를 차감한 금액을 지급받는다. 장제급여는 수급자가 사망한 경우 사체의 검안·운반·화장 또는 매장 기타 장제조치를 행하는 데 필요한 금액을 지급하는 급여를 말한다. 장제급여액은 근로능력이 없는 가구원으로 구성된 가구의 경우 가구당 50만 원, 근로능력이 있는 가구원이 있는 가구의 경우 40만 원, 차상위 의료급여 수급권자가 사망한 경우에는 25만 원을 지급한다. 끝으로 자활급여는 수급자의 자활을 조성하기 위하여 자활에 필요한 금품의 지급 또는 대여, 자활에 필요한 근로능력의 향상 및 기능습득의 지원, 취업 알선 등 정보의 제공, 자활을 위한 근로기회의 제공 등의 급여를 제공하는 것을 말한다.

국민기초생활보장제도 실시에 따른 비용은 보장비용이라 하며, 보장비용은 보장업무에 소요되는 인건비와 사무비, 생활보장위원회의 운영에 드는 비용, 급여실시비용, 기타 국민기초생활보장법에 의한 보장업무에 소요되는 비용으로 구분된다. 보장비용의 부담은 국가 또는 시·도가 직접 행하는 보장업무에 소요되는 비용은 국가 또는 당해 시·도가 부담한다. 보건복지부장관과 시도지사는 수급자를 각각 국가 또는 당해 지방자치단체가 경영하는 보장시설에 입소하게 하거나 다른 보장시설에 위탁하여 급여를 행한 경우 급여의 실시비용은 국가 또는 당해 시·도가 부담한다.

국민기초생활보장법에서는 주거가 일정치 않은 수급자나 수급권자의 생활보장은 이들이 실제 거주하는 지역의 시장, 군수, 구청장이 행한다고 규정하고 있다. 또한 기초생활보장업무를 수행하기 위하여 사회복지 전담공무원을 배치하게 하여 공공부조업무의 전문적 실천을 추구하도록 하고 있다. 사회복지공무원은 지방공무원으로서 직렬제의 적용을 받으며, 사회 직렬 내에서 승진이 가능하고 동일 광역자치단체 내에서 다른 지역으로 전보가 가능하도록 하고 있다.[26]

또한 기초생활보장사업의 기획, 조사, 실시 등에 대한 사항을 심의, 의결하기 위해 국무총리 산하에 중앙생활보장위원회를 두고, 자치단체 차원의 기초생활보장사업을 위해 지방생활보장위원회를 두고 있다.

3) 사회복지서비스정책

(1) 남한 사회복지비스정책의 기본원리

사회복지서비스는 사회보험, 공공부조와 함께, 남한 사회보장정책의 핵심을 이루는 복지정책 가운데 하나이다. 「사회보장기본법」은

---

26) 이인재 외, 앞의 책, p.452.

제3조에서 "사회복지서비스란 국가 지방자치단체 및 민간부문의 도움을 필요로 하는 모든 국민에게 상담·재활 직업소개 및 지도, 사회복지시설 이용 등을 제공하여 정상적인 사회생활이 가능하도록 지원하는 제도"라고 규정하고 있다.

사회복지서비스사업은 「사회복지사업법」(1970)에 의한 사회복지사업과도 유사한 개념으로 볼 수 있는데, 이 법에 의하면 "사회복지사업이라 함은 「국민기초생활보장제도」, 「아동복지법」, 「노인복지법」, 「장애인복지법」 등 14가지 법률에 의한 보호 선도 또는 복지에 관한 사업과 사회복지 상담·부랑인 및 노숙인 보호, 직업보도, 무료숙박 지역사회복지·의료복지·재가복지·사회복지관 운영, 정신질환자 및 한센병력자 사회복귀에 관한 사업 등 각종 복지사업과 이와 관련된 자원봉사 활동 및 복지시설의 운영 또는 지원을 목적으로 하는 사업을 말한다(제2조)."라고 규정하고 있다. 따라서 사회보장기본법에 의한 사회복지서비스와 사회복지사업법의 사회복지사업은 상호보완적인 개념으로 파악할 수 있으며, 급속한 산업화로 인한 구성원들의 사회복지 수요 및 사회문제에 효과적으로 대처하기 위한 복지국가 실현을 위한 핵심적인 사회정책이라고 할 수 있다.

남한의 경우, 사회복지서비스 정책은 1961년 「아동복리법」과 「윤락행위방지법」 제정 등으로 시작되었으나, 1970년에 이르러 「사회복지사업법」이 제정되면서 본격적으로 실시하게 되었다. 사회복지서비스 영역의 프로그램들은 1980년대부터 다양한 제도정비가 이루어지고 있으나, 사회보험이나 공공부조에 비하여 상대적으로 취약한 상태이다.

(2) 남한의 사회복지서비스정책

가) 노인복지제도

남한에서 노인복지서비스는 1981년 제정된 「노인복지법」에 근거하여 이루어지고 있다. 적용대상에 대해 살펴보면, 남한의 노인복지서비스는 65세 이상 노인을 대상으로 하고 있으며, 서비스의 내용은 소득보장으로서 70세 이상 노인에 대해 노령수당을 지급하는 것 이외에 양로원, 노인요양원, 실비양로원, 경로당 등 노인복지시설의 운영, 경로우대제도(경로우대증 발급), 무료 건강진단, 노인공동사업장 실시지원, 생업지원, 재가노인 봉사사업 지원, 노인봉양세대 세제 및 금융지원 등이 있다.

노인복지서비스에 소요되는 재정은 전액 국가 및 지방자치단체의 부담으로 이루어지고 있다. 노인복지서비스의 전달 및 관리체계는 원칙적으로 보건복지부와 지방자치단체가 서비스의 공급을 직접 담당하며 이를 위해 사회복지전문요원을 직접 고용해 수행하게 한다. 최근에는 서비스 공급의 효율성과 전문성을 제고하기 위해 민간단체 및 사회복지법인 등 비영리단체에게 서비스의 공급을 위탁하고 보건복지부와 지방자치단체는 그에 대한 보조금을 지급하는 형태로 운영되기도 한다.

나) 아동복지제도

남한에서 아동복지서비스는 1981년 제정된 「아동복지법」 및 1991년 제정된 「영유아보육법」 등에 근거해 이루어지고 있다. 적용대상은 ① 보호자가 근로, 질병 기타 사정으로 보호하기 어려운 영유아, ②

보호자로부터 유기 또는 이탈되거나 보호자가 양육불능인 아동, ③ 건전한 출산을 위하여 보호가 필요한 임산부 등이다.

　서비스의 내용은 영아시설, 육아시설, 아동일시보호시설, 자립지원시설 등 아동복지시설의 설치 및 운영, 아동상담소 등 요보호 아동 발생 방지활동, 보육서비스사업, 소년소녀가장 세대보호, 아동보건서비스 제공 등이다. 재정은 전액 국가 및 지방자치단체의 부담으로 이루어진다. 전달 및 관리체계에 대해 살펴보면, 원칙적으로 보건복지부와 지방자치단체가 서비스의 공급을 직접 담당하며 서비스의 특성상 교육과학기술부의 협력을 얻기도 하는데 최근에는 서비스 공급의 효율성과 전문성을 제고하기 위해 민간단체에게 서비스의 공급을 위탁하고 보건복지부와 지방자치단체는 그에 대한 보조금을 지급하는 형태로 운영되기도 한다. 또한 보건소를 통해 아동보건서비스나 임산부의 건강 상담 및 지도 등을 하기도 한다.

다) 여성복지제도

　남한에서　여성복지서비스는　1961년　제정된　「윤락행위방지법」, 1973년 제정된 「모자보건법」, 1989년 제정된 「모자복지법」 등에 의해 시행되고 있다. 적용대상은 ① 「모자복지법」에 의하여, 배우자와 사별, 이혼, 유기된 여성, 신체 정신장애로 장기간 근로능력을 상실한 배우자를 가진 여성, ② 「모자보건법」에 의할 때 임산부, 가족계획사업의 대상이 되는 여성, ③ 「윤락행위방지법」에 의할 때 요보호여성 등이다. 서비스의 내용은 3세 이하 아동 양육비지원, 중학생, 실업고교 자녀 학비지원, 직업훈련 제공 등의 저소득 모자가정 지원, 임산부와 영유아의 등록 관리, 민간 모자보건종합센터운영 등이다. 재정은 전액 국가 및 지방자치단체의 부담으로 이루어진다.

전달 및 관리체계는 원칙적으로 보건복지부와 지방자치단체가 서비스의 공급을 직접 담당하며 이를 위해 복지상담원 등을 직접 고용해 이를 수행하게 하기도 하는데, 최근에는 서비스 공급의 효율성과 전문성을 제고하기 위해 민간단체에게 서비스의 공급을 위탁하고 보건복지부와 지방자치단체는 그에 대한 보조금을 지급하는 형태로 운영되기도 한다.

라) 장애인복지제도

남한의 장애인복지서비스는 1989년 제정된 「장애인복지법」, 1990년 제정된 「장애인고용촉진법」 등에 관한 법률 등에 의해 시행되고 있다. 적용대상은 장애인으로서 장애인의 범위는 지체장애, 시각장애, 청각장애, 언어장애, 정신장애 등 대통령령이 정하는 기준에 따르고 있다. 서비스의 내용은 장애인 등록제도, 재활시설, 요양시설 등 장애인 복지시설 운영, 중증 장애인에 대한 생계보조수당지급 등의 소득보장, 보장구 무료교부, 재활의료센터의 운영 및 의료비 지원, 장애인 의무 고용제, 장애인 편의시설 설치, 장애인 자립자금 융자 등이다. 재정은 전액 국가 및 지방자치단체의 부담으로 이루어진다.

전달 및 관리체계에 대해 살펴보면, 원칙적으로 보건복지부와 지방자치단체가 서비스의 공급을 직접 담당하며 장애인 편의시설의 설치 등과 관련해 국토해양부 등 관련 기관이 업무를 담당하기도 한다. 최근에는 서비스 공급의 효율성과 전문성을 제고하기 위해 민간단체에게 서비스의 공급을 위임하고 보건복지부와 지방자치단체는 그에 대한 보조금을 지급하는 형태로 운영되기도 한다.

5. 남한 사회보장정책의 특성과 쟁점

1) 남한 사회보장정책의 특성

남한의 사회보장정책은 자유민주주의 체제를 근본이념으로 하는 국가 정체성과 산업화 및 민주화 전략, 그리고 구성원들의 시민의식 성숙 등 여러 단계를 거치며 다양한 대내외 환경 요인들이 복합적으로 작용하여 '한국형 복지모형'의 특성을 가지며 발전해왔다. 따라서 아직까지 복지국가를 당면한 국가 목표, 또는 통일한국의 국가목표로 설정하면서도 뚜렷한 그 유형과 발전 방향성을 잡지 못한 채, 다양한 복지담론들이 충돌하는 실정이라고 할 것이다.

건국 이후 한동안 남한의 사회보장정책은 일제 식민지 잔재와 이념적 혼란, 한국전쟁의 후유증 등 절대 빈곤기를 거치며 국가안보를 내세운 '선 성장 후 복지' 전략으로 철저한 '반복지' 전략에 의하여 상징적인 법령으로만 존치한 채, 사회정책 가운데 주변적인 위치에 머물러 있었다. 1970년대에 들어 수출주도의 산업화 전략, 경제개발 계획으로 국가경제가 급속한 성장을 이룩하자, 구성원들의 정치적 민주화의 요구가 높아지게 되었고, 정당성의 결여 등으로 고민하던 당시의 정권들은 선심성 복지정책을 내놓으며 명목상 복지국가를 향한 요소를 갖춰 가게 되었다.

1980년대에 들어서 구성원들의 민주화 요구가 점증하고 노동운동, 시민사회운동이 활성화됨에 따라 정부는 국제화, 세계화의 추세를 따르는 국가정책을 추진하였고 신자유주의 정책들이 도입되었으며 국민연금, 의료보험, 최저 임금제가 실시되어 비로소 보편주의적 사회보장정책이 실시되는 신호탄이 되었다. 1990년대 이후, 국제통화기금 (IMF)의 구제금융 위기를 맞아 경제사회의 기반이 붕괴되면서 정부는 '생산적 복지' 개념을 도입하는 등 복지개혁을 단행하여, 사회복지는 구성원들의 권리이자 국가의 의무인 기본권으로 인식되기 시작하였다. 2000년대에 들어 국민기초생활보장법이 제정되어 공공부조 또한 생존권적 기본권 보장 수준으로 전환되었고 복지예산의 양적수준도 확충되어 남한의 사회보장정책은 비교적 복지국가의 면모를 갖춰 가게 되었다.

남한 사회보장정책은 일천한 역사에도 불구하고 비교적 빠르게 성장해 왔다고 할 수 있지만, 아직까지 그 예산 수준은 OECD 회원국 가운데 최하위에 머물러 있는 등 질적인 수준은 취약한 단계에 있다고 할 것이다. 더구나 통일한국의 국가목표인 복지국가로 나아가기 위해서는 '선별적', '잔여적' 복지에서 '보편적', '균형적' 복지의 지평을 확대하여 복지국가의 토대를 튼실하게 하지 않으면 안 될 것이다. 오랜 가족주의적 유교적 전통과 분단체제 하의 환경 등 외부적 결정요인이 강력하게 작용하는 가운데, 남한의 사회보장정책은 다음과 같은 특성 및 동향을 가지며 발전해 왔다고 할 수 있다.

첫째, 대상의 '최소성'과 기여에 대한 '의존성'을 주요 원칙으로 발전해 왔다. 남한의 사회보장정책은 국가의 구성원들에 대한 온정주의적 시혜 입장에서 구성원들의 기본권으로 인식되는 과정을 거치며 발전해 왔다. 분단 이후, 1970년대까지 남한의 사회보장정책은 국제원조와 종교단체 등 민간의 역할에 크게 의존한 채 국가는 산업화, 국가안보 우선원칙의 복지정책을 펼쳐 왔다. 남한의 사회보장정책은 기본적으로 자본주의 시장경제원칙과 개인주의 이념에서 출발하기 때문에 개인의 복지는 개인의 책임 하에 있고 국가는 잔여적 입장에서 최소한의 개입을 원칙으로 하고 있는 것이다.

이런 측면에서 남한의 사회보장정책은 자본주의의 효율성 측면에서 보장의 개념이 '최소한의 삶 보장'이라는 온정주의에 그 초점이 맞추어져 있어서 사회보장 급여의 종류와 수준도 최저급여를 지급하는 수준에서 결정되는 방식으로 정착되었다. 따라서 남한의 사회보장정책은 대상의 '최소성'과 기여에 대한 '의존성'을 주요 원칙으로 하여 사회보험으로부터 사회보장의 역사가 시작되었으며, 국민기초생활보장법과 같은 기본권적인 공공부조의 정책은 가장 뒤늦게 도입되었다.

두 번째, 남한의 사회보장정책은 공급주체 및 전달체계에 있어 국가 및 지방자치단체, 민간의 역할 분담 등 단층적인 구조 형태를 취하고 있다. 1980년대 이후, 국가 근대화라는 공동의 목표 아래 '자신의 복지 몫'을 양보해 온 수많은 국가 구성원들의 복지수요가 폭증하자 정부도 복지확대 정책을 기하였으나 복지수요재정을 감당하기가 용이하지 않았다. 이에 따라 정부는 구성원들에게 절대빈곤 이하인 취약계층에 대해서는 국민기초생활보장법 등으로 국가가 책임을 지되, 그 전달체계 및 재정 분담에 있어 지방자치단체 및 민간의 역할을 중시하게 되었다.[27]

그러나 지방자치단체 및 민간에 대한 공급주체로서의 성급한 역할 분담정책은 자치단체 간 재정수준의 격차 등으로 인해 주민들의 복지수급의 격차 등 복지사각지대를 발생시키는 문제점을 야기하고 있

---

27) 2005년 노무현 정권은 사회복지의 지방분권화를 시도하여 중앙정부에서 관리하던 138개 보건복지부 국고보조사업 가운데 67개를 지방정부로 이양하였다. 사업뿐만 아니라, 예산의 일부도 지방으로 이관하였으며 사업의 성격에 따라 자치단체의 재정부담 비율도 5:5 등으로 분담하였다. 이에 따라 지역복지 활성화라는 긍정적인 효과는 있으나 자치단체 간 복지공급의 편차라는 부정적 현상도 야기되고 있다.

다. 실례로 저출산 대책의 일환인 출산장려보조금의 경우, 자치단체 간 재정 상황에 따라 그 지급액이 편차를 보이고 있으며 노인복지시설 및 아동보육시설의 설치, 운영에 있어서도 재정자립도에 따라 자치단체 간 '빈익빈 부익부' 현상을 보이는 등 '보장의 보편성' 원칙이 훼손되고 있는 것이다. 따라서 거주에 관계없이 동등한 사회복지서비스가 공급될 수 있도록 중앙정부의 지방복지 재정 조정기능이 강화될 필요성이 있는 것이다. 또한 민간영역의 확대 경우에도 그 순수성 및 지원수준, 그리고 지속성이 담보될 수 있도록 철저한 계도 및 관리감독이 요구되고 있는 것이다.

세 번째, 남한의 사회보장정책은 아직까지 사후적, 대응치료적 성격이 강하다는 점이다. 이는 잔여적 개념의 복지주의가 우선시되는 자본주의 복지체제의 특성 가운데 하나라고 할 수 있다. 잔여적 복지 개념은 근본적으로 빈곤에 대한 개인책임과 보편주의적 복지실시를 위한 국가재정의 부족 등의 명분에서 비롯된다. 그러나 비복지 상황에 대한 사후적 대응조치 여부는 사회문제에 대한 국가책임을 도외시하는 전통적 복지방식이라고 할 수 있다. 따라서 복지선진화를 위해서는 '예방적 복지' 기능의 확대가 절실한 것이다. 예방적 복지야말로 낙오자를 최소화할 수 있고, 더 많은 복지비 예산도 절감할 수 있는 정책이기 때문이다. 최근에 들어 예방적 복지의 차원에서 '능동적 복지의 개념이 도입되었으나, 이는 진정한 예방적 차원의 복지정책이라기보다는 정부의 복지 공급에 대한 책임을 개인이나 민간에게 전가하는 복지의 시장경제적 측면이 강한 잔여적 복지형태의 또 다른 포장이라는 비판이 제기되고 있다.

네 번째, 남한의 사회보장정책은 선별주의와 보편주의를 동시에 강화하는 방향으로 전개되고 있다. 과거 남한의 사회보장정책은 선별주의가 대세였으나, 2000년대에 들어 선별주의와 보편주의를 동시에 강화하는 복지정책을 취하고 있다. 취약계층은 더욱 정교하게 보호하는 수단을 강구하고, 전 국민적 보편주의 적용범위는 가급적 확대하는 추세이다. 기초노령연금 적용범위를 65세 이상 노인 70%가 혜택을 받도록 매년 늘려 온 것도 보편주의 확대정책의 일환이다.[28] 그러나 사회보장정책의 진정한 효과를 나타내려면 선별주의를 보편주의에 앞서 강화해야 할 것이다. 고령자, 장애인 등 사회적 취약계층에 대하여는 기초생활을 확실히 보장해 주어야 하며, 자본주의 시장경제 원칙으로 인하여 발생하는 상대적 빈곤층과 정서적 빈곤층에 대해서도 튼실한 사회안전망이 구축되는 등 보편주의적 사회보장체계가 형성되어야 할 것이다.

2) 남한 사회보장정책의 쟁점

남한의 사회보장정책은 시기마다 여러 가지 복지담론을 생산하며 정치사회적으로 쟁점화되었다. 경제우선주의에 입각한 '선 성장 후 분배'의 담론과 '선 안보 후 복지'의 담론은 남한의 전 시대를 관통하는 무거운 복지이슈라고 할 수 있으며, 2000년대 초반 김대중 정권에 들어 촉발되기 시작한 '복지국가 가능성론', 2000년대 중반부터 쟁점화되었던 노무현 정권의 '복지국가 성격론', 그리고 2010년 6.2지방선거에서 촉발된 '무상급식' 논란으로 파생된 보편주의(universalism)와

---

28) 김종명, 앞의 책, pp.351~352.

선택주의(selectivism) 논쟁 등 남한의 사회보장정책은 시기마다 주요 복지담론을 발화하여 시기적 복지의 의미를 유발하였다.

1961년 군사쿠데타로 등장한 박정희 정권은 '선 성장 후 분배'의 경제우선주의에 입각한 경제발전에 초점을 두었다. 한정된 재원을 경제개발에 집중하기 위해 사회복지 제공에 대해서는 소극적인 입장을 취하였다. 또한 북한과의 군사력 경쟁에서 밀리지 않기 위하여 국방비 우선 지출의 원칙으로 사회보장정책은 적극적인 고려의 대상이 되지 못했다. 일반 국민들 역시 사회보장정책에 대한 인식과 주장이 거의 없는 상태에서, 강력한 도시화 및 산업화 정책과 그로 인한 주택부족, 도시빈민층 형성 등의 사회문제들이 생겨남에 따라 이에 대한 보완책으로 초보적인 수준의 사회보장정책들이 수립되었다. 이 시기의 사회보장정책은 경제와의 관계에 있어서는 높은 수준으로 복지가 경제에 종속되는 모습을 보였다.[29]

'선 성장 후 분배'의 논리와 안보우선의 박정희 정권의 '복지 유산'은 이후 정권들에게 계승되어 남한 사회는 빈익빈 부익부의 극심한 양극화 현상과 함께 시장분배의 불균형 현상, 계층 간의 갈등 등 사회보장정책의 발전을 저해하는 주요 원인 가운데 하나로 작용하였다. '선 성장 후 분배'의 논쟁은 국가경제의 향상으로 복지인프라를 확대시킨 측면이 있는 반면, 선 성장 이후의 후 분배의 고리가 끊겨 실업문제가 악순환되고 장기적 경기침체가 지속되는 등 결국은 "상당한 량의 물이 밑으로 내려오기 위해서는 복지국가라는 이름의 전기펌프가 필요"[30]한 상황을 요구하고 있는 것이다.

---

29) 김경우 외, 『사회복지정책론』(서울: 양지사, 2008), p.87.

30) 「경향신문」 2011년 5월 19일자 참조, http://news.khan.co.kr/kh news/art(검색일: 2011. 9. 15.).

　'복지국가 가능성론'은 김대중 정권의 복지개혁이 이루어진 2000
년대 초반부터 제기되었다. 한국의 복지국가 가능성에 대한 논란은
국내보다 외국의 학자들에 의해 먼저 시작되었다. 한국은 이때까지
동아시아의 '복지 예외주의'의 대상으로 인식되어 왔다. 동아시아의
신흥공업국들은 놀라운 경제성장과 이에 따른 복지제도의 발전에도
불구하고, 서구적인 의미의 시민권적 복지국가 수립이 어렵다는 사회
복지에서의 '동아시아 예외주의(East Asian exceptionalism)'의 대상으로
포함되어 왔던 것이다.[31] 한국이 복지국가로 진입했다는 점을 명시
적으로 논의한 외국의 학자는 라메쉬 미쉬라(Ramesh Mishra)로서 그는
2003년에 발표한 논문에서 "현재 우리가 한국에서 목적하고 있는 것
은 현재의 추세대로라면, 새로운 복지프로그램이 도입되지 않아도 인
구고령화와 복지프로그램의 성숙으로 끊임없이 팽창하게 될 '초기적
형태의 복지국가(an embroynic welfare state)'이다."라는 진단을 제시하
였다.[32] 또한 일본의 다카게와 쇼고(武川正吾) 교수도 김대중 정부의
복지개혁이 1945년 영국노동당 정부, 1973년의 일본의 '복지원년'의
개혁과 버금간다는 주장을 피력한 바 있다.[33] 2000년대 중반에 들어
와 국내에서도 유사한 진단이 나왔는데, 송호준과 홍경준은 1990년대
중반 이후 한국이 적어도 제도적으로는 복지국가 초기단계에 진입하
였다는 진단을 제시하였다. 어떤 국가를 복지국가로 판정하는 합의된

---

31) Peng, Ito and Joseph Wong, "East Asia," Castles, Francis G., Stephan Leibfried, Jang Lewis, Herbert
　　Obinger ed. *The Oxford Handbook of the Welfare State* (London: Oxford University Press, 2010).

32) Ramesh, Mishra, "Globalization and Social Security Expansion in East Asia," Linda Weiss ed., *States
　　in the Global Economy: Bringing domestic institutions back in* (Cambridge: Cambridge University
　　Press, 2003), p.88.

33) 武川正吾, "韓國の 福祉國家 形成ば 福祉國家의 國際比較," 武川正吾 金淵明(共編) 『韓國の 福祉國家
　　日本の 福祉國家』(東京: 東信堂, 2005), p.286.

지표는 없으나 가장 많이 사용되는 사회보장비의 지출규모, 국민최저생활을 보장하는 제도의 존재는 그 근거로 제시되고 있다. 한국의 경우, 2010년 사회복지비의 지출이 GDP의 10%를 넘어설 것으로 추정되어 GDP의 25% 수준을 사회보장비로 지출하는 서구의 복지국가에 비하여 초기단계의 모습을 갖추고 있다고 할 것이다. 또한 한국은 4대 보험과 국민기초생활보장법 등 필수적인 영역에서 국민최저생활을 보장하는 제도적 시스템을 대부분 갖추고 있어 복지사각지대의 존재에도 불구하고 기초적인 복지제도는 어느 정도 정비되어 있다고 할 것이다.34) '복지국가 가능성론'과 더불어 '한국 복지국가 성격논쟁'이 벌어진 바 있는데, 김연명은 김대중 정부의 복지개혁을 놓고, 에스핑－안데르센의 세 가지 복지국가 유형론을 기반으로 영미형의 자유주의의 복지국가 가능성과 유럽대륙형의 보수주의 복지국가 가능성을 피력한 바 있다.35) 복지국가 성격 논쟁은 노무현 정권의 참여정부의 시기에 들어서면서 특히 '노르딕 모델(Nordic model)'이란 말로 대표되는 북유럽식 복지 모델에 대한 논쟁이 대두되었는데, 이것은 기존의 잔여적 복지 모델, 즉 남한정부가 꾸준히 적용하여 왔던 미국식 복지모델에 대한 대안으로 제시되었다고 볼 수 있다. 스웨덴식 복지모델로 대변되는 노르딕 모델은 북유럽의 덴마크, 핀란드, 스웨덴, 노르웨이, 아이슬란드 등 5개국의 경제사회 정책 모델을 일반화한 표현이다. 이들 국가의 공공지출은 국내총생산(GDP)의 50~60%에 이를 정도로 전체 경제에서 국가가 차지하는 비중이 높다. 또 사회적 대타

---

34) 김연명, "보편주의 복지국가 수립의 과제," 『한국 복지정책의 쟁점과 방향』(한국사회복지협의회 외 공동주최, 세미나자료집, 2011. 9. 30.), pp.55~56.

35) 김연명, "김대중 정부의 사회복지정책," 김연명 편, 『한국복지국가 성격논쟁 I 』(서울: 인간과 복지, 2002), p.129.

협 등을 통해 실업률을 낮추고 노동생산성을 높인 것이 특징이다. 1930년대 대공황 이후 최악의 경제난을 겪고 있는 세계 경제해법으로 부상한 북유럽식 모델은 분배 및 조정자로서 국가 역할의 확대를 가장 큰 특징으로 하고 있다. 또한 높은 과세를 통한 재분배 강화, 의료실업 혜택을 축으로 한 사회안전망 확충, 교육 평등, 노조의 경영 참여 확대 등 사회주의적 요소가 가미된 시장경제 모델이라고 할 수 있다.

한국복지국가 성격 논쟁에서 다수의 남한 구성원들은 미국식 자유민주주의보다는 북유럽식 사회민주주의 형태를 선호하고 있는 것으로 나타나고 있다. 그러나 이 경우, 스웨덴식 모델의 원형적 적용보다는 경쟁적 사민주의와 사회적 사민주의의 절충형태로 '한국판 제3의 길'을 주장하는 논지가 전개되기도 하였다.[36]

마지막으로 언급될 남한 사회보장정책의 쟁점은 보편주의와 선별주의에 관한 논쟁이다. 일반적으로 보편주의란 사회복지 급여가 사회적 권리로서 모든 사람에게 주어져야 한다는 원리를 말하며, 선별주의는 사회복지 급여는 개인의 욕구에 기초하여 주어져야 한다는 원리이다. 즉 보편주의는 사회적 급여에서 개인의 소득, 재산의 수준과 무관하게 해당 급여의 지급대상자 전원에게 지급하는 할당원리이며, 선별주의는 주로 소득수준을 고려하여 저소득층에 지원을 집중시키는 할당 원리를 의미한다고 할 수 있다. 최근 남한의 무상급식 논란에서 사용된 보편주의와 선택주의도 이와 동등한 맥락에서 이해할 수 있으며, 논쟁 과정에서 특히 선택주의는 저소득층을 차별하는 불공정한 원리

---

36) 복지국가 성격 논쟁에 관해서는 참여사회연구소 편, "한국자본주의의 개혁 논쟁," 『시민과 세계』 제6호 (참여사회연구소, 2004); 김연명 편, 앞의 책, 참조.

로 더 나아가 폐지되어야 할 원리로 인식되는 경향이 있다.[37]

　보편주의와 선별주의 논란은 단순히 지원할당의 원리를 넘어 이념형적인 분류로 거시적인 체제의 맥락과도 연결되는 문제이다. 따라서 소모적인 논쟁의 확산보다는 남한사회가 직면한 사회문제들을 해결해 나가는 데 우선순위를 두고 복지재정의 상태에 따라 두 원리를 상호 보완적, 균형적으로 적용할 '적정선'의 합의가 필요할 것이다. 나아가 남한의 사회보장정책은 한국적 새로운 유형의 사회보장, 사회복지 모델을 구축해야 한다. 그 모델을 근간으로 대상자의 기준, 복지급여의 수준, 재정수입의 가능성, 행정전달체계의 재정정립이 요구되는 것이다.

---

37) 김연명, 앞의 글(2011), p.58.

제 4 장

북한 사회보장정책의 체계와 특성

1. 북한 사회보장정책의 이념과 작동원리

북한의 사회보장정책은 사회주의라는 체제이념과 계획경제의 원칙에 따라 집단주의적인 복지이념에 의해 작동되고 있다. 집단주의는 사회의 중심단위로서 개인보다는 집단을, 그리고 공동의 목표를 위한 공동의 행동을 중시한다. 북한의 사회보장정책은 주민들의 복지 증진을 위한 모든 수단을 국가가 독점하고 있는 상태에서 국가가 전적으로 책임을 진다는 규범적 원칙에 기초하고 있다.

북한은 사회복지라는 용어를 사용하지 않고 있지만, 인민에 대한 '국가적 혜택' 곧 '인민복지'라는 차원에서 사회보장정책이 존재한다. 북한은 체제성립시기에 대부분의 사회보장 관련법과 제도가 완비되었으며 이후의 과정은 사회주의 체제 공고화와 함께 제도의 외형적 양적 확충에 매달렸다고 할 수 있다.

북한의 통치이념은 국가 형성 초기에는 마르크스-레닌주의로 출발하였지만 주체사상이 등장하고 진화를 거듭하면서 선군사상으로까지 변용되었다. 주체사상은 북한의 모든 영역에서 작동하는 통치이데올로기이기 때문에 북한의 정치·경제·사회정책 등 대부분의 정책 영역은 주체사상을 이념적 '종자'로 하여 제도화되었다. 주체사상이 북한의 통치이념으로 작동되면서 사회정책을 포함한 모든 정책들은 다른 사회주의 국가의 사회정책과는 그 특성을 달리하였다. 따라서 북한의 사회보장정책의 이념 역시, 초기에는 사회주의 체제의 보편성을 가지고 있었으나 주체사상의 영향을 받으면서 '사회정치적생명체론', '이민위천', '인덕정치'와 같은 이른바 '북한적 현상'인 독자적인 이념적 지형을 갖게 되었다.

북한의 사회보장정책의 이념적 토대는 대략 세 단계를 거치면서 진화하였다. 첫 단계는 1946년 3월 북조선임시인민위원회의 명의로 발표된 「20개조 정강」에 내포된 마르크스－레닌주의에 입각한 사회주의적인 보편적 이념이고, 두 번째 단계는 북한 및 김일성 정권의 대내외적인 도전환경을 극복하기 위하여 사대주의를 반대하는 개념으로 '주체'를 전면에 내세운 1970년대 초기이다. 또한 세 번째 단계는 김정일에 의해 '사회정치적생명체론'이 북한의 통치 이념적 지표를 재형성하게 된 1980년대 후반으로 보인다.

김정일은 1986년 7월 15일 「주체사상교양에서 제기되는 몇 가지 문제에 대하여」라는 담화를 발표하였다. 이 담화는 당의 유일적 지도사상인 주체사상을 교양하는 과정에서 발생하고 있는 몇 가지 문제점들을 지적한 것이다. 김정일은 이 문헌에서 당원들 중에 일부가 주체사상은 유물론이나 변증법과는 다르다고 보는 견해가 있고, 주체사상의 교양을 계급교양, 당 정책교양, 혁명전통 교양, 사회주의애국주의 교양과 별개로 보는 현상 등이 있다고 지적하고 있다.

김정일은 "주체사상은 공산주의의 전통이론들인 유물론이나 변증법, 마르크스-레닌주의의 모든 혁명원칙을 다 계승하고, 그것을 더 발전풍화시킨 것"이라고 주장하였다. 김정일은 당원들이 이러한 관점을 지니게 되는 원인으로 당원들이 "주체사상이 당의 유일사상이라는 것을 옳게 인식하지 못하고 있기 때문"이라고 말하고, "당이 진행하는 모든 형태의 사상교양을 다 주체사상 교양"이라고 강조하였다.[1] 따라서 김정일은 당원들이 혁명적 수령관을 가질 것과 혁명의 주체에 대한 핵심적 관점인 '사회정치적생명론'[2]을 역설하였다.

사회정치적생명체론은 생명에 육체적 생명과 사회정치적 생명이 있다는 것이다. 사회정치적생명은 유기체로서의 인간의 육체적 생명에 대립되는 사회적 존재로서의 인간의 생명으로 정의되고 있다. 인간에게는 육체적 생명체보다 영속성을 지닌 이 정치적 생명이 더 귀중하다는 것이다. 여기서 육체적 생명은 부모로부터 받지만, 사회정치적생명은 '어버이수령'으로부터 받는다. 즉, 수령-뇌수, 당-중추라는 사회정치적생명체라는 유기체 논리가 성립되어, 수령, 당, 대중을 '혈연적 관계'로 묶게 되는 것이다. 따라서 대중에게는 생명의 은인인 수령에게 충효를 다해야 하는 '사회주의 대가정'의 논리가 성립되고, 그 충실성에 대한 반대급부로 수령은 인민대중에게 이민위천(以民爲天)에 바탕을 둔 인덕정치, 광폭정치, '인민적 혜택'을 베푸는 것이다.

"개별적 사람들의 생명의 중심이 뇌수인 것처럼 사회정치적 집단

---

1) 김정일, 『김정일선집』 8권(평양: 조선로동당출판사, 1998), pp.432~457 참조.

2) 사회정치적생명체에 관한 논의는 1970년대 초부터 김일성에 의해 꾸준히 제기되어 왔다. 김일성은 1972년 9월 17일 일본 마이니치신문과의 회견에서 처음으로 사회정치적생명체에 관한 언급을 하였다. 김일성, 『김일성저작선집』 6권(평양: 조선로동당출판사, 1974), p.273.

의 생명의 중심은 이 집단의 최고 뇌수인 수령입니다. 수령을 사회
정치적생명체의 최고뇌수라고 하는 것은 수령이 바로 이 생명체의
생명활동을 통일적으로 지휘하는 중심이기 때문입니다."[3]

사회정치적생명체론은 북한사회가 수령, 당, 대중의 통일성과 수령
에 대한 개인숭배의 논리를 정당화하기 위해 일반적인 독재권력이
사용하는 강제적 체제재생산의 방식이 아닌 새로운 규범 지향적 도
덕률을 창출해 낸 것으로 보인다. 이것은 북한체제가 사회정치적생명
체라는 운명공동체로 규정되기 때문에 만일 체제가 잘못된다고 해도
그것은 지도자와 대중이 포괄되는 전체 사회구성원의 공동책임이라
는 의미를 함축하고 있는 것이다.[4]

국가정체성이 하나의 단일 표제나 요소로 결정되는 것이 아니라 복
합적 요소의 산물로 역사적 환경에 따라 형성되고, 재형성되듯이 북한
의 사회보장정책의 이념 역시 사회주의형 보편적인 집단주의 이념을
근본으로 하고 있으나, 사회정치적생명체론과 같은 정책결정자의 통
치담론에 의해 형성되고 재형성되는 과정을 거치고 있는 것이다.

북한의 사회보장정책 및 제도에 대한 국가역할 역시 사회보장과
관련된 헌법 및 각종 법령에 장치되어 있다. 북한은 헌법 및 당 규약,
사회주의노동법, 인민보건법 등에서 사회보장과 관련된 국가의 역할
을 규정해 놓고 있다. 무엇보다 북한의 사회보장정책의 작동원리는
근본적으로 사회주의 복지이념의 출발점이라고 할 수 있는 마르크스
－레닌주의의 복지이념에 기초하고 있다.

북한 사회보장정책의 이념적 토대이자 출발점인 마르크스－레닌

---

3) 김정일, 『김정일선집』 8권(평양: 조선로동당출판사, 1998), p.448.
4) 이종석, 『새로 쓴 현대 북한의 이해』(서울: 역사비평사, 2005), p.111.

주의의 복지관을 요약하면 첫째, 복지는 인간의 요구에 기초한 노동과 생활조건의 규제 및 사회적 자원의 분배를 수반한다는 것이고, 둘째, 하나의 집단적 사회체제로서 공동의 가치를 추구하며, 셋째, 복지는 생산수단이 공유화되고 시장의 사유재산 체제가 포기되고 난 다음에야 하나의 구체적이고 분배적인 규범으로 확립된다고 보는 것이다. 북한의 사회보장정책은 초기에는 마르크스－레닌주의의 이념에 입각한 '평등한 권리와 공정한 분배'를 정책 원칙으로 내세워 국가에 의한 인민복지를 보장하는 체계였으나, 이후 주체사상이 통치이념으로 등장하면서 인민복지의 체계 역시 김일성 및 김정일 등 '수령에 의한 보장'으로 그 성격이 바뀌게 된 것이다[5](<그림 4－1>참조).

북한은 헌법 제25조에서 "국가는 모든 근로자들에게 먹고 입고 쓰고 살 수 있는 온갖 조건을 마련하여 준다."고 하여 국가의 인민에 대한 의무를 보다 강조하고 있다. 또한 북한 헌법 제63조는 "공민의 권리와 의무는 <하나는 전체를 위하여, 전체는 하나를 위하여>라는 집단주의 원칙에 기초한다."고 하였다. 이는 북한의 사회보장정책이 개인의 생존권과 행복추구권을 보장하기보다는 집단과 국가 전체의 이익이라는 대 원칙하에 보장되는 제한된 권리임을 선언하고 있는 것이다. 이와 함께 북한 헌법 제72조는 "공민은 무상으로 치료받을 권리를 가지고 나이 많거나 병 또는 불구로 로동능력을 잃은 사람, 돌볼 사람이 없는 늙은이와 어린이는 물질적 방조를 받을 권리를 가진다."고 하여 무상치료제, 의료시설, 국가사회보험과 국가사회보장제에 대한 보장을 규정하고 있다. 또한 북한 헌법 제25조에서는 국가의 역할을 "인

---

5) 이철수, 『북한사회의 복지와 전망』(서울: 아주남북한보건의료연구소, 2004), pp.24~36 참조.

민들의 물질 문화생활을 끊임없이 높이는 것을 자기활동의 최고 원칙으로 삼는다."고 하였으며, 세금이 없는 상태에서 늘어나는 사회의 물질적 부는 전적으로 근로자들의 복리증진에 돌려진다고 하였다.

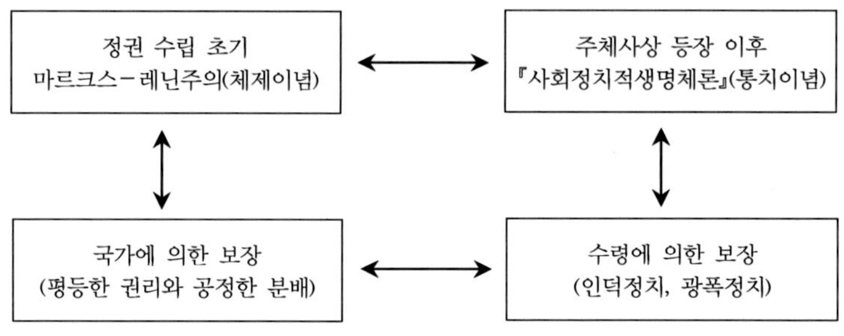

〈그림 4-1〉 북한 '인민복지'의 작동 체계 변화

북한의 사회보장정책이 작동되는 기본원리는 법령에 의해 잘 규정되고 제도화되어 있는 것으로 보이지만, 그것이 반드시 인민들의 현실 생활까지 정상적으로 전달된다고는 할 수 없다. 북한 체제 역시 대내외적인 변수요인, 특히 미국 및 UN 등의 경제제재 조치, 자연재해, 자립적 민족경제 등 경제적인 요인에 의해 체제가 추구하는 이상만큼, 사회보장 시스템이 제 기능을 다하지 못하고 있는 것이다.

북한체제의 특성상 헌법이나 법률보다도 상위 규정인 노동당 규약과 북한을 장기간 세습통치하는 정책결정자들의 담화 및 저작이 더 실효적인 정치적 의미를 갖는다고 할 수 있다. 조선로동당규약[6]은 그

---

6) 북한은 2010년 9월 제3차 당대표자회를 개최하고 1980년 6차 당대회에서 당 규약을 개정한 이후 30년 만에 당규약을 '수정보충'하였다. 개정 당규약은 그 서문에서 "당안에 사상과 영도의 유일성을 보장"하고 "당건설에서 계승성을 보장"한다고 하여 3대세습을 위한 사전 제도화의 성격을 보이고 있다. 이기동, "권력구조적 측면에서 본 북한 노동당 신규약," 『북한의 노동당 규약 개정과 3대 권력세습』(서울: 국가안보전략연구소, 2011), p.40.

서문에서 "조선로동당은 인민생활을 끊임없이 높이는 것을 당 활동의 최고원칙으로 한다."고 하였다. 또한 당 규약은 같은 서문에서 "당은 인민대중 중심의 사회주의제도를 공고히 발전시키며 인민군대를 강화하고 나라의 방위력을 철벽으로 다지며 사회주의 자립적 민족경제와 사회주의 문화를 발전시킨다."고 하여 인민대중 중심의 사회주의 제도와 사회주의 자립적 민족경제 건설이 사회정책의 토대임을 주장하고 있다.

김일성은 항일무장투쟁시기부터 인민들의 복리증진에 대한 배려가 당 및 국가활동의 최고원칙이라고 강조하였다. 카륜회의 및 조국광복회 강령 등에서 인민복지에 대한 구상을 하고 있지만, 1936년 민생단 사건으로 쫓기는 아동단원들에게 '마안산의 20원'[7]을 베푼 기억은 김일성의 일생을 통해 인민복지 신념의 원천이 되었던 것으로 보인다. 이와 함께 김일성은 인민들에게 "흰쌀밥에 고깃국을 먹이고 비단옷을 입히는 것을 인민복지의 당면한 목표임을 제시하기도 하였다.[8] 또한 김정일도 "인민들에게 빈 밥그릇을 놓고 사회주의가 좋다고 교양할 수는 없다."고 하면서 "당원과 근로자들 속에서 사상교양사업을 강화하는 것과 함께 인민들의 물질문화생활을 한 계단 더 높

---

7) 김일성은 1936년 마안산으로 민생단 사건에 쫓기던 아동단원들을 찾아가 어머니 강반석 여사가 비상금으로 준 20원으로 천을 사서 옷을 해 입히게 한다. 이때의 기억에 대해 김일성은 다음과 같이 회고하며 '공산주의적시책, 곧 국가적시책(인민복지)의 시발점이 되었음을 주장한다. "우리가 항일전쟁을 할 때 그 전쟁의 포성을 들어보지 못한 자본주의나라의 정객들이 공화국정부의 시책 속에 담겨져 있는 심오한 력사적 의미를 깨닫지 못하고 재정적 각도에서만 문제를 풀려고 하는 것은 너무나 당연한 일이다. 인민을 위해 당하는 국가의 '손실'은 손실이 아니다. 인민의 복리를 위해 더 많은 돈이 지출될수록 우리 당은 더 큰 기쁨을 느끼며 후대들을 위해 더 많은 '손실'을 당할 수 있도록 우리 국가는 더 큰 만족을 느낀다. 우리나라에서 사회주의제도가 존재하고 백두의 혈통이 계승되는 한 국가가 아이들에게 옷을 해 입히는 공산주의적 시책은 앞으로도 계속될 것이다." 김일성, 『세기와 더불어』 4권(평양: 조선로동당출판사, 1993), p.384.

8) 김일성은 1992년 신년사에서 "올해 가장 중요한 과업은 의식주 해결을 위한 농업과 경공업이라며 흰쌀밥에 고깃국 먹고 비단옷 입고 기와집에서 살려는 염원을 실현해야 한다."고 했다.

여야 한다."[9]고 하였다.

이상에서 살펴본 바와 같이 북한의 사회보장정책은 국가주의, 집단주의를 근간으로 하는 규범적, 보편적 복지를 원칙으로 실천된다고 할 수 있다.

2. 북한 사회보장정책의 운영체계

북한은 사회주의체제의 국가이다. 사회주의는 본질적으로 자본주의적 현실의 세력관계를 부정하고 혁명적으로 새로운 질서를 요구하며 '가설적 이론체계'로 출발했기 때문에 강력한 집단주의 및 계획경제의 이념적 지향 아래 '사회주의적 질서의 실현'을 목표로 하고 있다. 북한의 경우, 마르크스－레닌주의에 입각하여 일반적인 형태의 사회주의체제를 지향하며 출발하였지만, 김일성 가계를 중심으로 한 세습적 통치체계를 이어 오면서 그 국가정체성이 상당부문 변화되었다.[10] 그러나 북한은 기본적으로 마르크스－레닌주의식 사회주의를

---

9) 김정일, "인민생활을 더 높일 데 대하여," 『김정일선집』 8권(평양: 조선로동당출판사, 1998), p.4.

10) 북한 최초의 헌법인 1948년 9월 제정된 '조선민주주의인민공화국헌법'은 전 10장 104조로 된 '인민민주주의 헌법'이었다. 당시는 북한이 사회주의로 이행하기 전인 반제반봉건 혁명단계였기 때문에 헌법에 사회주의적 요소가 포함되지 않았다. 즉, 국가의 주권은 '인민'에게 있는 것으로 규정되어 있었고(제2조), 생산수단은 국가, 협동단체뿐 아니라 개인에게도 귀속되도록 하였다(제5조). 그러나 북한의 헌법은 1972년 총 11장 149조로 된 '조선민주주의인민공화국사회주의헌법'으로 개정되면서, '사회주의헌법'으로 명명되었고 이때부터 '마르크스－레닌주의'를 지도적 지침으로 삼는다는 조항을 '맑스－레닌주의를 우리나라의 현실에 창조적으로 적용한 김일성의 주체사상'으로 변경하였다. 이어 1992년 4월 개정된 헌법 제3조에서 '맑스－레닌주의'를 완전삭제하고, "사람중심의 세계관이며, 인민대중의 자주성을 실현하기 위한 혁명사상인 주체사상을 자기활동의 지도적 지침으로 삼는다"고 명시하였다. 또한 1998년 서문 및 전 7장 166조로 구성된 개정헌법에서는 그 서문에서 김일성을 '조선민주주의인민공화국의 창건자이자 사회주의 조선의 시조'로 규정하는 등 '김일성헌법'을 천명하였으며, 2009년 개정 헌법에서는 전7장 172조로 개정하며, 그 3조에서 "공화국은 주체사상, 선군사상을 자기활동의 지침으로 삼는다"며 주체사상과 함께 선군사상을 추가시켰다. 이러한 헌법의 '지도적 지침'의 변경은 북한이 마르크스－레닌주의 성격의 사회주의 국가에서 김일성 및 그 가계로 사유화된 '우리식 사회주의' 국가로 그 국가정체성이 변용되었음을 의미한다.

변용한 '우리식 사회주의'를 고창하고 있어 사회주의라는 근본적인 이념적 지형을 크게 벗어나지 않고 있는 것으로 보인다.

북한은 헌법 제25조에서 "조선민주주의 인민공화국은 인민들의 물질생활을 끊임없이 높이는 것을 자기활동의 최고원칙으로 삼는다. 세금이 없어진 우리나라에서 늘어나는 사회의 물질적 부는 전적으로 근로자들의 복리증진에 돌려진다. 국가는 모든 근로자들에게 먹고 입고 쓰고 살 수 있는 온갖 조건을 마련하여 준다."고 명시하고 있다. 이에 따르면, 북한은 사회복지의 실현을 존재이유로 하는 사회체제라고 할 수 있으며, 사회복지는 북한사회에서 일종의 체제이념적 기능을 하고 있다고 할 수 있다.[11]

북한 사회보장정책의 운영체계를 이해하기 위해서는 먼저 사회주의체제의 이념적 토대인 마르크스 사상에서 나타나는 복지이념을 파악할 필요가 있으며, 또한 그와 함께 '우리식 사회주의'를 주장하는 '북한식' 사회주의의 '인민복지' 이념을 분석할 필요가 있을 것이다.

마르크스 복지이념은 한마디로 '평등한 권리와 공정한 분배'로 집약된다. 마르크스는 생산양식에 따른 유물론적 역사관을 중심으로, 인간의 욕구에 기초한 평등한 권리와 공정한 분배가 이루어지는 세계를 이상세계의 모습으로 제시하였다. 마르크스는 '생산양식에 의한 사회적 분배원칙'을 강조하였다. 생산양식의 변화만이 원천적인 분배의 변화를 가져올 수 있다고 보았던 것이다. 따라서 마르크스가 추구한 '평등한 권리'는 생산수단이 공유화되고, 시장의 사유재산 체제가 사라진 공산주의 사회에서의 실현을 전제로 한다.

---

11) 박순성, 앞의 책, p.11.

마르크스는 생산양식에 따른 사회적 분배원칙을 사회주의 사회와 공산주의 사회로 단계적 과정을 거쳐 구현되는 것으로 제시하였다. 즉 사회주의 사회에서는 노동자의 권리가 그가 제공한 노동의 양과 질에 비례한다는 것이고, 그보다 높은 단계인 공산주의 사회에서는 생산수단의 완전 사회화에 따라 개인의 능력에 따라 일하고 개인의 욕구에 따른 분배가 가능하다는 것이다.

> "공산주의보다 낮은 단계, 즉 사회주의 사회에서 분배는 '개인의 능력에 따라, 개인에게는 노동에 따라(From each according to his ability, to each according to his work!)' 제공되고, 사회주의보다 높은 단계인 공산주의에서 분배는 '개인의 능력에 따라, 개인에게는 욕구에 따라(From each according to ability, to each according to his needs!)' 제공된다."[12]

한편 마르크스의 이러한 '평등한 권리와 공정한 분배'의 원칙 및 공산주의에로의 이행과정의 단계별 적용은 김일성에 의해서도 동일한 맥락으로 적용되고 있다. 김일성은 노동의 양과 질에 따른 분배는 '사회주의의 경제법칙'이라고 하였으며, 이를 어기면 생산발전에 지장을 받을 수 있다고 주장하였다. 노동에 따른 분배법칙은 생산수단의 사회적 소유에 기초하는 것으로 노동자는 사회적 노동에 참여할 권리와 의무를 동시에 갖게 된다.[13]

---

12) Karl Marx, 1875: 19~21: Vic George & Paul Wilding, 『Ideology and Social Welfare』, 남찬섭 역, (서울: 한울, 1994), p.165.

13) 사회주의 단계와 공산주의 단계는 생산수단의 소유에 따라 구분되며, 사회주의는 '협동주의적인 소유'로 공산주의 소유형태인 전 국가적 범위의 '전민인적 소유'보다 낮은 형태이다. 김일성은 사회주의의 완전한 승리를 이룩하는 데서 나서는 기본문제는 사람과 사회관계를 로동계급의 모양대로 개조하여 계급적 차이를 없애고 무계급 사회를 실현하는 것"이 중요하다고 하였다. 이를 위하여 김일성은 로동계급과 농민의 계급적 차이를 없애기 위한 방도로 협동적소유를 전인민적 소유로 전환시켜 생산수단에 대한 전인민적 소유의 유일적지배를 확립할 것을 과업으로 제시하였다. 김일성, "사회주의의 완전한 승리를 위하여"

"사회주의 사회에서 노동과 노동생산물의 분배는 각자는 능력에 따라 직업을 선택하여 마음껏 일하며, 각자에게는 노동의 양과 질에 따르는 사회주의 분배 원칙이 적용된다. ……(반면 공산주의 사회에서는) 공산주의적 소유를 확립하여 사람들의 능력에 따라 일하고, 수요에 따라 분배 받을 수 있는 높은 수준의 생산력을 달성하는 것이다. ……(이러한 목적은) 결국 국가가 모든 인민의 물질적 및 문화적 수요를 원만히 충족시키며 유족하고 문명한 생활을 보장하는 데 있다."[14]

이런 관점에서 마르크스의 복지이념은 북한의 복지이념에도 그대로 계승되어, 북한의 복지이념의 지표는 '평등한 권리와 공정한 분배'에 있고 이는 '국가에 의한 인민복지의 보장'을 통해 추구된다고 할 것이다. 따라서 마르크스의 복지이념은 곧 북한 복지이념의 토대로 북한의 사회보장체제를 태동시킨 '종자'라고도 할 것이다.

한편 북한은 1970년대를 전후하여 마르크스의 사상보다는 '주체사상'을 지도적 지침으로 하는 통치이념의 변화를 보이기 시작하는데, 이는 체제이념의 근본적인 변화라기보다는 실천이데올로기로 출발한 주체사상을 통치이데올로기[15]로 격상하여 대내외적인 환경요인에 적극적이며 주체적으로 대응하기 위한 통치전략으로 풀이된다.

주체사상의 등장은 온 세상의 김일성주의화로의 일색화를 의미하는데, 이것은 곧 북한의 복지이념이 '국가에 의한 보장'에서 '수령에

1986년 12월 30일 최고인민회의 제8기 제1차회의 시정연설문, p.6 참조.

14) 김일성, 『김일성저작집』 14권(평양: 조선로동당출판사, 1981), pp.546~571; 이철수, 『북한의 사회복지 -반복지의 북한』(서울: 청목출판사, 2003), p.63 주44).

15) 슈만(F. Schurmann)은 사회주의체제의 이데올로기를 관념과 행동의 연결체계가 직접적인가, 간접적인가의 관점에 따라 '순수이데올로기'와 '실천이데올로기'로 구분하였다. 그는 중국 공산당의 이데올로기를 분석하면서 순수 이데올로기는 추상적 세계관을 제시하는 마르크스 - 레닌주의이며, 실천이데올로기는 실천의 원칙과 방법을 제공해 주는 모택동사상이라고 하였다. 슈만은 순수이데올로기는 개인에게 일관되고 의식적인 세계관을 제공하는 사고체계이며, 실천이데올로기는 개인에게 행동의 합리적 도구를 제공하는 사고체계로 규정하였다. Franz. Schurmann, *Ideology and Organization in Communist China* (Berkeley, Los Angeles: University of Califonia Press, 1968), pp.18~24.

의한 보장'으로의 그 주체적 성격이 변화하는 것을 의미한다. 특히 김정일에 의해 1986년 '사회정치적생명체론'이 등장함으로써 북한은 수령·당·인민이 유기체적인 하나의 생명체인 '사회주의 대가정'을 주창하며 전일적 집단주의 통합체계를 공고히 하게 되었다. 사회정치적생명체론의 등장은 북한 사회보장정책의 이념적 지형이 체제이념적 수준에서는 마르크스의 복지이념을 기초로 하고 있지만, 통치이념적 수준에서는 주체사상 및 그 실천담론인 사회정치적생명체론을 중심으로 하여 다층화되었음을 의미한다.

이상에서 살펴본 바와 같이 북한의 사회보장정책은 마르크스 복지이념에 입각한 '평등한 권리와 공정한 분배'의 이데올로기적 지표를 실현하기 위해 사회적 소유 및 계획경제를 원리로 하여 작동되는 광의의 복지체계라고 할 수 있다.

한편 북한의 사회보장정책은 수령의 교시를 근간으로, 유일사상체계 10대원칙, 당 규약, 헌법, 그리고 각종 법률 등에 의해 작동되며 특히 「사회보험법」(1946) 등의 법령에 의해 노동성 및 직업총동맹 등에 의한 전달체계로 운영·관리되고 있다. 사회보장정책의 범주에 있어서는 남한 등 자본주의 국가의 사회보험과 유사한 '국가사회보험'과 함께 '국가사회보장'과 추가적 분배형태인 '사회적 혜택'이 존재하며 공공부조의 성격으로는 식·의·주 공급제와 무상의료제가 제도화되어 있다. 또한 사회복지서비스 영역에서는 「사회주의노동법」(1978)에 근거한 여성 및 청소년복지, 「어린이보육교양법」(1976)에 근거한 아동복지, 「장애자보호법」(2003)에 의한 장애인복지, 「연로자보호법」(2007)에 근거한 노인복지 등의 사회보장정책이 실시되고 있다.

북한의 사회보장정책이 체제의 성격에 따라 자본주의 복지체계와 상이한 체계 및 구조로 운영되고 있어 남북한 사회보장장정책의 직접적인 법령 및 제도상의 비교는 어려우나 유사한 성격의 사회보장정책이 포괄적으로 실시되고 있어, 본 논문에서는 사회보험, 공공부조, 사회복지서비스 등 3가지 분야의 범주로 나누어 영역별 북한의 사회보장정책을 고찰하고자 한다.

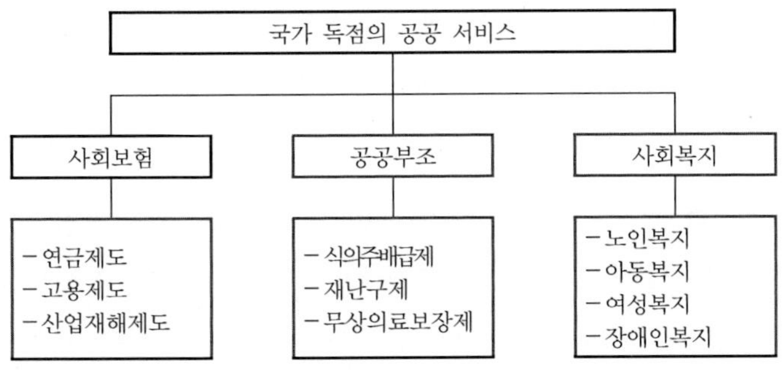

출처: 임현진, 앞의 글, p.76 〈그림 14〉의 참조 및 재구성.

〈그림 4－2〉 북한 사회보장정책의 운영 체계

3. 북한 사회보장정책의 전개과정

북한의 사회보장정책은 대부분 사회주의체제가 구축된 건국초기인 1946~1960년 사이에 제정되었다.[16] 이는 북한체제가 마르크스 복지이념인 '평등한 권리와 공정한 분배'라는 이상사회를 실현하기 위하여 현실의 혁명적 타파와 '사회주의적 질서의 실현'을 위한 계획된

---

16) 실제로 '20개조' 정강이 발표된 1946년부터 연로자보호법이 제정된 2007년까지 북한의 주요 사회보장 법률 22건 중에서 80.8%에 해당하는 15건이 1945~1960년 사이에 입법화된 것으로 보인다.

측면이 있다는 점을 시사한다. 실제로 김일성은 북한의 전사(前史)에 해당하는 항일무장투쟁 시기부터 '조국광복회'(1936) 등의 강령을 통해 사회보장정책 입법을 구상해 온 흔적이 있다.

북한의 사회보장정책의 전개과정은 북한의 사회변동 또는 사회주의 체제변동과 관련하여 대체로 4가지 단계로 살펴볼 수 있을 것이다. 먼저 제1단계는 1945년 분단 체제 형성 이후, 또는 그 이전인 항일무장투쟁시기의 사회주의체제 준비기부터 북한의 각종 사회보장정책이 구축된 1960년까지의 사회보장정책 성립기라고 볼 수 있으며, 제2단계는 자립적 민족경제 및 경제·국방병진노선을 추구한 시기로, 대중동원을 위해 여성복지 등이 강화된 복지정책 확충기(1961~1970), 제3단계는 김일성주의의 일색화 및 사회정치적생명체론이 등장한 복지정책의 이념적 변혁기이자「사회주의노동법」(1978) 등이 완비된 사회주의 복지정책 완성기(1971~1990)라고도 할 수 있다. 또한 제4단계는 자연재해 및 경기침체로 북한경제가 와해된 복지정책 마비기(1991~현재) 등으로 살펴볼 수 있을 것이다.

제1단계에서 북한의 사회보장정책에 대한 입법의 근간은 1936년 '조국광복회'의 10대 강령에서 그 기원을 찾을 수 있다. 1930년대 만주지역의 공산주의자들을 중심으로 '반일민족통일전선' 조직이 형성되었는데, 이를 기반으로 1936년 5월 5일 무송현 동강회의에서 조국광복회가 창립되었다. 조국광복회는 창립회의에서 '조국광복회10강령' 및 '조국광복회규약' 등을 발표했는데, 조국광복회10강령은 정치, 경제, 사회, 문화 및 대외정책에 있어 공산주의 통일전선의 기본적인 정책지침을 담은 것이다. 이 중 사회정책에 관한 주요 내용으로는 제9조에서 8시간 노동제 실시, 노동조건의 개선, 임금의 인상, 노동법안의 확정, 국가기관으로부터 각종 노동자 보험법실시, 실업구제 등의 내용을 담고 있었다.[17] 이 10대강령은 1946년 3월 23일 북한정권에 의해 보다 구체적인 정책지침을 담은 북조선임시인민위원회의 '20개조 정강'으로 발전되었다. 북조선임시인민위원회의 20개조 정강에서는 제14조, 제15조, 제16조, 제20조 등에서 사회보장정책에 관한 내용들을 담고 있다. 특히 제15조에서 노동자와 사무원들의 생명보험정책을 실시하며 노동자와 기업소의 보험제를 실시할 것을 명시하여[18] 인민복지의 향상을 위한 사회개혁의 조치로 사회보험 및 무상치료 등의 정책의지를 표명하고 있다.

이어 같은 해 6월 24일 「북조선 노동자 및 사무원에 대한 노동법령」이 제정되었고, 이 법령의 제18조에서는 "각 기업소, 사무소 및 경제부문의 노동자, 사무원들에게 의무적으로 사회보험을 실시할 것"을 명시하고, 제25조에서는 "사회보험의 구체적인 내용을 만들 것을 특별위원회에 위임하여 6개월 이내에 완료해야 한다."[19]고 규정하였다. 이에 따라 1946년 12월 9일 임시인민위원회에 의해 총14장 175개조로 구성된 「사회보험법」이 제정되어 1947년 1월 24일부터 시행되었다.[20]

체제형성단계 초기의 각종 사회보장정책에 관한 입법 가운데 상위규범[21]인 '북조선로동당 강령'은 1946년 8월 29일 제정되었다. 이 강

---

17) 조국광복회10대강령은 제7조 남녀평등, 제8조, 무상교육 등에서도 사회보장정책에 관한 주요 내용들을 담고 있다.

18) 〈20개조 정강〉(1946년 3월 23일) 대륙연구소 편, 『북한법령집』 제5권(서울: 대륙연구소, 1990), p.2 참조.

19) 「북조선 노동 및 사무원에 대한 노동법령」(1946년 6월 24일), 『북한법령집』 제4권(서울: 대륙연구소, 1990), p.255 참조.

20) 사회보험법이 실시되어 1년 후인 1948년 1월 24일까지 사회보험의 수급자가 54만 1,962명에 달했다고 한다(「민주조선」, 1948년 1월 24일자). 또한 사회보험 실시 후 1년간 요양소, 휴양소, 사회보험병원을 이용한 연인원은 383만 6,464명이고, 실 인원은 62만 7,571명에 달한 것으로 기록하고 있다(『민주조선』, 1948년 1월 25일자). 이것은 북한의 사회보험이 초기단계임에도 사회정책으로서 인민들의 적지 않은 반향을 얻고 있었던 것으로 풀이된다.

령은 제6조에서 8시간노동제, 사회보험보장, 남녀평등권 등의 내용을 규정하고 있다. 북한의 헌법은 1948년 9월 공포되었는데, 공민의 휴식에 대한 권리(제16조), 사회보험제에 의한 물질적 방조(제17조), 모성 및 유아보호(제22조) 등 사회보장정책에 관련된 내용을 담고 있었다.

북한의 사회주의 건설의 전 단계로 '반제반봉건민주주의혁명기'라고도 불리는 1948년 북한정권 수립을 전후한 이 시기는「사회보험법」(1946),「북조선노동자 및 사무원에 대한 노동법령」(1946),「국가 사회보장에 관하여」(1951) 등의 각종 사회정책 관련 법령 제정을 통해 북한의 사회보장정책의 기본체계가 성립된 시기라고 할 수 있다. 이와 같이 체제형성초기에 북한이 사회보장정책에 관한 각종 입법을 서두른 것은 북한의 사회보장체계가 사회주의의 규범적인 속성을 지니고 있음을 보여 주고 있는 것이라고 할 것이다. 곧 노동자의 계급적 처지를 근본적으로 변화시켜 그들을 국가건설과 사회변혁의 주체로 부각시키는 것이 이 법령 실시의 기본적 목표였으며, 노동자 계급에 대한 보장적 조치를 통해 공산당이 계급기반을 튼튼히 하려 했던 것이 이 법령의 부수적인 정책 목표였다고 할 것이다.[22]

제2단계는 1960년대로 북한이 사회주의 공업화의 추진에 따라 전 주민을 동원하고 그의 효과적인 기반 구축을 위해 보건, 여성, 탁아 등 각종 사회주의 사회복지제도를 확충해 나간 시기라고 할 수 있다. 특히, 자립적 민족경제건설과 경제·국방병진정책 추진에 따라 요구

---

21) 북한의 규범들은 일정한 서열을 갖고 있는데 그 서열을 결정하는 근거는 하위규범 안에 담겨 있다. 규범 서열은 수령의 교시, 유일사상체계10대원칙, 당규약, 헌법, 그리고 각종 법률의 순으로 볼 수 있다. 이기동, "권력구조적 측면에서 본 북한 노동당 新규약,"「북한의 노동당 규약개정과 3대권력세습」(서울: 국가안보전략연구소, 2011), p.39.

22) 이승현, "북조선 노동당의 형성과 그 의미,"「북한현대사」(서울: 공동체, 1989), pp.103~105.

되는 노동력의 효율적 동원을 위해 각종 사회보장제도가 확대 실시되었다. 1964년 7월에는 "유아원 사업을 개선 강화할 데 대한 새로운 대책에 대한 내각결정"이 발표되었는데, 이는 취학 이전 아동들의 양육을 탁아소에서 담당하여 육아와 양육이 무상교육으로 간주됨으로써 아동의 양육에 대한 국가의 몫이 커졌다고 할 수 있다. 여성과 탁아부문에서 사회급양망을 확장하고, 각종 식당을 증설하며, 반제품 가공생산을 광범위하게 조직하고, 탁아소 및 유치원시설을 급속히 확장한 것은 여성노동력의 사회참여를 위한 정책적 조치의 결과였다고 할 수 있다. 또한 이는 전통적으로 사회의 중심을 차지하였던 가정의 역할을 축소하고, 이를 대신한 국가영역의 확대는 사회주의를 중심으로 하는 정치사회화가 강화되는 것으로 귀결되었다고 할 수 있다.

이 시기는 이와 같이 산업발전의 요구에 따른 제반 사회정책의 조치가 이루어졌지만, 사회정책에 의한 물질적 유인보다는 오히려 소비절약과 사상교양의 강화가 노동생산성을 향상시키는 주요 수단으로 강조되었다. 결국 이 시기의 북한의 사회복지는 사회주의 공업화를 위한 노동력 동원을 위한 수단으로 기능하였다고 할 것이다.[23]

제3단계는 1972년 공포된 사회주의헌법을 근간으로 한 북한 사회보장정책의 이념적 지형의 변혁기인 동시에 각종 사회정책이 정비된 북한 사회보장정책의 완성기라고도 할 것이다. 북한은 개정된 사회주의헌법에서 국가의 지도적 지침을 마르크스-레닌주의에서 이를 창조적으로 계승한 주체사상으로 무게중심을 이동시켰다. 이것은 지금까지의 북한의 사회보장정책의 주체를 국가에서 수령으로 변경한 것으로,

---

23) 김현우 외, "남북한 사회보장제도 비교," 『통일문제연구』 제19집(영남대학교통일문제연구소, 1997), p.77.

평등한 권리 및 공정한 분배의 보장이 국가로부터 수령의 보장으로 변형된 것을 의미한다. 신헌법에 규정된 사회보장정책의 내용은 '하나는 전체를 위하여 전체는 하나를 위하여'라는 집단주의 원칙(제49조)에 기초하여 구성원들의 기본 권리에 대한 다양한 내용을 담고 있다. 신헌법은 무상치료제에 의한 보건(제58조), 무료 의무교육(제59조), 사회보험과 사회보장(제58조), 노동의 양과 질에 의한 분배(제56조), 휴식의 권리(제57조), 여성보호와 탁아(제62조), 국가유공자 원호(제61) 등의 내용을 규정하고 있다. 이것은 1948년 헌법의 사회보험에 의한 의료상 방조, 여성 및 유아보호만을 위한 사회정책이 내용으로 담고 있었던 것에 비하여 크게 진전된 것으로 볼 수 있다. 이러한 신헌법에 의한 사회보장정책의 내용은 1978년 4월 최고인민회의 제6기 제2차 회의에서 채택된 「사회주의노동법」에 의하여 보다 구체화되었다.[24]

북한의 사회보장 관련 법령 가운데 대표적 법령이라고 할 수 있는 「사회주의노동법」은 북한의 사회보장정책의 특색 가운데 하나인 노동에 의한 보수 외에 추가적 조치인 근로자들을 위한 국가적 및 사회적 혜택에 대해 구체적으로 명시하고 있다. 제68조의 "국가는 모든 근로자들의 생활을 책임지고 보장하며 그들의 물질문화 생활을 끊임없이 높이는 것을 자기활동의 최고원칙으로 삼는다."는 것을 비롯 "근로자들은 노동에 의한 분배 외에 추가적으로 많은 국가적 및 사회적 혜택을 받는다."라고 하였다. 이에 따라 주택(제69조), 식량(제70조), 탁아(제71조), 교육(제72조), 사회보험(제73조), 노인 및 장애(제77조) 등의 제공을 그 내용으로 하고 있다. 이 시기의 북한의 사회보장

---

24) 김현우 외, 앞의 책, p.78.

내용 변화는 이데올로기적인 사상교양만으로 생산능률 향상이 미약하므로 물질적 유인을 병행한 측면이 있다고 볼 수 있다.

1985년 10월 "협동농민들에게 사회보장제를 실시할 데 대하여"라는 공화국 중앙인민위원회 정령 발표를 통하여 농민 복리증진의 방안을 제시한 것은 북한 사회보장정책의 중요한 정책적 전환의 의미로 받아들여진다. 곧, 북한은 이때까지 노동자와 사무원에게만 적용하였던 사회보장제를 농민에게 확대 적용하여 복지 혜택의 포괄성을 획기적으로 확대하였다. 북한이 이 시기에 사회보장제를 농민에게 확대 적용한 것은 그동안 "농업생산과 농촌협동경리의 축적금이 끊임없이 늘어남으로써 협동농민들에게 사회보장의 혜택을 줄 수 있는 튼튼한 물질적 토대가 마련"[25]된 측면이 있지만, 이때까지 남아 있는 농촌에서의 협동적 소유를 전 인민적 소유와 유기적으로 결합시키고, 농촌의 사회주의 개조를 앞당겨 농업생산의 물질 기술적 수단의 비중을 높이기 위한 대책으로 풀이된다.

북한의 경제력이 크게 침체되기 시작한 1990년대부터 현재에 이르는 제4단계는 북한 사회보장정책의 질적 하락이 서서히 나타난 북한 사회보장정책의 마비기로 규정할 수 있다. 1990년대 초반부터 북한 복지체계의 균열이 발생하기 시작하여 1997년을 전후로 한 배급제와 무상치료제가 붕괴되었다. 이 시기는 북한의 식량난, 에너지난, 자연재해 등으로 북한의 기초적인 무상치료제 등 사회안전망은 물론, 체제자체가 붕괴의 위험에 처했던 이른바, '고난의 행군' 시기였다. 2000년대에 들어 남북교류가 활성화되고 외부로부터 인도주의적 지

---

25) 김일성, "협동농민들에게 사회보장제를 실시할 데 대하여," 『김일성저작집』 39권(평양: 조선로동당출판사, 1993), p.179.

원이 유입되는 등 북한의 사회보장정책은 일부 복구의 조짐을 보이기도 하였다. 2002년 7월1일의 이른바 '7.1경제관리개선조치' 등이 발표되는 등 북한의 사회보장정책은 개혁의 징후들을 보이기도 했으나, 이후 자립적 민족경제 고수 및 대외 제제조치 등 외적 결정요인 등으로 북한의 사회보장체계는 그 기능을 유지하지 못한 채 오늘에 이르는 것으로 추측된다.

〈표 4-1〉 북한의 사회보장정책 관련법의 역사

사회보장정책 성립기 1945~1960년	•1946. 03. 20개조 정강 •1946. 06. 북조선노동자 및 사무원에 대한 로동법령 •1946. 12. 사회보험법 •1947. 06. 탁아소규칙 •1948. 12. 유아상담소에 관한 규칙 •1949. 05. 조선인민군대 전사 및 하사들의 부양가족 원호에 관한 결정서 •1950. 11. 전재민 구호대책에 관한 결정서 •1951. 08. 국가사회보장에 관하여 •1951. 08. 국가사회보장법에 의한 산업재해보상제도 실시 •1952. 11. 무상치료제도를 실시에 관하여 •1956. 02. 국가공로자에 대한 사회보장승인에 대하여 •1956. 06. 제대군인들의 상활안전의 제반 대책을 수립에 관하여
사회보장정책 성립기 1945~1960년	•1956. 06. 재일교포들의 월북시 생활보장에 관하여 •1958. 02. 국가사회보험 및 노동보호관련사업에 대한 관리 기능을 조선직업총동맹 중앙위원회에 부여할 데 관하여 •1958. 07. 내각에서 유자녀학원과 초등학원 및 애육원사업을 개선강화할 데 관하여 •1959. 01. 월북하는 남조선 주민들에게 공민으로서의 권리와 생활안정을 보장할 데 관하여
사회보장정책 확충기 1961~1970년	•1964. 07. 유아원 사업을 개선강화할 데 대한 새로운 대책에 대한 내각 결정
사회보장정책의 완성기 1971~1990년	•1976. 04. 어린이보육교양법 •1978. 04. 사회주의로동법 •1980. 04. 인민보건법 •1985. 10. 협동농민들에게 사회보장제를 실시할 데 관하여
사회보장정책 마비기 1991년~현재	•2003. 장애자보호법 •2007. 연로자보호법

4. 북한의 사회보장정책

본 절에서는 북한의 사회보장정책들이 북한의 복지이념에 따라 어떻게 제도화되었는지를 중점적으로 살펴보고자 한다. 단순한 제도의 내용에 대한 분석이 아니라 복지이념의 보편성, 제도의 완비성, 적용대상의 포괄성, 급여의 적절성 등을 남한의 사회보장정책과 비교하기 위해 제도별 실태적 내용들을 고찰하고자 하는 것이다.

전술한 바와 같이 북한의 사회보장정책은 이념적인 측면에서 사회주의가 기본적으로 추구하는 '평등한 권리와 공정한 분배' 원칙을 전제로 설계되어 있기 때문에 이념적 측면에서 보편주의적 성격을 띠고 있다. 따라서 북한은 정권 출범 초기부터 사회주의 국가의 출발 당위성인 현실의 세력관계를 혁명적으로 부정하고 새로운 질서를 요구한 '가설적 이론체계'로서[26] 강력한 '사회주의적 질서의 실현'을 위해 사회보장에 관한 법령을 조기에 제정하는 등 일찍부터 사회보장체계의 근간을 마련해 놓았다. 따라서 각 사회보장 범주별, 제도별로 관련 복지법령들의 체계와 내용을 분석하고 북한 사회복지 이념과의 상징교차(symbolic interaction) 부문을 주의 깊게 살피고자 한다.

북한의 사회보장정책 범주는 크게 세 가지로 구분할 수 있다. 첫째, 소득보장에 관한 것들로 사회보장정책의 양 축인 국가사회보험과 국가사회보장 둘째, 공공부조에 해당하는 식·의·주 공급제(rationing system), 보건의료제도인 무상치료제 등으로 분류할 수 있다. 이러한 제도들의 기능을 수급자 중심으로 다시 판단하면 국가사회보장, 식·의·주 공급제,

---

26) 윤미량, 앞의 책, p.12.

무상치료제는 1차적 사회안전망의 가계생활 보호기능을 가지고 있다고 할 수 있고, 국가사회보험에 해당하는 산업재해보상제도의 경우 2차적 사회안전망인 사회생활보호의 역할을 한다고 할 것이다.[27]

북한의 소득보장 정책 가운데, 국가사회보험제는 단기 급여를 제공하는 '보조금' 지급식 연금형태이고, 국가사회보장제는 장기급여를 보장하는 '연휼금' 지급의 연금형태이다. 따라서 본 절은 북한의 소득보장제도를 중심으로 한 사회보험, 공공부조, 사회복지서비스의 순서로 북한의 사회보장정책의 실체적 내용 및 제도를 고찰하며, 그 범주별 분석은 관련 법령들을 먼저 고찰한 뒤 제도별 내용들을 대상, 급여, 재원, 전달체계 등의 측면에서 고찰하고자 한다.

1) 사회보험정책

(1) 북한 사회보험정책의 기본원리

북한은 1948년 9월 제정된 최초의 헌법은 물론, 4차례의 개정 헌법과 2009년 4월 개정된 '사회주의 헌법'에서도 사회보장에 관한 조항들을 명문화하고 있다. 북한의 제헌 헌법에서는 "사회보험제의 적용을 받을 수 있는 공민이 노쇠, 질병 또는 노동력을 상실한 경우에는 물질적 방조를 받을 수 있다. 이 권리는 국가가 실시하는 사회보험제에 의한 의료상 또는 물질적 보호로 보장한다(제17조)."고 하였고, 2009년 개정 헌법에서는 "조선민주주의인민공화국은 인민들의 물질문화생활을 끊임없이 높이는 것을 자기 활동의 최고원칙으로 삼는다.

---

27) 이철수, 앞의 책(2004), p.49.

세금이 없어진 우리나라에서 늘어나는 사회의 물질적 부는 전적으로 근로자들의 복리증진에 돌려진다. 국가는 모든 근로자들에게 먹고 입고 쓰고 살 수 있는 온갖 조건을 마련하여 준다(제25조)."고 명시하였다. 이 조항들은 북한 사회보장정책의 기본원리를 대변하는 것으로, 이는 국가의 최고 원칙과 역할을 규정하여 북한 사회보장정책이 국가사회복지체계임을 표방하고 있는 것이다.[28)]

북한의 헌법은 또 "개인소유는 공민들의 개인적이며 소비적인 목적의 소유"라고 명시하고, "개인소유는 노동에 의한 사회주의 분배와 국가와 사회의 추가적 혜택으로 이루어진다(2009년 헌법 제24조)."고 규정하고 있다. 곧 북한의 국가보장에 의한 국가사회 복지체계는 공민들의 노동에 의한 사회주의 분배 원칙을 전제로 하여, 국가와 사회에 의한 추가적 혜택을 기본원리로 하여 작동되고 있는 것이다.

북한은 노동에 의하여 사회주의, 공산주의가 건설된다고 할 만큼 노동정책에 큰 비중을 두고 있는 사회이다. "공민은 노동에 대한 권리"를 가지며, "노동력 있는 모든 공민은 희망과 재능에 따라 직업을 선택하며 안정된 일자리와 노동조건을 보장받는다. 공민은 능력에 따라 일하며 노동의 량과 질에 따라 분배받는다(2009년 헌법 제70조)."고 하였다. 따라서 북한의 모든 근로자는 모두 당국이 배정해 주는 일자리에서 근로생활을 할 수 있는 만큼, 일종의 '완전고용 사회'라고 할 수 있다.

북한은 1946년 6월 「북조선 노동자 및 사무원에 대한 로동법령」을 제정했고, 1978년 4월 18일 최고인민회의 제6기 제2차 회의에서 기존

---

28) 이철수, 앞의 책(2003, a), p.92.

의 노동자, 사무원 외에 농민까지 포함한 「사회주의로동법」을 새로 제정, 노동의 기본원칙을 비롯하여 근로자의 복지에 관한 제반 사항을 규정하고 있다. 「사회주의로동법」 제73조는 "국가는 노동재해, 질병, 부상으로 노동능력을 일시적으로 잃은 근로자들에게 국가사회보험제에 의한 일시적 보조금을 주며 그 기간이 6개월이 넘으면 국가사회보장제에 의한 노동능력상실 연금을 준다."고 규정하고 있다.

북한의 사회보험은 이렇듯 사회보장정책의 일환으로 헌법 및 관련 법령에 의해 기본적으로 근로자들의 소득보장을 국가가 보장하는 보편주의적 복지개념으로 설계되어 완전 고용상태를 내세우고 있다. 그러나 실제로는 노동사업을 일별, 월별, 분기별로 계획화시켜 놓고 과업의 초과달성을 위해 천리마운동, 3대혁명붉은기쟁취운동, 속도전, 1990년대 속도창조운동과 같은 사회주의 노력경쟁운동을 벌이는 등 법령에 장치된 이념의 보편성과는 현실적 괴리감을 보이고 있다.

또한 북한은 사회주의사회에서 국가보험은 본질적인 고유한 특성이 있다고 말하고, 그 특성은 "그것이(사회보험) 국가의 중앙집권적 지도 밑에 통일적으로 조직 진행된다는 것"이라고 강조한다. 또한 사회주의사회에서 국가보험의 역할은 "첫째, 사회주의적 소유를 보호하고, 사회주의 확대 재생산의 정상성을 확고히 보장"할 수 있게 하고 "둘째, 나라의 화폐유통을 계획적으로 조절하여 화폐유통의 안정성을 원활이 보장"할 수 있게 하며 "셋째, 인민경제발전에 필요한 자금수요를 보충적으로 보장"할 수 있게 한다는 것이다. 즉 북한의 사회보험은 근로자들의 사회적 위험에 대비하는 사회보험의 기본원리인 소득재분배의 원리, 보편주의의 원리 외에 국가는 "이 자금에서 당해 연도 보험보상금지불몫과 보험기관의 경비를 제외한 나머지 금

액을 국가예산에 동원하거나 경제발전의 보충적 자금수요를 위한 대부자원으로 이용"하고 있는 것이다.[29]

(2) 북한 사회보험의 구성체계

북한의 사회보험정책은 크게 국가사회보험과 국가사회보장제도로 구분된다. 먼저 국가사회보험은 김일성의 "조국광복회 10대 강령에서 명시한 사회보험 시책에 따라 해방 후 노동법령의 공포로 처음 실시되게 된 것"으로 "일시적인 노동능력상실자들의 생활보장, 건강회복과 근로자들의 건강 증진을 위하여 실시되는 물질적 보장제도"로 정의된다.[30] 또한 사회보험은 "보험가입자가 정한 보험금이 아니라, 사회적으로 규정된 기준에 따라 보조금이 지불되며 보험가입자와 함께 기관, 기업소에서 납부하는 보험료를 원천으로 한다는 점에서 일반 보험과 구별"되며 또한 "보험형식을 취하여 현직 일군들을 대상으로 한다는 점에서 사회보장과도 구별"된다.

반면 국가사회보장은 '사회보장펀드'[31]를 계획적으로 형성하여 "일군들이 노동능력을 잃었거나(6개월 이상) 사망하였을 경우에 본인 또는 그 가족의 생활을 국가적 부담으로 보장하는 제도"[32]로 현금 및 현물에 의한 방조, 의료상 방조, 사회보호시설을 통한 방조, 알맞은

---

29) 장영찬, "사회주의사회에서 국가보험의 본질과 역할," 『경제연구』 제1호(사회과학출판사, 1993), pp.41~44.

30) 사회과학원 편, 『경제사전』(평양: 사회과학출판사, 1973), p.533 참조.

31) 북한은 '사회적 소비기금'을 '사회적 소비 몫' 혹은 '사회보장폰드'라고 부른다. '사회보장폰드'는 "주민들의 소득과 소비구조에서 평등의 원리를 실현하는 폰드로서 노동에 대한 분배 몫, 즉 생활비와 구별되는 자기 독자적인 체계를 가지게 된다. 북한의 '사회보장폰드'는 사회문화시책비, 사회보험 및 사회보장비, 행정관리비와 국방비 등으로 구성되며, 여기에서 기본적인 자리를 차지하는 것은 사회문화시책비와 사회보험 및 사회보장비"이다. 한득보, 『주체의 사회주의 정치경제학의 법칙과 범주: 사회주의 경제의 기본분야들에서 작용하는 경제법칙과 범주』(평양: 사회과학출판사, 1992), pp.314~318.

32) 사회과학출판사 편, 『경제사전』(평양: 사회과학출판사, 1973), p.532.

일자리 보장, 사회적 원호 등의 형태로 실시되고 있다. 국가사회보험과 국가사회보장의 차이를 보면 먼저 국가사회보험의 경우, 그 적용대상은 일시적으로 노동능력을 상실한 현직 근로자이고, 급여 지급기간은 6개월 미만이다. 또한 주체는 '국가가 책임지는 사회주의제도 하에서만 실시되는 것'[33]으로 국가이며, 재정부담은 소득의 1%를 납부하는 노동자 및 사무원이다. 국가사회보장의 경우, 그 적용 대상은 노동자뿐 아니라 영예군인, 무의탁한 불구자, 연로자 등 다양한 계층이고 급여지급 기간이 제한되지 않지만, 급여 대상의 상태에 따라 일시적이거나 회복 시, 혹은 사망할 때까지 보장받는다. 또 재정부담은 사회보험과 달리 국가가 전액 부담한다.

양 제도의 구분기준은 무엇보다 수급자의 위험정도에 따른 급여기간이 6개월 미만이냐 혹은 6개월 이상이냐에 따라 구분되며 급여내용에 따라 국가사회보장의 수급자는 현금 및 현물을 동시에 제공받는 반면, 국가사회보험의 수급자는 현물만 지급받는 소득보장제도이다. 두 제도는 모두 「북조선 노동자 사무원에 대한 로동법령」(1946) 및 「사회주의로동법」(1978), 「사회보험법」(1946)을 근거법령으로 실시되고 있으며, 국가사회보장의 경우, 1985년부터 협동농민에게까지 그 대상으로 하여 보장의 포괄적 성격을 지니고 있다.

한편 북한의 국가사회보험 및 국가사회보장의 전달체계는 1946년 제정된 「북조선 노동자 사무원에 대한 로동법령」 제19조에서 언급한 "산업국은 직업총동맹과 함께 노동자, 사무원들의 보험에 대한 규정을 작성하되, 거기에는 규정된 사회보험료를 받아들이는 문제 또는

---

33) 사회과학출판사 편, 위의 책, p.533.

보조금, 연금 및 의료상 방조에 대한 규정과 그 한도에 대한 문제를 제정"한다고 하여 산업국과 직업총동맹이 공동으로 사회보험의 관리운영에 대한 제반문제를 협의하였고, 이러한 결과가 후에 제정된「사회보험법」에 반영되었다고 할 수 있다.

북한의 사회보험정책에 관한 두 번째 법령인 1946년「사회보험법」에서는 제11조에서 사회보험 전체의 전달 및 관리운영체계에 대한 노동성(부)장의 관할을 명시하였고, 제6조에서는 "사회보장의 사무는 피보험자의 직장소재 도 및 시, 군 인민위원회가 노동성(부)장의 지도감독 밑에서 이를 집행"한다고 하여 노동성이 상위 집행기관임을 명시하였다.

북한은 사회보험 급부에 관한 분쟁이 있는 경우, 이를 사회보험심사위원회에서 심사를 청구할 수 있게 하고 있다. 사회보험심사위원회는 1, 2차로 구분되며, "제1차 사회보험심사위원회는 시, 군 인민위원회(평양특별시에 있어서는 지구) 단위로, 제2차 사회보험심사위원회는 평양특별시 및 도 인민위원회 단위로 조직된다."고 하고 있다. 사회보험심사위원회 구성은 직업동맹 대표, 노동행정원, 피보험자를 사용하는 고용주 대표, 보험의, 위생감독위원, 기술감독원, 정당, 사회단체 대표로 구성된다고 하고 있다. [34]

또한, 1958년 2월 10일「국가사회보험 및 노동보호관련 사업에 대한 관리기능을 조선직업총동맹 중앙위원회에 부여함에 관하여」라는 상임위원회 정령을 통해 국가사회보험에 관한 관리기능을 조선직업동맹 중앙위원회에 부여하였다. 따라서 북한의 사회보험정책 전달 및 관리

---

34)「사회보험법」1946. 12. 제147조 및 148조 참조. 이철수,『북한사회복지법령집』(서울: 청목출판사, 2003b), p.153.

운영 주체에 대한 핵심은 노동성(부) 노동국은 급여의 법적 기준을 마
련하는 기관이고, 직업총동맹은 지급되는 물자, 급여를 관리, 감독하
고, 각 생산 단위별 사업장에 존재하는 직업총동맹의 단위 조직의 경
우, 보험급여를 직접수급자에게 전달하는 체계인 것으로 판단된다.[35]

〈표 4-2〉 북한 사회보장제도와 사회보험제도의 비교

구분	사회보장제도	사회보험제도
적용기준	영구적 혹은 장기적(6개월 이상) 노동력 상실자 및 기타 무의무탁한 사람들	질병, 산재, 부상으로 인한 일시적 노동능력상실자
적용계층	노동자, 사무원 및 군인협동농장 농민 (1985년 이후)	노동자, 사무원 및 부양가족 (농민은 협동농장에서 실시)
재원조달	국가일반예산	사회보험료에 의한 수입 농민은 협동단체 자체부담
급여종류	•국가공로자연금 •연로연금 •노동능력상실연금 •유가족연금 •영예군인과 영예전상자에게 주는 보조금 •인민군 후방가족 원호보조금	•일시적 보조금 •산전산후보조금 •장례보조금 •의료상 방조비 •휴양 및 요양비
근거법령	•노동법(1946. 6.) •사회보험법(1946. 12.) •국가사회보장에 관하여(1951) •국가공로자에 대한 사회보장 승인에 대하여(1956. 2.) •사회주의노동법(1978. 10.) •협동농민들에게 사회보장제를 실시할 데 대하여(1985)	•노동법(1946. 6.) •사회보험료 수납절차에 관한 규정(1946. 9.) •사회보험법(1946. 12.) •사회주의노동법(1978. 10.)

---

35) 이철수, 앞의 책(2003a), p.112 참조. 이러한 체계는 노동조합이 사회보험체계를 총괄 관리하는 소련의
    모형에 따른 것으로 보인다. 소련에서 사회보험관리체계의 노동조합 관리는, 레닌의 사회보험원칙 중 네
    번째인 자주적 관리의 원칙을 따른 것이다. 정경배 외, 『남북한 사회보장제도 비교연구』(서울: 한국보건
    사회연구원, 1992), p.60.

(3) 북한의 사회보험정책

가) 연금제도

북한의 사회보험정책 가운데 핵심 복지정책이라고 할 수 있는 소득보장제도에는 단기급여 형태인 '보조금'(국가사회보험제) 급부와 장기급여 형태인 '연휼금'(국가사회보장제) 급부가 있다. 단기급여로는 ① 일시적 보조금, ② 산전산후보조금, ③ 장례보조금 등이 있고, 장기급여로는 ① 양로연휼금(노령연금), 유가족 연휼금, ③ 국가공로자연금, ④ 노동능력상실연금(장해연금), ⑤ 인민군 후방가족 원호보조금 등이 있다. 여기서는 남한의 사회보험정책과의 비교 평가를 원활하게 하기 위해 북한의 소득보장정책 범주를 단기와 장기급여로 단순 분류하지 않고 연금제도, 고용관련제도, 산재관련제도로 그 성격 및 내용별로 재분류하여 고찰하기로 한다.

북한 사회보험정책의 급여종류를 규정한 법령들을 제정순서대로 살펴보면, 첫 번째 법령인 「북조선 노동자 사무원에 대한 노동법령」(1946)에서는 노동자, 사무원들에 대한 의무적 사회보험제를 제정한다고 하였고(제18조), 연휼금 및 보조금으로는 일시적 노동능력 상실연금, 임신 및 해산시의 보조금, 장례비보조금, 유가족연휼금 등을 명시하였다. 또한 사회보험료 납부절차는 국가, 사회기업소, 소비조합, 사무소 및 단체에서는 그 부문에 따라서 지불하는 임금의 5~8%를 납부하고, 개인기업소 및 개인 기업주는 임금의 10~12% 범위에서 납부하고, 피보험자는 임금의 1%를 납부하며, 7개월 이상 규정된 보험료를 납부하는 노동자 및 사무원만이 수급의 권리를 갖는다고 하였다.

두 번째 법령인 「사회보험법」(1946)에서는 적용대상과 수급 자격에 대해서는 '모든 노동자와 사무원이 그 대상이고, 보험료를 만 7개월 이상 계속적으로 납부한 피보험자가 사회보험의 수급자격을 가진다.'고 규정하였다. 사회보험 급부의 내용으로는 보조금으로, 일시적보조금, 해산보조금, 장례보조금, 실업보조금 등이 있고, 연휼금의 대상으로는 폐질연휼금(상해연금), 유가족연휼금 등이 있으며, 이 외에 의료상의 방조 등으로 명시하였다. 또한 이 법에서는 재정적 주체의 측면에서 "사회보험행정에 필요한 비용을 국고 및 지방비에서 지출(제13조)"한다고 하여 북한 사회보장정책의 주체를 국가로 명시하였고, 전달체계의 측면에서는 "노동부 및 각 도, 시, 군인민위원회는 사회보험금고를 설치한다."고 하며, 사회보험 급부에 불복할 때는 사회보험 심사위원회에 심사를 청구할 수 있다(제137조)고 하였다.

<표 4-3> 사회보험료 납부기준

구분	보수총액 부담비율	기관 및 단체
사회보험 행정비	•국고 및 지방비에서 지출	•사회보험법 13조
국가 사회단체 기업소	•5% 기여부문	•행정, 문화, 금융기관 등 6개
	•6% 기여부문	•교육, 의료기관, 식료품제조가공업, 여관, 음식업 등 18개
	•7% 기여부문	•섬유, 피복, 제당, 철, 제약, 도금, 수도업 등 23개
	•8% 기여부문	•광업, 석재가구, 어업, 조선, 화약, 채석업 등 30개
개인기업소 및 고용주	•10% 기여부문	•의료, 상점, 사진업 등 17개
	•11% 기여부문	•섬유, 유지, 제재업, 제약, 정미업, 고무 공업 등 20개
	•12% 기여부문	•광업, 건설, 유기합성, 해운, 채석, 하천 운송업 등 20개
피보험자	•보수의 1% 기여	
보험료 연체 벌금	•보수지불일로부터 5일경과 후 납부금액의 0.5%	•사회보험료납부절차에 관한 규정(제4조)

출처: 이철수, 앞의 책(2003a), p.109 <표4-3> 참조.

세 번째 법령인 「국가사회보장에 관하여」(1951)에서는 급여의 대상을 '조국해방전쟁에서 또는 민족독립국가 건설을 위한 투쟁에서 불구로 된 및 사망한 자의 유가족과 연로자에 대하여 국가적 보호를 더욱 강화할 것'을 규정하여 '국가 공로자 연금' 도입을 시사하고 있다. 네 번째 법령인 「국가공로자에 대한 사회보장규정 승인에 대하여」(1956)에서는 국가공로자연금을 명확하게 규정하였으며, 다섯 번째 법령인 「사회주의노동법」(1978)에서는 근로자들을 위한 국가적 및 사회적 혜택으로, 노동능력을 잃은 근로자들에 대하여 국가사회보험제에 의한 일시적 보조금, 국가사회보장제에 의한 노동능력상실연금을 제공한다고 하였다. 여섯 번째 법령이라고 할 수 있는 「협동농민들에게 사회보장제를 실시할 데 대하여」(1985)에서는 협동농민들에게 사회보장제를 확대 실시할 것을 선언하였다.[36]

〈표 4-4〉 북한의 연금제도

구분	주요 내용
법령	① 북조선 노동자사무원에 대한 노동법령: 제18조 ㅁ항(북조선임시인민위원회 결정 제29호 - 1946. 6. 26.) ② 사회보험법: 제1조 ⑧항 ⑨항(북조선임시인민위원회 결정 제135호 - 1946. 12. 19.) ③ 국가공로자에 대한 사회보장규정 승인에 대하여: 제1항 제5항(내각결정 제10호 - 1956. 2. 3.) ④ 사회주의노동법: 제8장 제74조 제75조 제77조 ⑤ 협동농민들에게 사회보장제를 실시할 데 대하여: 제1조(1985. 10. 4. 중앙인민 위원회 정령)
대상	① 유가족 ② 유가족과 피보험자의 노령인 ③ 국가공로자 ④ 모든 근로자 ⑤ 농민

---

36) 북한이 이 시기에 이르러 농민들에게 국가사회보장제의 확대 실시를 선언한 것은 역설적으로 40년 동안 농민계층은 인민복지의 대상에서 배제되었다는 것을 의미한다고 할 수 있다. 이러한 이유에 대해 북한의 경제학자인 리정삼은 "협동농장원들은 협동적 소유에 기초한 공동경리에서 일하고 있고, 또 그들의 노동에 의하여 창조된 사회순소득의 전부가 협동농장의 범위 안에서 처리되는 조건에서 농민들이 국가사회보험 및 사회보장의 대상이 될 근거가 없다. 하지만 협동농장원들의 생활도 다 국가가 책임지고 돌봐 주는 우리나라에서는 농민들에게도 노동자, 사무원들과 같은 국가사회보험, 사회보장제를 실시하고 있다."고 하였다. 리정삼, "우리나라 사회보험 및 사회보장제도의 인민적 성격," 『경제연구』 제3호(사회과학출판사, 1993), p.43.

	급여종류	급여수준	급여조건
급여	•양로연금 I	•완전양로연금	<85년 이전> •일반 노동: 남자 15년, 여자 12년 이상 •힘든 노동: 남자 12년, 여자 10년 이상
		•현금급여: 월 기본생활비의 60~70% 정액(정률)급여	<85년 이후> •근속연한: 남자 20년, 여자 15년 •남자 만 60세, 여자 만 55세 이상
	•유가족연금	•최근 1년간 평균임금의 40~90%	
	•공로자연금	•유가족금: 100% 현금지급(최근 봉급) •노동능력상실연금: 100% 현금지급(최근봉급) •보상연금: 언급 없음. •장례보조금: 3만 원 지급	•국가공로자에 대한 자격 규정이 있으나, 심사기준은 없음. •현재는 훈포장에 따라 결정될 것으로 판단됨.
	•영예군인연금	•노동능력완전상실 1급: 연금(최종급여 사병 100%, 군관 50%, 식량배급(1일－본인 800g), 원호금과 주택무료 제공 •노동능력일부상실(1일 1~2시간 가능) 2급: 연금(최종봉급기준 사병 100%, 군관 50%), 원호금, 식량배급(1일－본인 700g) •노동능력가능자 3급: 연금(최종급여 50%－사병만 해당), 식량배급(1일－본인 700g)	
	•영예군인연금	•경노동가능자 4급: 유급휴가, 무료치료	
	•양로연금 •유가족연금	•1985년 경제사전 및 1985년 합영법시행세칙 제44조, 1992년 합영법시행세칙 제71조에 의거(개인 1%, 고용주 7% 부담)	
	•공로자연금	•유가족금과 노동능력상실연금(사회보험과 동일하다고 판단)보상 연금장례보조금(국가예산에서 조달)	
	•영예군인연금	•국가예산에서 조달	
관리 및 전달 체계	•사회보험 전체 통합운영 •관리운영체계 일원화(사회보험 전체를 노동성에서 총괄 담당) •중앙차원의 정무원 산하 노동성의 사회보험처에서 담당(노동당의 통제와 관여) •지방차원의 각 시도의 인민위원회 노동행정 기관 담당 •보험급부에 관한 결정에 이의가 있는 경우 사회보험심사위원회와 인민재판소에 제소 •직업총동맹 중앙위원회: 사회보험 물자관리단위별 직업총동맹은 급여전달 감독기능 •1999년 외국인투자기업 노동규정에 의하면 보건의의 진단서를 첨부 확인한 후 은행을 통해 수납		

출처: 이철수, 앞의 책(2003a), p.114 〈표 4－4〉 참조 및 재구성.

연금의 종류에 따라 급여수준 및 내용, 전달체계 등을 살피면 다음과 같다.

먼저 양로연휼금이란 일정한 근속 노동연한을 가진 노동자들이 나이가 많아서 일할 수 없게 되었을 때 그들의 생활을 보장해 주기 위하여 국가가 주는 생활보조금을 말하며, 남한의 노령연금과 같다고 할 것이다. 적용대상자는 모든 노동자, 사무원, 군인이며 1985년 이후부터 협동농장 농민까지 포괄하게 되었다. 양로연금은 노동 경력 기간, 즉 근속연한과 연금수급 개시 연령의 조건이 충족되면 대상자들의 근무여하에는 상관없이 양로연금을 받을 권리가 발생한다. 양로연금은 현금 급여형태로 만 18세 이상을 가입대상으로 하여 수급자가 직장근무 당시 받은 월 기본임금의 60~70%를 정액(정율)급여의 형태로 지급받는다. 반면, 수급자의 노동기간이 20년 미만인 경우, 현금급여는 생활의 30~40%가 지급된다. 양로연휼금의 경우 남 60세, 여 55세로서 일정 근속연한을 가지는 자가 수급권을 가진다(「사회보험법」제95~105조).37) 양로연휼금의 대상 및 급여수준은 다음과 같다.

<표 4-5>를 살펴보면 북한은 재직 시의 노동의 종류에 따라 양로연휼금의 연한을 구별함을 원칙으로 하고 있는 것으로 보이는데, 이는 일반적으로 노동의 양과 질에 따른다는 사회주의적 분배원칙을 따르고, 물질적 자극을 유도하려는 의도로 볼 수 있다.

다음으로 유가족연휼금은 대상자의 사망으로 인한 유족의 생계안정을 위해 소득보장을 목적으로 하는 제도이다. 유가족연휼금은 업무

---

37) 북한의 「사회보험법」은 제7장 연휼금에서 제1절은 폐질연휼금, 제2절은 유가족연휼금, 제3절은 양로연휼금을 규정하고 있으나, 양로연휼금에 해당하는 제95조부터 99조는 생략된 채 국내에 소개되었고, 제100조부터 제106조까지가 양로연휼금에 관한 규정으로 되어 있다.

<표 4-5> '연로연금'의 대상 및 급여수준

구분	내용
대상	노동자, 사무원, 농민 등 전 '인민'(농민은 85년에 실시)
자격조건	남자 60세, 여자 55세로서 일정 근속연한을 가진 자
근속연한	•85년 이전 - 일반 노동부문: 남자 15년, 여자 12년 이상인 자 - 힘든 노동부문: 남자 12년, 여자 10년 이상인 자 •85년 이후 - 근속연한이 20년으로 연장 그러나 남녀 및 노동부문에 따른 근속 - 연한 연장기간 확인 불능
급여방법 및 수준	•현금급여: 월 기본생활비의 60~70% 종신지불 •현물급여: 식량 30% + 보충비 100g = 400g

출처: 황진수, "북한 사회보장제도에 관한 연구," 『북방연구』, 제3집(한성대학교, 1993), p.155 <표 3> 인용 및 『사회보험법』(1946) 참조 재구성.

상 재해로 인한 사망의 경우와 관련이 없는 사망의 경우 모두 유가족 부양을 위한 급여가 지급되고 있다. 피보험자가 직무 집행상 사망하거나 또는 직무집행의 질병, 부상에 기인하여 사망하였을 때에는 가입자의 근속연한을 불문하고 그 유가족 1명인 경우에는 최근 1년간 평균 임금연액의 40%, 2명인 경우에는 60%, 3명 이상인 경우에는 90%를 사망 익일부터 월계산해서 매월 지급한다(『사회보험법』 제93조). 반면 근속연한 3년 이상의 피보험자가 직무와 무관한 내용으로 사망하였을 경우에는 급여는 피보험자의 수입에 의하여 생계를 유지하는 유가족에게 지급한다. 사망 등의 경우란 첫째, 피보험자가 사망한 경우, 둘째, 고용 이후 15일 이내에 직무 중 사망한 경우, 셋째, 의료방조 중 사망한 경우, 넷째, 재판소에서 종신실종 판결을 받은 경우이다.

유가족의 범위는 첫째, 만 16세 미만의 자녀(직계비속 포함) 및 형제자매, 둘째, 자녀, 형제자매, 양친, 배우자로서 불구폐질된 자, 셋째, 남자 만 55세 이상, 여자 만 50세 이상의 양친 및 처, 넷째, 보호를 필요로 하는 만 14세 미만의 자녀부부가 있을 때에 그 보호자 등이다.

유가족연휼금 중 직무와 무관한 경우의 급여는 노동종류와 근속연수별로 일시금으로 지급한다. 양로연휼금과 마찬가지로 직무와 무관한 개인 사망의 경우에도 직무등급에 따라 급여액이 다른 것은 일반적으로 노동의 양과 질에 따른다는 사회주의적 분배원칙을 따르고 이와 함께 물질적 자극을 유도하려는 의도로 엿보인다.

국가공로자연금에 대해서는 「국가공로자에 대한 사회보장규정 승인에 대하여」(1956)에서 별도로 적용대상 및 지원내역들을 규정하고 있다. 조선인민민주주의공화국 사회주의 헌법에서는 "혁명투사, 혁명열사 가족, 애국열사 가족, 인민군후방 가족, 영예군인은 국가와 사회의 특별한 보호를 받는다(제76조)."라고 규정하고 있으며, 이들이 국가공로자연금의 적용대상이 된다. 「국가공로자에 대한 사회보장규정 승인에 대하여」에서는 국가공로자연금의 세부급여로 유가족연금, 노동능력상실연금, 보상연금, 장례보조금을 규정하고 있다.

근거 법령인 「국가공로자에 대한 사회보장규정 승인에 대하여」에서는 명시적으로 국가공로자연금의 재정에 대해 규정하고 있지 않다. 하지만 규정된 각각의 연금급여의 성격을 고려할 때 국가공로자연금 내의 유가족연금과 노동능력상실연금은 각각 사회보험법상의 유가족연휼금과 폐질연휼금과 그 성격이 동일한 것으로 보인다. 국가공로자연금은 사회주의 노동원칙에 따른 사회적 위험에 대한 보장기능보다는 '보상'의 기능이 가해진 것으로 볼 수 있다. 이것은 일반적인 사회보험의 원리 가운데, 사회보상의 원리에 입각한 것으로, 사회보상체계가 국가연대성(national solidaritat)의 한 표현이라는 점을 시사한다. 인민군후방가족 원호보조금도 사회보험의 원리에서 보상의 원리에

의해 지급되는 연금이다. 인민군후방가족 원호보조금은 조선인민군
대, 조선인민경비대의 전사, 하사관들의 부양가족 가운데서 생활비를
버는 사람이 없거나 군인의 아내 또는 어머니가 3명 이상의 노동능력
이 없는 사람을 부양하고 있는 경우에 지급되고 있다.[38]

　　나) 고용제도
　　북한에서 고용제도와 관련된 사회보험은 ① 「사회보험법」(1946)상
의 일시적 보조금, 해산보조금, 실업보조금과 ② 「사회주의노동법」
(1978)상의 일시적 보조금과 노동능력상실연금을 들 수 있다.
　　「사회보험법」에서는 사무소의 노동자, 사무원을, 「협동농민들에게
사회보장제를 실시할 데 관하여」에서는 농민을, 「사회주의노동법」에
서는 모든 노동자를 각각 사회보장의 대상으로 규정하고 있어 북한
의 고용관련 대상은 전 인민이 된다고 하겠다.
　　일시적 보조금은 피보험자가 질병, 부상으로 인하여 사회보험의사
의 지시로 휴업하여 임금지급을 받지 못하게 되었을 때 일시적으로
지급하는 급여이다. 아래의 <표 4-7>에서 수급요건과 관련해 7개
월의 가입 요건을 요구하는 것은 휴업기간 중의 보조금의 수령을 위
해 요구되는 최소한의 사회적 기여도 요건을 정한 것으로 보인다. 또
한 급여액이 노동의 유형이나 근무연한에 따라 다른 것은 일반적으
로 노동의 양과 질에 따른다는 사회주의적 분배원칙을 따르고 이와
함께 물질적 자극을 유도하려는 것으로 보인다.[39]
　　노동능력상실보조금(직무와 무관한 폐질연휼금)은 피보험자가 질

---

38) 사회과학원 주체과학연구소 편, 『경제사전Ⅰ』(평양: 사회과학출판사, 1985), p.610.
39) 황진수, 앞의 글, p.17.

병, 부상으로 인하여 사회보험의사로부터 불구폐질자로 인정되었을 때 지급하는 급여이다.

<표 4-6> 일시적 보조금의 수급요건과 급여액

수급요건	급여액(휴업 시의 평균임금을 기준으로)
가입자 중 7개월 이상 사회보험료를 납부한 경우	1급(모범 노동자, 모범 사무원 및 기술자): 전 기간에 걸쳐 75%
	2급(기관수 및 광산의 지하노동자) -근속 1년 미만인 자: 최초 20일간 60%, 이후 65% -근속 1년 이상 2년 미만인 자: 최초 10일간 65%, 이후 75% -근속 2년 이상인 자: 75%
	3급(광산의 일반 노동자 및 공업, 철도, 체신, 수운, 육운, 어로, 토목, 건축노동자, 교원, 예술인) -근속 1년 미만인 자: 전 기간에 걸쳐 60% -근속 1년 이상 2년 미만인 자: 최초 20일간 60%, 이후 65% -근속 2년 이상 3년 미만인 자인 자: 최초 10일간 65%, 이후 75% -근속 3년 이상인 자: 전 기간에 걸쳐 75%
	4급(사무원 및 1~3급 이외의 노동자) -근속 2년 미만인 자: 전 기간에 걸쳐 60% -근속 2년 이상 3년 미만인 자인 자: 최초 20일간 60%, 이후 65% -근속 3년 이상인 자: 최초 15일간 60%, 이후 65%
	5급(비직업동맹원): 최초 30일간 50%, 이후 60%

출처: 「사회보험법」(1946년) 제53조 및 제78조 참조; 이철수, 앞의 책(2003a), p.120에서 재구성.

직무와 무관한 경우임에도 불구하고 근속연수의 산정이 직종에 따라 다른 것은 일반적으로 노동의 양과 질에 따른다는 사회주의적 분배원칙을 따르고, 이와 함께 물질적 자극을 유도하려는 것으로 보인다. 또한 연령별로 근속연수를 다르게 정하고 있는 것은 각 연령대별로 가능한 노동근속경험을 반영한 것이라고 생각되는데 이는 폐질, 즉 장애의 발생이 개인의 노동능력에 미치는 영향은 장기적이고 치명적일 수도 있기 때문에 개인이 노동을 지속할 수 없을 수도 있는 상황에서 그 발생시점에 일률적인 근속연수를 요구하는 것은 불가능하다는 북한 당국의 정책적 판단에 의한 것으로 보인다.

<표 4-7> 직무와 무관한 '폐질연휼금'의 수급을 위한 근속연수

연령	지하, 유해노동에 종사하는 노동자 및 기술자	기타 노동자	사무원
16세 미만	연한 제한 없음	연한 제한 없음	연한 제한 없음
16세 이상 20세 미만	연한 제한 없음	1년	1년
20세 이상 22세 미만	1년	2년	2년
22세 이상 25세 미만	3년	3년	3년
25세 이상 30세 미만	4년	4년	5년
30세 이상 40세 미만	6년	7년	8년
40세 이상 50세 미만	8년	10년	12년
50세 이상	10년	12년	16년

출처: 북한 「사회보험법」(1946년) 제84조 참조.

<표 4-7>을 살펴보면 직무와 무관한 폐질연휼금의 급여에 있어서도 노동종별로 그 급여액을 상이하게 책정하는 것은 일반적으로 노동의 양과 질에 따른다는 사회주의적 분배원칙을 따르는 것이다. 마찬가지로 노동기간의 차이를 두는 것도 상기한 바와 같이 폐질의 발생시점에 개인적 노동근속경험 차이를 고려한 정책적 배려라고 보인다. 마지막으로 폐질의 등급(류)에 따라 급여액을 달리 정하고 있는 것은 장래 노동가능성을 고려한 선택으로 폐질이 개인의 노동능력에 미치는 영향을 고려할 때 당연한 부분이라 하겠다.

해산보조금은 피보험자가 임신 및 해산으로 인해 휴직할 때 지급하는 급여이다. 해산과 관련해 수급요건에서 노동유형별로 차별을 두는 것은 일반적으로 노동의 양과 질에 따른다는 사회주의적 분배원칙을 따르는 것뿐만 아니라, 개인의 노동가능성을 고려한 정책적 배

려도 함께 고려한 것으로 보인다.

실업보조금은 자발적 해직 및 노동규율의 위반 등의 사유 외의 사유로 인해 해고당한 피보험자에게 지급하는 급여이다. 실업보조금의 수급요건 및 급여액을 전술한 일시 보조금의 경우와 동일하다. 다만, 한 가지 특기할 것은 북한이 1978년 사회주의노동법에서 실업이 영원히 없어졌다고 하여 본 보조금이 사실상 사문화되었다는 점이다. 그럼에도 이 급여가 중요한 이유는 실업상태의 노동자에 대한 북한의 인식이 나타나 있기 때문이다.[40]

다) 산업재해보상제도

북한에서 산업재해와 관련한 보장은 대표적으로 폐질연휼금을 들 수 있고, 그 이외에도 직무와 관련한 경우의 유가족연휼금 및 의료상 방조를 들 수 있다. 폐질연휼금과 유가족연휼금 등은 모두 사회보험법상의 제도인데, 제도의 적용대상은 사회보험법의 적용 대상인 노동법령에 의하여 의무적으로 사회보험의 적용을 받는 일체의 노동자 및 사무원이다(군인, 군속은 제외). 또한「협동농민들에게 사회보장제를 실시할 데 대하여」에서를 통해 농민도 그 범위에 포함하고 있어 적용대상이 되는 자는 보험료를 납부하는 전 국민이라 할 수 있다.

산업재해와 관련한 보장의 급여는 직무와 관련된 경우의 폐질연휼금과 직무와 관련된 경우의 유가족연휼금 및 의료상 방조이다. 여기서 각 제도 모두 법제상으로는 직무와 관련된 경우와 직무와 무관한 경우로 나누어 규정하고 있음에도 직무에 관련된 경우만을 산업재해와 관련된 사회보장으로 보는 이유는 일반적으로 산업재해보험이 업

---

40) 황진수, 앞의 글, p.18.

무를 수행하는 과정에서 발생한 질병, 부상 등에 대한 보상으로 보기 때문이다.

직무와 관련된 경우의 폐질연휼금은 전술한 바와 같이, 가입자 중 7개월 이상 사회보험료를 납부한 경우 일단 보험급여의 수급자격이 주어지고, 사회보험의사에게 받은 폐질의 종류에 따라 급여가 지급된다. 구체적인 유형별 급여액은 다음과 같다.

<표 4-8> 직무와 관련된 경우 '폐질연휼금'의 급여액

구분	근속 연한	급여액
1류: 완전노동능력을 상실하여 타인의 간호를 요하는 자(시각장애인, 상하체장애인 등)	무관	평균임금연액의 90%
2류: 일반적인 보통 노동능력을 상실한 자(부분 시작 장애인 등)		평균임금연액의 65%
3류: 불규칙한 노동, 노동시간 단축으로 타 직업에 있어서 노동을 할 수 있는 자(신체장애가 있지만 경노동이 가능한 자)		평균임금연액의 35% (회복 시까지 매월 지급)

출처: 북한 『사회보험법』(1946년) 제82조 및 제85조 참조.

이를 살펴보면, 폐질의 유형(류)에 따라 급여액 기준을 달리 하는 것은 개인의 장래 노동가능성을 고려한다는 측면에서 당연한 것으로 보인다. 또한 직무와 무관한 경우의 폐질연휼금과는 달리 폐질 당시에 일정한 근속연한을 요구하지 않는 것은 직무와 관련한 경우라면 폐질의 발생에 대해 책임을 져야 하는 자는 그 사업장의 사업주일 것인데 이에 대해 노동자의 자격요건을 요구한다는 것은 불가능하다는 사실을 반영한 것으로 보인다.

직무와 관련된 유가족연휼금의 경우에도 직무와 무관한 경우의 급여와 같이 근속연한 3년 이상의 피보험자가 직무와 관계없는 원인으로 사망한 등의 경우 피보험자의 수입에 의하여 생계를 유지하는 유가족에게 지급한다. 사망 등의 경우란 첫째, 피보험자가 사망한 경우, 둘째, 고용 이후 15일 이내에 직무 중 사망한 경우, 셋째, 의료방조 중 사망한 경우, 넷째, 재판소에서 종신 실종 판결을 받은 경우이다. 유가족의 범위는 첫째, 만 16세 미만의 자녀(직계비속 포함) 및 형제자매, 둘째, 자녀, 형제자매, 양친, 배우자로서 불구폐질된 자, 셋째, 남자 만 55세 이상, 여자 만 50세 이상의 양친 및 처, 넷째, 보호를 필요로 하는 만 14세 미만의 자녀부부가 있을 때에 그 보호자 등이다.

급여는 요건을 충족한 경우 근속연한을 불문하고 다음의 금액을 사망익일로부터 월 계산하여 매월 지급한다.

2) 공공부조정책

(1) 북한 공공부조정책의 기본원리

북한의 공공부조정책은 공공부조의 기본적인 6대 원리[41] 가운데, 국가책임의 원리, 최저생활보장의 원리, 무차별 평등의 원리가 가장 잘 반영된 사회보장정책이라고 할 수 있다. 북한의 공공부조정책은 국가책임 하에 인민들의 최저생활 보장을 위해 국가가 재원 및 전달체계의 주체가 되어 무차별적인 평등의 원칙에서 일차적인 사회안전망 역할을 하는 사회주의 일반의 사회보장체계이다.

---

41) 공공부조는 일반적으로 국가 또는 지방자치단체가 모든 구성원들의 균질한 삶의 보장 및 경제적 자립을 위한 제도의 기능을 유지하기 위해 복지권 보장의 원리, 국가책임의 원리, 최저생활보장의 원리, 무차별평등의 원리, 보충성의 원리, 자립조장의 원리 등 6가지 기본원리를 제시하고 있다. 김종명 외, 앞의 책, p.262 참조.

일반적인 공공부조정책은 재난구조와 빈민구제를 목적으로 하는 사회보장 체계이지만, 북한은 배급제가 계층별로 세분화되어 있고 사회통제의 주요 수단으로 기능하고 있다는 것이 그 특징이다.[42] 북한의 공공부조정책은 식·의·주 배급제와 무상의료보장체계로 대별된다. 식·의·주 배급제와 무상의료보장체계는 수급자를 중심으로 판단할 때, 기초가계생활 보호 기능을 한다는 점에서 북한의 1차적인 사회안전망 제도라고 할 수 있다.

북한의 식·의·주 배급제는 국가 책임 하에 인민들에게 생활의 가장 기본적인 3대 생존요소인 식·의·주를 공급하는 사회주의의 분배방식이다. 북한은 사람들의 물질문화적 수요는 사회제도의 제약을 받는다고 전제하며, 자본주의 사회에서 근로인민대중은 물질적 부의 창조자로 되지만, 향유자로 되지는 못하기 때문에, 착취제도와 착취계급이 없는 사회주의 제도 하에서만 근로대중의 기본적인 물질문화적 수요가 보장된다고 주장한다.[43] 식·의·주 배급제는 국가책임 하에 제도적으로 실시되기 때문에 인민들의 욕구나 분배에 대한 참여과정이 차단된 채 국가의 능력에 따라 보장된다. 따라서 국가의 경제력이나, 정치사회적인 이유로 전달체계가 그 기능을 유지하지 못할 경우, 인민들의 기초적인 1차생활안전망이 붕괴될 수 있다는 한계요인을 내포하고 있다.

실제로 북한의 배급제는 1946년 실시 이후 경제성장에 따라 그 양

---

42) 북한의 사회통제는 법적, 이데올로기적, 물적 통제로 이루어진다. 법적인 통제는 헌법의 상위규범 역할을 하는 '당규약', '교시' 및 담화 등을 통해 이루어지고, 이데올로기적 통제는 '주체사상', '선군사상' 등 통치담론을 통해 통제되며, 물적 통제는 배급제를 통해 통제의 수단으로 기능한다. 정영철, "북한의 사회통제와 조직생활의 변화," 『북한의 사회』(서울: 경인문화사, 2006).

43) 최용남, "인민들의 물질문화적 수요에 영향을 주는 요인." 『경제연구』 제2호(사회과학출판사, 2008), p.27.

과 질이 향상되어 왔지만, 1990년대 중반 이후부터 이른바 '고난의 행군' 시기가 시작되면서 배급제가 사실상 붕괴되기 시작했고, 2002년 '7.1경제관리개선조치' 이후에는 부분적인 시장의 기능이 국가독점의 배급제의 기능을 대체하고 있는 실정이다.

북한 사회보장정책의 또 다른 큰 특징 중의 하나인 의료보장체계는 현급 급여가 아닌 대부분 직접적인 의료급여가 제공되기 때문에 별도의 북한적 사회보장정책의 '현상' 중의 하나로 분류되기도 하지만, 전 인민들을 대상으로 '무상'으로 의료보장을 한다는 점에서 공공부조정책으로 분류할 수 있다. 북한의 보건의료제도는 단일성을 지닌 '국영의료보장체계'가 '국가사회보장형태'로 나타난 것이며, 이 또한 전통적인 사회주의 국가의 의료보장체제라고 할 수 있다.[44]

북한 무상의료정책의 원칙은 ① 전체 주민의 보편적 수혜원칙, ② 보건의료서비스의 포괄성 원칙, ③ 보건의료서비스제공의 국가책임 원칙, ④ 전체주민의 전반적 무상치료원칙, ⑤ 예방의학 사업원칙, ⑥ 보건사업의 인민대중 동원 원칙 등이 있다.[45] 북한의 무상의료보장제도는 북한이 사회주의체제의 우월성과 당과 지도자의 업적을 고양시키기 위한 제도이지만, 이의 효율적인 시행을 위해서는 대규모의 재원, 시설, 인력자원이 등이 필요하다는 점에서 이 제도 또한 1990년대 중반의 경제난 이후에는 그 작동체계가가 원활하게 가동되고 있지 못한 실정인 것으로 파악된다.

---

44) 이철수, 앞의 책(2003a), p.57.

45) 승창호, 『인민보건사업경험: 주체사상의 기치 밑에 새 사회 건설에서 이룩한 경험』(평양: 사회과학출판사, 1986); 이철수, 앞의 책(2004), p.57 재인용.

(2) 북한의 공공부조정책

가) 식·의·주[46] 배급제

북한은 자본주의처럼 개인적인 노동에 대해 생산성에 대응하는 만큼의 물질적 보수를 제공하는 것이 아니라, 개인의 필요에 따라 식량과 생필품을 현물로 지급하는 배급제를 실시하고 있다. 따라서 북한에서 빈민의 존재는 배급제에 의해 상쇄되고 배급제는 빈민의 존재를 적어도 외연적으로는 인정하지 않게 된다. 결국 북한 스스로는 배급제를 통해 공공부조는 물론 절대적 빈곤이 존재하지 않는다고 판단하고 있다. 따라서 북한의 배급제는 기초적인 생활안전망 기능을 하는 동시에 최저생계를 보장하는 역할과 기능을 수행한다고 볼 수 있다.[47]

북한의 공공부조와 관련된 법령을 살펴보면 북한의 공공부조의 대상은 크게 배급제의 대상과 요구호 대상으로 분류된다. 우선 협동농장의 농민을 제외한 전 인민이 배급제를 통해 생활비를 보장받는다("국가 및 사회협동단체, 기관기업소 노동자, 기술자, 사무원들의 생활향상 대책에 관하여," 1955). 요구호대상의 경우 귀국동포 및 월북자("일본에서 귀국하는 조선인민들에 대한 건," 1948), 군인 및 제대군인("제대군인들의 생활안전의 제반 대책을 수립할 데 대하여," 1956), 이재민과 전재민("수재 이재민 구제대책에 대하여," 1951)이 주

---

46) 북한에서는 '의식주'를 '식의주(食衣住)'라고 표현한다. 용어의 어의도 남한의 "사람 생활의 세 가지 요소인 옷과 음식과 집"보다 넓은 의미, 즉 "먹고 입고 쓰고 사는 것[조선말대사전편,『조선말대사전』(평양: 사회과학출판사, 1992), p.1909]이라고 한다. 북한은 자립적 민족경제체제의 한계에서 노정된 먹는 문제가 단순한 경제적인 실무문제가 아니고 심각한 정치사회적 과제로 등장한 것이다. 1987년 4월 최고인민회의 제8기 2차회의에서 확정된 제3차 7개년 계획(1987~1993년)도 "인민생활의 식의주문제를 더욱 원만히 해결하여 인민생활의 획기적인 수준을 높이는 것을 가장 중요한 과제로 삼는다."고 하였다.

47) 황진수, 앞의 글, p.12.

요 대상이 된다.[48]

수급요건의 경우, 국가 배급제는 전 인민이 대상이고 공공부조의 대상자는 해당법령에 적용될 수 있는 대상만이 적용된다. 따라서 배급제는 절대다수의 북한 인민을 대상으로 하는 반면 공공부조의 대상자는 상황에 따라 발생하는 요구호자를 주요 대상으로 한정한다고 할 수 있다.

배급제에 의한 생활 보장은 국가에 의한 식·의·주의 공급을 말하며 구체적인 배급의 내용은 다음과 같다.

〈표 4-9〉 배급제에 의한 생활보장 내용

구분	보장내용	
	경제관리개선조치 전	경제관리개선조치 후
식량	주식은 15일 단위로 배급, 부식은 수시로 구입 정부보조에 의한 식량배급제(1kg당 쌀 52전, 잡곡 30전 보조) 기타 부식 등의 가격보조 일반 노동자의 경우 540~547g 주식배급 1kg당 쌀 0.08원, 옥수수 0.07원	1kg당 쌀 43원(538배 인상), 옥수수 33원(471배 인상) 기타 식품류 40~50배 인상
의복	무료 혹은 염가 제공 노동자: 1년 1~2벌 작업복 무상지급 학생: 1년 2벌 염가지급 기사, 교원: 3~4년에 1벌 양복염가지급 기업소, 공상, 당의 상급: 2년 1벌 양복지급 셔츠, 스타킹, 털모자 등은 자유구매품으로 개인이 구입	의류 공급가격의 현실화 의류 속옷 100배 인상 남자양복은 90원에서 6,750원으로 75배 상승
주택	주택(국가소유) 무료 배급 일반 노동자의 경우 방 1~2개에 부엌 1개의 집단 공영주택에 거주 일반사무원, 노동자 임대료 보조 협동농장원 무료 이용 주택사용료: 수입의 0.03%	주택사용료 인상: 1평방미터당 월 2원 겨울난방비: 월 20원

출처: 이철수, 앞의 책(2003a), p.137 참조.

---

48) 이철수, 『통일한국의 사회복지정책』(서울: 민족통일연구회, 1994), p.25.

<표 4-9>를 살펴보면 첫째, 식량배급은 임금책정과 사회보험 급여와 마찬가지로 노동부문별 체력소모에 따라 지급하고 있다. 또 이러한 분배기준을 중심축으로 하여 여기에 비노동층의 연령과 직종을 대입한 것으로 판단된다. 다만 2002년 '7.1경제관리개선조치' 이후에는 쌀 1kg에 43원으로 가격이 대폭 상승하였다. 이는 경제관리개선조치에 의해 임금상승도 이루어졌지만, 북한의 식량배급이 과거와는 달리 공공부조의 기능을 상쇄하기 시작하게 되었음을 의미하는 것으로 보인다. 둘째, 의류공급은 분배대상에 따른 근무의복을 공급기준의 중심으로 하고, 필요한 생활의복의 경우 염가공급을 추구하는 것으로 보인다. 다만 경제관리개선조치 이후에는 의류 또한 가격이 대폭 상승하게 되어 식량배급과 마찬가지로 그동안 유지하던 무상공급과 저가공급정책을 사실상 포기한 것으로 보인다. 셋째, 주택공급은 경제관리개선조치와 무관하게 아파트와 2~3세대용 연립주택 형태로 거주자의 사회적 신분이나 계층에 따라 각각 달리 지급하고 있다. 주택사용료의 경우 경제관리개선조치 이후에 크게 상승하였는데, 이 또한 식량이나 의복과 마찬가지로 북한이 주택의 저가 보조 정책을 사실상 포기한 것으로 보인다.[49]

요구호자에 대한 급여의 내용은 아래의 표와 같다. 표를 살펴보면 요구호자에 대한 급여는 상기한 바와 같이 여러 대상에 대한 생활보조정책을 그 내용으로 하고 있으나, 배급제나 완전 고용에 의한 빈곤의 해결, 무상의료 및 무상교육의 제공 등을 표방하는 북한의 체제에 의할 때, 그 대상은 일부의 국가공로자만으로 한정되게 되므로 요구호

---

49) 이철수, 앞의 책(2004), pp.138~139.

자에 대한 다양한 급여내용은 사실상 유명무실한 것이라 볼 수 있다.

<표 4-10> 요보호자에 대한 급여내용

구분	급여내용
귀국동포 및 월북자	수용소 수용, 식량배급, 영농자금 대여와 주택 우선보장, 무료 교육, 의료방조, 직업알선 등
군 전사자 및 하전사관들의 부양가족	자가보조금, 농업현물세 15~30% 감면, 취직알선, 무료의료, 식량 우선배급, 가옥세 명세 등
제대군인 및 영예전상자	우선취직 및 취학보장, 토지, 주택, 농기구 보장 등
전재민과 이재민	수용소 보호, 고아의 애호원 수용, 옷감과 양곡의 배급, 현물세 감면 또는 면제, 양곡배급 또는 대여 등
빈농 또는 영세 농민	농업자금융자, 농업 생산활동 보장 및 촉진책 등

재정부담의 경우 '7.1경제관리개선조치' 이전의 배급제는 국가가 무료제공 또는 염가공급을 하였고, 공공부조는 국가의 일반예산에 의해 충당되었다. 그러나 경제개선 관리조치 이후에는 배급품의 가격이 대폭 상승하여 개인의 재정부담이 확대되었다.

배급제는 식·의·주 각 급여의 성질에 따라 각각 전달, 관리되었다. 식량의 경우 각 직장의 경리부에서 식량배급표(양권)를 지급하면 매월 1일과 16일에 배급소에 가서 해당 물품의 공식 가격을 지불하고 배급을 받는다. 의복의 경우 배급소에 가서 개인이 직접 해당 물품의 공식 가격을 지불하고 배급을 받는다. 주택의 경우 국가로부터 주택을 배정받지만 주무기관은 거주지 시·군 인민위원회의 도시경영사업소이다. 특히, 신규주택을 희망할 경우에는 사업소에서 발급하는 주택이용허가증인 입사증을 배정받아 거주한다.

　요구호자의 운영관리체계는 급여의 다양성에 의해 여러 부처가 개
입한다. 즉, 급여의 성질에 따라 중앙정부 차원에서는 노동, 교육, 보
건, 국가계획위원회 등이 관여하고 지방차원에서는 각급 인민위원회
가 관여하는 것으로 보인다.

　나) 의료보장정책
　북한이 사회보장정책 중에서 가장 자신 있게 대외에 내세우고 있
는 제도 가운데 하나가 의료보장제도이다. 의료상 방조가 사회보험법
상의 제도이므로 피보험자 등이 납부하는 사회보험료에 의료상 방조
를 위한 보험료가 포함된다고 볼 여지도 있겠지만, 북한의 의료제도
가 전 인민에 대한 무상의료를 지향하고 있어 의료상 방조의 경우에
도 피보험자의 비용부담은 없고 전액 국가의 일반예산으로 이루어지
는 것이 원칙이라고 보인다. 따라서 북한의 의료보장제도는 사회보험
의 범주이기보다는 독립된 범주라고 볼 수 있으며, 사회보장정책의 3
대 범주로 묶을 때, 공공부조의 분야로 보고, 이를 '북한적 현상' 가운
데 하나로 보는 것이 타당할 것이다. 따라서 본 논문에서는 북한의
의료보장제도를 공공부조의 범주에서 고찰하고자 한다.
　북한의 의료보장에 관한 법령으로는 1946년의 「20개조 정강」, 「전
염병 방역에 관한 결정서」, 「사회보험법」, 「노동자 사무원 및 그 부양
가족에 대한 의료상 방조 실시와 산업의료 실시 개편에 관한 결정서」
가 있고, 1952년의 「무상치료제를 실시할 데 대하여」, 1954년의 「인
민보건사업을 대선 강화할 데 대하여」, 1960년의 「인민보건 사업을
강화할 데 대하여」, 1980년의 「인민보건법」 등이 있다. 북한의 의료
보장정책은 처음에는 「사회보험법」에 의하여 빈민의 무상치료를 규

정하면서 대체로 수혜대상에 있어서 노동자와 사무원을 대상으로 하는 선택적 측면이 있었으나, 1952년「무상치료제를 실시할 데 대하여」에서 수혜대상을 전체인민으로 확대시킴으로써 보편적인 북한의 '인민복지' 정책으로 자리매김되었다.

사회보험법에서 규정하고 있는 의료상 방조는 직무집행상의 질병 또는 부상 등의 경우와 직무와 관계없는 원인으로 인한 질병 또는 부상, 해산 등의 경우로 구분하여 규정하고 있는데, 유족연휼금과 마찬가지로 전자의 경우에는 남한에서의 산재보험(요양급여)과 대응되고 후자의 경우가 남한에서의 의료보험제도에 대응되는 성격을 가진다고 보인다.

북한의 의료제도가 전 인민에 대한 무상의료를 지향하고 있어 의료상 방조의 경우에도 특별한 수급요건을 요구하지는 않는다. 사회보험법에서 직무와 관계없는 질병, 부상 등의 경우에 지급하는 의료상 방조의 내용은 다음 <표 4-11>과 같다. <표 4-11>에서 의료상 방조의 급여는 의료서비스 및 그 비용의 제공, 각종 약재의 제공 등 의료와 관련한 모든 부분을 포괄하고 있는데, 이는 북한이 무상의료의 제공을 표방하고 있음에 기인하는 것으로 보인다. 그리고 사회보험법에서는 의료상 방조의 지급기간과 관련해서 직무와 무관한 질병 등의 경우에는 동일한 질병, 부상 및 이에 기인하는 질병에 대해 그 방조를 시작한 날로부터 3개월(결핵성 질병의 경우 12개월)을 한도로 한다고 규정하고 있다(제119조).

〈표 4-11〉 북한 의료제의 급여내용

구분	급여내용
직무와 관련 없는 질병, 부상	진찰료: 진찰료, 왕진료, 검사료, 처방전료
	약재 또는 치료재료: 콜세트, 입원 중 냉용수 흡입기용 알코올, 흉부습포대류
	처치, 수술 기타의 의료: 처치료, 수술료, 치아의 치료비, 마사지료, 산소흡입 시에는 그 요금 및 기구원료
	입원료
	물리요법, 기타 필요하다고 인정되는 직접 치료비
	요양소 또는 휴양소에 수용되어 있을 때의 비용
해산	산원 또는 병원에 수용되었을 때 및 산원 이외에서 해산하고 지속적으로 진료를 요하는 경우 진료를 제공

북한 의료보장의 전달체계는 의사담당구역제와 의료공급 전달체계로 분류하여 살필 수 있다. 의사당담구역제는 1960년 「인민보건사업을 강화할 데 대하여」에서 처음으로 "예방과 의료봉사의 질을 제고하기 위하여 최근 연간에 도시에서 의사담당 구역제를 완성하며 농촌에서 담당구역 사업을 더욱 강화할 것"이라는 규정이 제정되면서 예방의학 차원에서 도입되었다. 의사담당구역제는 거주지 생활단위를 기본으로 하는 거주지담당제와 생활 활동 단위를 기본으로 하는 직장담당형태로 구분된다.

도시에서는 시구역 병원과 그 아래에 있는 종합진료소들을 기본단위로 하여 실시되는데 대체적으로 주민 4,000명을 기준으로 해서 내과, 소아과, 산부인과, 결핵과 등 기본전문과 의사에 의해 수행되고 있다. 농촌의 경우 군병원과 그 밑에 있는 리인민병원(진료소)이 기본단위로 1개리의 경우, 인구수가 1,500~5,000명인데 의사 1인당 1,000명 내외 정도가 해당된다. 또한 산업지구에서는 공장병원과 공장진료소 등의 말단 단위 병원진료소들을 정하여 실시하고 있다.[50]

의료서비스 공급 전달체계는 의료공급을 국유화함으로 인해 정부가 직접 의료서비스를 담당하고 있다. 먼저 진료체계의 경우 1, 2, 3, 4차 진료기관을 구분하여 4단계로 구성되어 있다. <표 4-12>에 의하면 북한이 의료공급을 국유화함으로 인해 민간 의료기관은 찾아볼 수 없으며 행정단위를 기본으로 의료 공급체계를 구분하고 있는 것으로 보인다. 이러한 의료전달을 책임지는 보건행정조직의 경우 먼저 중앙행정기구로 정무원 보건성이 있으며 지방에는 각 도·직할시에 보건국과 보건처가, 각 시·군 단위의 행정위원회 내에 보건처와 보건과로 구성되어 있다. 이 중 보건성은 의료, 제액, 의생, 방역 등의 사업에 대한 집행 및 감독, 생활 및 노동조건의 개선, 보건사업 발전을 위한 계획 작성과 보건부문의 예산수립 등 국가의 전반적인 국민보건에 관한 업무를 지도·운영하고 있다.[51]

<표 4-12> 북한 의료제의 전달 기관 유형

구분	유형
1차 진료기관	의사담당구역제에 의한 동, 리단위의 진료소
2차 진료기관	시, 군병원
3차 진료기관	각 지방, 도단위의 병원과 의과대학 병원
4차 진료기관	적십자 병원과 평양의과대학병원

---

50) 승창호·이복희 편, 『인민보건사업경험』(평양: 청년세대, 1986); 문옥륜, 『북한의 보건의료제도』(서울: 국토통일원, 1989); 정경배 외, 앞의 책, pp.107~108 참조.

51) 이철수, 앞의 책(2003a), p.150.

3) 사회복지서비스정책

(1) 북한 사회복지서비스정책의 기본원리

사회복지서비스정책은 사회보장정책의 범주 안에서 제공되는 대인적 사회서비스이다. 사회보험정책이나 공공부조정책이 다양한 '사회적 위험'에 대응하여 소득보장을 기반으로 보편적, 균등적으로 대처하는 데 비하여 사회복지서비스정책은 개별적 서비스를 제공한다는 기능적 특징을 갖고 있다. 북한의 사회복지서비스정책은 국가사회보험이나 국가사회보장, 공공부조에 해당하는 식·의·주 배급제 및 의료보장제도에서 보장하는 사회보장 외에 노인, 아동, 여성, 장애인 등을 대상으로 하는 비물질적, 심리사회적 서비스를 주된 내용으로 하고 있다.

북한의 사회복지서비스정책 역시, 사회보험정책이나 공공부조정책의 법령에서 제공하는 기본적인 물질적 급여의 보장 외에 각 서비스의 영역에서 개별 법령에 의해 제공되는 중복적 혹은 추가적인 국가보장의 '인민복지' 혜택을 받고 있다. 분야별 해당 법령으로는 노인복지법령으로 2007년 「연로자보호법」이 제정되었으며, 아동복지를 위해서는 1976년 「어린이보육교양법」이 제정되었다. 여성복지를 위해서는 별도의 법령은 없으나, 1946년부터 「남녀평등권에 대한 법령」을 제정하여 여성복지의 평등성을 일찍부터 강화하였고, 1978년부터는 「사회주의노동법」 등에 의해 여성복지의 체계적인 보장정책을 실시하고 있다. 또한 장애인복지를 위해서는 2003년 「장애자보호법」을 제정하여 장애인들의 정치사회적인 자유와 이익을 건강한 공민과 똑같이 보장하기 위한 제도적 장치를 마련하고 있다.

북한의 사회복지서비스정책 또한 그 정책의 주체는 국가이지만, 개별 사회복지서비스정책 영역이 법률적 욕구뿐 아니라, 요보호의 대상자의 현실적 복지욕구를 중시해야 한다는 일반적 사회복지 원리의 관점에서 볼 때, 제도적인 획일성으로 인해 심리사회적인 욕구는 지지되기 어려운 한계성을 내포하고 있다고 할 것이다.

(2) 북한의 주요 사회복지서비스정책

가) 노인복지제도

북한에서도 60세 이상의 연로자 인구비율이 고령화 사회기준을 넘어섰으며,[52] 인구의 노화에 따른 사회문제를 해결하기 위한 노인복지정책을 전개해 왔다. 북한의 노인복지정책은 1948년 헌법 및 1951년 「국가사회보장에 관하여」, 1978년 「사회주의노동법」, 1980년 「인민보건법」, 1997년 「의료법」 등이 있었으며, 2007년 「연로자보호법」[53]을 제정하여 연로자보호정책을 중점적으로 추진하고 있다.

북한의 제헌 헌법(1948) 제72조에 따르면 "공민은 무상으로 치료받을 권리를 가지며 나이가 많거나 병 또는 불구로 노동능력을 잃은 사람, 돌 볼 사람이 없는 늙은이와 어린이는 물질적 방조를 받을 권리를 가진다. 이 권리는 무상치료제, 계속 늘어나는 병원, 요양소를 비

---

52) 미국 중앙정보국(CIA)의 추산에 따르면 2007년 7월 현재 북한 주민의 평균수명은 71.92세(남자 69.18세, 여자 78.80세)이며 65세 이상 인구는 전체의 8.5%를 차지해 고령인구가 꾸준히 증가하고 있는 것으로 나타났다. 법제처 편, 『2009년 남북 법제연구보고서 II 』(서울: 법제처, 2009), p.119.

53) 2007년 4월 28일 최고위원회 상임위원회 제정으로 공포된 「연로자보호법」은 총 6장 47개조로 구성되어 있고, 각 장은 연로자보호법의 기본(제1장), 연로자의 부양(제2장), 연로자의 건강보장(제3장), 연로자의 문화정서 생활보장(제4장), 연로자의 사회활동보장(제5장), 연로자 보호사업에 대한 지도통제(제6장)의 제목 아래 관련 내용을 규정하고 있다.

롯한 의료시설, 국가사회보험과 사회보장제에 의하여 보장된다."라고 규정하여 연로자에 대한 사회보장 수급권을 인정하고 있다. 또한「국가사회보장에 관하여」에서는 연로자에 대하여 직업보장과 주택보장, 생활필수품의 배급, 양로원 확충 등의 사업 실시를 규정하고 있다. 또한「사회주의노동법」에서도 노동능력이 없고 무의탁한 노인과 불구자들을 국가가 양로원에서 무료로 돌보아 줄 것을 규정하고 있다.

「사회주의노동법」 제74조는 "국가는 남자 60살, 여자 55살에 이른 근로자에게 근로노동 연한을 가진 경우에 연로연금을 준다."라고 규정함으로써 연로자연금 지급기준이 정년을 의미하는 남자 60세, 여자 55세임을 명시하고 있다. 또한 동법 제78조는 "국가는 노동능력을 잃은 돌볼 사람이 없는 늙은이들과 불구자들을 양로원과 양생원에서 무료로 돌보아 준다."고 규정함으로써 독거노인에 대한 시설보호를 규정하고 있다.

북한의 「인민보건법」은 제9조 및 제11조에서 전 공민을 대상으로 한 완전 무상치료의 보장과 노동력 상실자, 어린이, 만성환자, 연로한 환자, 등 특별한 보호를 필요로 하는 사람에게 무상치료의 혜택이 주어지도록 돌볼 의무를 규정하고 있어 북한의 연로자는 인민보건법에 의해서도 보건의료상의 보호를 받는다고 할 수 있다.

서비스의 내용은 부양가족 없는 등의 노인은 양로원시설을 제공하고 월 300g의 양곡배급 및 개인별 작업량 할당 작업을 실시케 하는 것이고 양로연휼금을 받을 근속연수가 미달하는 노인에게는 월 500g의 양곡을 그 자녀에게 추가 지급하는 것이다. 재원은 전액 국가에서 부담하며 서비스의 전달, 관리 역시 노동성에서 직접 담당한다.

나) 아동복지제도

북한의 경우에도 다른 사회주의 국가들과 마찬가지로 조기 집단교육을 통해 공산주의적 인간양성을 위해 정권수립 초기단계부터 영유아보육을 국가의 최우선 과제로 삼고 이와 관련된 정책을 적극적으로 추진하였다. 북한의 아동복지정책은 1947년 제정된 「탁아소 규칙」, 1976년 4월 29일 제정된 「어린이보육교양법」[54] 등에 의해 시행되고 있다. 「탁아소 규칙」은 생후 30일부터 3세까지의 아동을 대상으로 탁아소에서 보육할 것을 규정하고 있다. 1948년에 제정된 「유아상담소에 관한 규정」은 생후 30일부터 3세까지의 아동을 대상으로 유아의 건전한 발육을 보건위생적으로 보호하며 유아 질병을 예방하고 치료할 것을 규정하고 있다. 또한 1949년 제정된 「탁아소에 관한 규정」은 생후 30일부터 3세까지의 아동을 대상으로 유아를 가진 노동 여성으로 하여금 노동 생산성을 제고시키며 정치, 사회, 문화생활에 참가할 수 있도록 건전한 유아를 양육하는 데 방조할 것을 규정하고 있다.

1976년 「어린이보육교양법」의 목적은 "모든 아동을 주체형의 혁명적 새 인간으로 키우며 여성들을 아동 양육의 부담에서 해방시키는 사업을 실현하며, 온 사회를 혁명화, 노동계급화하는 역사적 위업에 이바지한다(제6조)."고 규정하고 있다. 어린이보육교양법의 특징을 살피면 첫째, 북한의 경우에는 어린이들이 주체사상을 신봉함과 사회주의의 발전을 위한 정치적 객체로 인식하고 있으며, 둘째, 취학 전 아동에 대해서만 보육시설 등에서 보육교양하고 있다. 셋째, 형식적인 측면에서 북한의 경우에는 사설보육기관이 존재하지 않기 때문에 영

---

54) 어린이보육교양법은 1976년 4월 26일 최고인민회의 상설회의 결정 제7호로 채택된 이후에 1999년 3월 4일 최고인민회의 상임위원회 정령 제488호로 수정보충되었다. 북한법연구회 편, 『북한법령집』(서울: 북한법연구회, 2008), pp.650~655 참조.

유아의 보육교양에 있어 시설 이용의 차이를 두지 않고 있다. 넷째, 사설보육시설이 없고, 국가기관 주도로 보육시설을 지도하기 때문에 보육서비스의 질적 수준에 차이가 크지 않다. 다섯째, 보육 및 양육비용에 대하여 국가가 전적으로 부담하고 있다.[55]

북한의 아동복지는 아동의 교육과 식생활과 의생활, 건강보호를 주 내용으로 하고 있다. 아동에게 제공하는 교육서비스는 탁아소에서는 생후 30일부터 5세까지의 아동을 6개월 단위로 구분하여 실시하고 있으며, 유치원교육은 1년 단위를 기준으로 하고 있다. 아동복지의 재원은 전액 국가에서 부담하며 서비스의 전달, 관리 역시 정부(보건성)에서 직접 담당한다. 다만, 보육에서 교육과 관련된 서비스의 제공에 있어서는 보건성뿐만 아니라 교육성도 관여한다.

다) 여성복지제도

북한의 여성복지에 관한 법령은, 「남녀평등권에 대한 시행세칙」(1946), 「여성상담소에 관한 규정」(1948), 「산원에 대한 규정」(1949), 「어린이보육교양법」(1976), 「사회주의노동법」(1978) 등이 있다. 북한의 여성복지 대상 체계에 대한 상세한 규정은 없으나, 전 여성을 적용대상으로 하며, 특히 자녀를 가진 여성을 중점으로 하고 있는 것으로 보인다.

「남녀평등권에 대한 법령」이나 「남녀평등권에 대한 시행세칙」에 따르면, 여성은 남자와 동등한 선거 및 피선거권, 남성과 같이 재산을 소유하고 관리할 권리, 남성과 동일한 임금, 사회보험 및 사회보장, 문화생활 향유의 권리, 자유이혼의 권리, 일부다처제의 금지, 공창,

---

55) 법제처 편, 앞의 책, p.85.

사창 및 기생제도의 금지 등을 규정하고 있다. 여성의 건강보호에 관하여는 임산부에 대한 산전산후휴가(150일), 임신한 여성의 야간 노동금지, 여성상담소 운영에 관한 내용들이 있다.

북한의 여성복지에 대한 재원은 대부분 국가에서 부담하며, 행정전달체계는 서비스의 내용에 따라 다양하게 분산되어 있다. 예를 들면 여성의 노동권과 산전산후휴가 등은 노동부에서, 상속이나 재산권, 이혼 등은 인민재판소에서, 건강보호를 위한 의료보장은 보건성에서 각각 관리하고 있다.

라) 장애인복지제도

북한의 장애인복지정책은 1951년 제정된 「국가사회보장에 관하여」 및 헌법, 「장애자보호법」(2003)[56] 등의 법령에 의해 시행되고 있다. 2009년 개정된 북한 헌법은 제72조에서 "공민은 무상으로 치료받을 권리를 가지며, 나이 많거나 병 또는 '불구자'로 노동능력을 잃은 사람, 돌볼 사람이 없는 늙은이와 어린이는 물질적 방조를 받을 권리를 가진다."고 하여 직접적으로 '불구자'라는 장애인의 용어를 헌법에서 명시하고 있다. 2003년 제정된 「장애자보호법」은 장애자보호법의 기본(제1장), 장애자의 회복치료(제2장), 장애자의 교육(제3장), 장애자의 문화생활(제4장), 장애자의 노동(제5장), 장애자보호사에 대한 지도통제(제6장) 등 총 6장과 54개 조문으로 구성되어 있다. 북한의 장애인복지정책은 이 밖에도 「교육법」, 「어린이보육교양법」, 「인민보건법」, 「사회주의노동법」, 「신소청원법」 등에서도 여성 장애인에 대한 차별금지, 장애아동의 보육 및 교양, 장애인의 복지, 장애인의 권리구제와

---

56) 북한은 2003년 6월 18일 최고인민회의 상임위원회 정령 제3835호로 「장애자보호법」을 제정하였다.

관련하여 중요한 내용들을 규정하고 있다.

북한의 장애인복지법의 적용대상은 모든 장애자를 포괄하는 개념으로 주로 전상자나 국가 공로자, 산업재해자 등이다. 장애인 복지의 서비스의 주요 내용은 취업이 가능한 자의 경우, 적합한 직업에의 의무적 취업, 취업이 불가능한 자의 경우 노동합숙소 또는 특수학교 등에의 수용 또는 취업불가능자 중 영농희망자는 영농종사, 정신장애자 및 기타 이유로 보호를 필요로 하는 자는 보양소 등에 수용, 사회보장을 받는 불구자나 그 유가족에 대해서는 식량, 주택 등을 제공하는 것 등이다.

북한 장애인복지정책의 재원은 전액 국가에서 부담하며 서비스의 전달, 관리 역시 정부에서 직접 담당한다. 이때 관련부처는 업무의 성격에 따라 노동성, 보건성, 교육성이 각각 역할을 분담한다고 볼 수 있다.

5. 북한 사회보장정책의 특성과 쟁점

1) 북한 사회보장정책의 특성

지금까지 본 장에서 살펴본 바와 같이 북한의 사회보장정책은 남한을 비롯한 자본주의체제의 사회보장체계와 그 이념, 작동원리, 제도별 법령, 대상, 급여내용, 전달체계 등에 있어 상이한 구조를 가지고 있다. '인민복지' 및 사회보장정책 부문에 있어 '북한적 현상'이라고 일컬을 수 있는 북한의 사회보장정책의 특성을 요약하면 다음과 같다.

첫째, 북한의 사회보장정책은 마르크스의 사회주의 복지이념에 입각하여 '평등한 권리와 공정한 분배'를 목적으로 강력한 '사회주의적 질서의 실현'을 위해 설계된 것이어서 국가사회복지체제의 성격을 지니고 있다. 북한은 「조국광복회 10대강령」에서부터 8시간노동제 실시, 노동자의 보험법 실시(제9조) 등을 '조선인민정부' 수립의 실천 당위로 내세워, 정권 수립 이전인 북조선임시인민위원회 시기부터 「20개조 정강」, 「북조선노동자, 사무원에 대한 법령」, 「북조선남녀평등권에 대한 법령」 등을 제정하여 '복지사회주의(welfare socialism)'의 의지를 분명히 하였다.[57] 따라서 북한은 정권 초기에 이미 사회보장정책 관련 법령의 대부분을 마련하였으며, 이것은 북한 사회복지 이념을 정책적으로 승화하여 제도의 수준에서 보장하기 위한 '법적 수단'이자 '법적 공간의 확보'였다[58]고 할 수 있을 것이다.

둘째, 북한의 국가사회복지체제는 정권 수립 이후 20여 년간은 마르크스-레닌주의 통치이념에 의한 국가보장체제였으나, 1970년대를 전후하여 주체사상이 등장하고 온 세상의 김일성주의화가 주창되면서 수령에 의한 보장으로 변질되었다. 이것은 사회정책의 변천동인이 정치사회적 요인뿐 아니라 국가정체성의 변화요인에도 영향을 받은 것으로 수렴론의 '북한적 현상' 가운데 하나라고 할 것이다. 북한은 1980년대 중반부터 '사회정치적생명체론'을 내세워 '평등한 권리와 공정한 분배'의 사회주의 복지와 '국가적 시책'의 인민복지를 수령에 의한 시혜로 변전시켰다. 이로써 인간의 기본권이자 생존권인 복지가

---

57) 북한의 당 공식 당사(黨史)인 『조선로동당력사』(2006년판)는 "이 법령에 의하여 식민지적 강제로동을 영원히 끝장내고 로동자, 사무원들에게 8시간 로동제와 동일한 로동에 대한 동일한 임금제, 유급휴가제와 사회보험제를 비롯하여 로동과 휴식에 대한 민주주의적 자유와 권리가 보장되게 되었다."라고 하여 이 시기의 사회보장 관련 조치들이 반제반봉건을 위한 민주개혁 조치들임을 주장하고 있다. 조선로동당 중앙위원회 당력사연구소, 『조선로동당력사』(평양: 조선로동당출판사, 2006), p.153.

58) 이철수, 앞의 책(2003a), p.158.

북한에서는 '우리식 사회주의'로 포장되어 구성원들의 비복지적 상황을 정당화하는 통치기제에 종속되었다.

셋째, 북한의 사회보장정책은 국가사회보험과 국가사회보장이라는 양대 축으로 축조되었다. 이는 구성원들의 복지가 기본적으로 개인주의에 입각한 잔여적 모형의 자본주의 복지체계와 크게 차별화된 것으로 국가가 구성원들의 복지를 전면적으로 보장하는 규범적, 보편적 복지체계임을 나타낸 것이다. 북한의 국가사회보험과 국가사회보장을 핵심으로 하는 사회보장정책 체계는 이후 50년간 큰 변화 없이 전개되었다. 이는 제도의 완벽성을 의미한다고 하기보다 이들 제도가 소득보장, 고용제도, 각종 사회복지서비스 등 사회보장정책 범주의 전 영역을 망라한 포괄성을 지니고 있고, 급여의 내역 또한 통상임금에 기초한 정률지급형태를 규정하고 있기 때문으로 보인다. 2000년대에 들어 북한은 장애자보호법, 연로자보호법 등을 제정하여 사회복지서비스의 영역과 내용의 보편성을 기하고자 하였으나, 그 근본적인 정책 토대는 국가사회보험과 국가사회보장 정책을 크게 벗어나지 못하고 있다.

넷째, 북한의 사회보장정책이 원칙적으로는 적용대상의 포괄성과 보편성을 강조하고 있음에도 노동자, 사무원들을 중심으로 설계되어, 농민의 경우 40년간 복지혜택에서 소외되어 있다가 1985년에 와서야 기존 제도들의 가입이 가능해졌다는 것이다. 이는 사회주의체제의 핵심계층인 노동자, 사무원들은 소유형태에 있어 국가소유의 계층으로 생산의 분배에 따른 통제 및 동원이 가능한 집단이기 때문에 우선시했던 것으로 판단된다. 농민의 경우 협동적 소유형태로 남아 있고, 이 시기에 이르러 전 인민적 소유 형태로의 전환을 강조하면서 농민 계

층 또한 사회보장 제도권 속에 포함시켰으나, 이는 그동안 북한의 복
지체계가 '평등한 권리와 공정한 분배'를 완벽하게 시행하지 못했던
것으로 판단된다.

다섯째, 내용적인 측면에서 북한의 사회보장정책은 사회주의적 이
념원리에 기초하여 보험의 성격보다는 공공부조로서의 성격을 강하
게 가지고 있는 것으로 보인다. 무상의료제, 식·의·주 무상배급제
등은 전 인민에 대한 평등주의와 사회주의형 보편주의를 적극적으로
실현한 정책으로 판단된다. 국가사회보험이나 국가사회보장의 경우
에도 수급자들에게 각종 보조금 및 연휼금을 '세금이 없는 조건에서'
정률지급하고 있어 사회부조의 성격을 강하게 내포하고 있다고 할
것이다.

여섯째, 2002년 이른바 '7.1경제관리개선조치' 이후 북한의 사회보
장정책도 경제난 등으로 인하여 몇 가지 변화의 징후들이 보이고 있
다는 것이다. 우선 제도에서 명시한 급여들이 존재하고는 있지만, 이
러한 급여들의 수급은 사회계층별로 차별화 현상이 있다는 것이다.
즉, 동일한 수급조건에 해당된다 할지라도 특권층일수록 수급이 용이
하다는 것이다. 고유한 수급조건인 사회적 위험에 해당되지만 당원
여부, 훈장 수상 여부 등 북한 사회의 계급과 계층에 따른 우선 수급
현상이 나타나고 있다. 이것은 국가공헌도에 따른 급여수준의 추가적
혜택으로도 볼 수 있지만, 복지행위의 순수성을 왜곡시키는 것으로
결국 이것은 가입자에 대한 강제적 노동유인책으로 작용하는 측면이
있는 것이다.

북한의 사회보장정책은 '평등한 권리와 공정한 분배' 이념, 각종
법령을 통한 제도의 완비성, 전 인민을 대상으로 하는 적용의 포괄성

등 복지국가가 추구하는 보편주의적 특성을 상당부문 지니고 있지만, 오랫동안 지속되는 경제난 등으로 인하여 배급제의 유명무실과 무상 치료제의 균열 등 사회보장정책 전반에 걸친 심각한 '장애'가 발생하고 있다고 할 것이다. 이는 경제력이 '안받침'되지 않는 복지는 결국 정치적 수사에 불과한 것임을 보여 주고 있다.

2) 북한 사회보장정책의 쟁점

북한의 사회보장정책 역시 60여 년간 독자적인 체계를 유지해 오면서 다양한 쟁점을 생산하고 있다. 가장 원론적인 쟁점 가운데 하나는 북한의 노동정책이다. 복지국가의 보편적 기준이 '완전고용과 사회보장 등의 정의를 실현하는 국가'를 의미한다면, 북한은 모든 근로자가 국가가 배정해 주는 일자리에서 노동활동을 하도록 되어 있는 만큼 완전고용사회라고 할 수 있을 것이다. 북한의 「사회주의노동법」 제9조는 "사회주의하에서의 모든 근로자들은 노동에 대한 권리를 가진다. 조선민주주의인민공화국에서는 실업이 영원히 없어졌다. 모든 근로자들은 희망과 재능에 따라 직업을 선택하며 국가로부터 안정된 일자리와 노동조건을 보장받는다."라고 규정하고 있다. 또한 북한은 노동을 "모든 물질적 및 문화적 재부의 원천이며, 자연과 사회와 인간을 개조하는 힘 있는 수단이다. 사회주의, 공산주의는 수백만 근로대중의 창조적 노동에 의하여 건설된다."[59]라고 정의하며, 노동을 전 공민의 권리이자 의무로 규정하고 있다.

---

59) 「사회주의노동법」 제2조, 이철수, 앞의 책(2003b), p.179.

김일성은 북한의 인민정권 수립과 사회주의 혁명과 건설이 성과적으로 진행된 데는 노동행정일군들의 투쟁업적이 깃들어 있다고 전제하고, 사회주의노동법을 관철하기 위해 사회주의분배원칙, 사회주의적노동보수제를 철저히 실시해야 한다고 강조하였다.

"사회주의적노동보수제를 실시하는 데 있어 중요한 것은 근로자들이 노동의 양과 질에 따라 생활비와 상금, 장려금을 정확히 받도록 하는 것입니다. 사회주의적노동보수제를 옳게 실시하기 위해서는 무엇보다도 노동정량을 바로 정해야 합니다. (……) 노동정량이 높아지는 데 따라 노동자들의 생활비와 상금, 장려금을 높여 주면 노동자들 자신이 기술혁신을 하며 노력과 자재를 절약하고 더 많이 생산하기 위하여 적극 노력할 것입니다."[60]

북한에서의 복지는 노동의 양과 질에 따른 사회주의분배원칙에 입각한 '분배'의 몫을 국가가 보장하는 것으로부터 출발한다. 그 외에 '추가적으로 국가적 및 사회적 혜택'으로 받게 되는 상금, 장려금 등은 '인민복지'에 해당하는 것이다. 북한의 사회보장정책은 이것을 보장하기 위한 법적, 제도적 장치인 것이다. 그러나 모든 사업을 '사람과의 과업'으로 규정한 북한의 노동정책은 근로자들의 노동생활을 '하나는 전체를 위하여 전체는 하나를 위하여'서 조직화하고, 초과달성을 위한 군중노선으로 천리마운동, 3대혁명붉은기쟁취운동 등 각종 속도전에 동원함으로써 근로자의 복지 욕구를 제한하고, 복지 수요의 원천축소 현상을 발생하고 있는 것이다. 이는 북한 사회보장정책의 양면적 문제로, 사회주의의 이상과 현실과의 괴리를 말해 주는

---

60) 김일성, "사회주의로동법을 철저히 관철하자," 『김일성저작집』 제34권(평양: 조선로동당출판사, 1979), p.412.

상징적 상황 가운데 하나라고 할 것이다. 북한의 사회보장정책 가운데 또 다른 쟁점은 자립적 민족경제의 토대 속에서 인민복지의 실현 가능성 문제일 것이다. 북한은 사회주의체제의 이념적 특성상 거의 완전한 국가사회보장체제를 구성하고 있지만, 이념과 정책의 현실이라는 간극 속에서 사회보장정책 기능의 무력화 현상이 나타나고 있는 것이다. 북한은 1960년대 초반부터 자립적 민족경제노선과 군사·경제 병진노선을 경제 분야의 주요 정책노선으로 견지해 왔다. 사회주의 유일지배 체제인 북한의 경우, 자립적 민족경제건설이라는 목적의식적 행위 동기는 북한 경제학 전반에 대하여 일정한 규정력을 갖는다고 할 수 있다.[61] 자립적 민족경제노선은 1962년 10월 최고인민회의 제3기 제1차회의에서 공식적으로 제기된 후 2010년 현재까지[62] 북한의 일관된 경제정책노선으로 강조되고 있다.[63]

자립적 민족경제노선은 1980년대 이후 경제난의 심화와 에너지 사정의 약화로 외국인의 국내투자를 유도하기 위해 합영법을 제정하는 등 일시적인 대외경제협력을 모색하며 정책변화의 움직임을 보이기도 하였다. 그러나 북한은 경제개방으로 인한 체제붕괴의 부담 때문에 폐쇄적 체제의 정당성을 주장하는 정책의 논리로 자립적 민족경제노선

---

61) 박순성, "북한의 경제학체계 개관," 『동아연구』 제33집(서강대학교 동아연구소, 1997), p.262 참조.

62) 김정일은 연평도 사건 이후, 함경북도 지역의 현지지도에서 자립적 경제노선을 고수해야 한다고 강조한 것으로 전해졌다. 김정일은 2010년 12월 6일 함북 청진시 김책제철연합기업소를 방문한 자리에서 "간구한 투쟁을 통해 진리성과 생활력이 확증된 자립적경제로선을 변함없는 생명선으로 틀어쥐고 나가야 한다."고 말했다. 또한 김정일은 이 자리에서 "주요 경제부문의 자립성 강화로 우리는 어떤 환경에서도 자기 자원, 자기 기술로 자립적 경제를 발전시킬 수 있게 됐다."고 밝혔다. 「연합뉴스」, 2010년 10월 9일. http://www.yonhapnews.co.kr(검색일: 2010. 12. 14.)

63) 자립적 민족경제노선은 조선로동당 공식문헌인 당사(黨史)에서 언급하고 있는 바와 같이 처음 수정주의자들의 사회주의 '통합경제' 노선과 대국주의적 경향인 '경제협조'와 '국제분업'의 주장에 대응하여 "매개 나라가 평등과 호혜의 원칙에서 나라들 사이의 경제발전을 견결히 주장"하기 위해 도입되었다. 조선로동당 중앙위원회당력사연구소, 앞의 책(2006), p.323 참조.

을 견지하고 있는 것이다. 자립적 민족경제노선의 고수에 따라 7.1경제조치 이후에도 북한의 사회보장제도는 심각한 경제난과 함께 제 기능을 다하고 있지 못하다는 것이 통설이다. 북한이 식량국가관리제[64]와 같은 새로운 조치들을 취하고 있지만, 북한 주민들은 국가사회보장에 대한 신뢰를 갖지 못하고, 통제를 벗어나 '장마당' 등 새로운 경제환경에 적응해 나가고 있는 것이다. 북한의 사회보장정책이 60년간 큰 틀의 변화 없이 지속되고 있는 것은 제도의 '완벽성'이기보다는 '물질적 자극' 없이 '도덕적 자극'만으로 제도의 개혁을 수반하기 어려운 '우리식 사회주의'체제의 상징적 모순 가운데 하나일 것이다.

북한의 사회보장정책 또한 국가 예산 가운데 국방비의 과도한 부담이 북한 구성원들의 삶의 질을 제약하고 '인민복지'의 발전을 지체시켜 왔다는 점에서 사회복지비 예산 비중의 적절성 쟁점을 비껴갈 수 없을 것이다. 북한은 남한보다 전체 경제에서 국방비가 차지하는 부담이 훨씬 과중할 수밖에 없는 구조적 특성을 가지고 있다. 한반도의 특수한 적대체제하에서 경제규모에 비해 과도한 국방비 부담을 지속적으로 해야 하는 북한의 특수성, 정체상태에 있는 경제를 활성화시키기 위해 더 많은 투자를 해야 하는 경제개발비의 중요성 측면에서 북한의 사회복지에 대한 전망은 어두울 수밖에 없는 것이다.[65]

---

64) 2005년 10월부터 실시된 제도로 식량을 시장에서 거래하지 못하고 오직 국가만이 공급할 수 있는 제도이다. 과거 식량을 포함한 생활필수품이 국가의 배급에 의해 통제되었다는 점에서 배급제와 유사하다고 볼 수 있다.

65) 김연명. "남북한 사회복지 50년의 성과와 전망." 『사회복지정책』 창간호(한국사회복지정책학회, 1995), p.97.

제 5 장

남북한 사회보장정책의 비교와 평가

1. 이념 및 작동원리 비교

1945년 해방에 이은 분단과 함께 한반도의 남쪽과 북쪽은 자본주의와 사회주의라는 서로 다른 이념체제를 지향하는 2개의 국가로 분절되었다. 동일한 역사, 동일한 국토의 토대 위에서 1민족 2국가체가 출범한 것이다. 이는 단순히 오랜 기간 하나의 국가로 유지되었던 한 민족이 두 개의 국가로 나뉘었다는 것만을 의미하는 것이 아니라, 그 체제에 이산(離散)된 구성원들이 이데올로기의 울타리에 갇혀 전혀 다른 사회정책에 따라 전혀 다른 방식의 삶을 살게 되었음을 의미한다. 이는 다른 한편으로 역사적 관점에서 단일 국가를 형성해 왔던 우리 민족이 근대화로 넘어가는 과정에서 제국주의 세력에게 침략을 받아 좌절되었던 근대국가 건설이 다시 실패했다는 것을 의미한다고도 할 수 있다. 이러한 관점에서 본다면 아직까지 분단을 극복하고 있지 못한 우리 민족은 여전히 단일 근대국가를 완성하지 못하고 있는 복지적 관점에서의 '결손국가(broken state)' 상태에 있다고 할 것이다.

남과 북은 분단 과정, 혹은 분단 이후 상이한 국가체제를 유지하며 각기 '복지국가'의 지향과 확립을 국가 존립의 목표 가운데 하나로 해 왔다. 그러나 분단 이후, 남북 구성원들이 체감하는 가장 이상적인 복지국가의 완성은 역설적이게도 민족의 재결합에 의한 '통일'에 있음이 공감되고 있으며, 그 통일의 형태인 통합한국은 외형적인 정치·경제체제의 통합뿐 아니라, 분절의 내용적 주된 요인이었던 복지 이념의 통합으로 실현될 수 있다고 보는 것이다. 현상적으로 본다면 현재의 남북한은 실질적으로 독립적인 두 개의 국가로 분단되어 있으면서도 진정한 '복지국가'로서 서로 합쳐지기를 지향하는 특이한 형태로 존재하고 있다고 할 것이다.[1] 따라서 이 논문은 남북한이 각기 구성원들의 복지실현을 위하여 추구했던 사회정책 가운데 하나인 '인민복지'와 '사회복지'의 '종자'라고 할 수 있는 복지이념에 대해 고찰하였고, 본 절에서는 이를 다시 보편성 원리의 측면에서 비교 평가하고자 한다. 이를 통하여 남북사회보장정책의 이념적 지류라고 할 수 있는 운영원리 및 작동체계의 유사점과 상이점을 추출하여 통합사회보장정책의 함의를 살피고자 하는 것이다.

남과 북은 분단 이후 국가의 발전과정에서 각기 모두 산업화와 경제발전을 추구함과 동시에 구성원들의 삶의 질 향상을 위해 사회보장제도를 도입했으나 그 출발에 있어서는 전혀 다른 이념적 관점에서 지향점을 달리하였다고 할 수 있다. 남한의 사회복지는 사유재산제도의 기초 위에서 자유경쟁의 원칙에 따라 사회정의의 실현을 위한 보완적 정책으로 추진되어 왔으나, 북한의 인민복지는 주민들의 복지 증진을 위한 모든 수단을 국가가 독점하고 있는 조건하에서 국

---

1) 이우영, 『남북한 비교론』(서울: 체제통합연구회, 2009), pp.179~180.

가가 전적으로 책임을 진다는 국가복지체제의 원칙에 기초하고 있었다.[2] 이에 따라 남한의 경우에는 '선성장 후분배[3]'의 경제개발정책 하에서 소외된 계층을 보호하기 위한 잔여적 개념의 형태로 사회보장정책이 도입되었고, 반면 북한에서는 '선분배 후성장'을 전제로 한 보편적 개념으로서의 사회보장정책이 도입된 것이다.

북한은 헌법에서 "조선민주주의인민공화국은 인민들의 물질문화 생활을 끊임없이 높이는 것을 활동의 최고 원칙으로 삼는다."고 규정하고 있다.[4] 이에 따르면 북한사회는 사회복지의 실현을 존재이유로 하는 사회체제라고 할 수 있으며, 따라서 사회복지는 북한사회의 일종의 체제이념적 기능을 하고 있다.[5] 즉 북한의 경우에는 체제성립과 동시에 대부분의 사회보장 관련법과 제도가 완비되었으며, 이후의 과정은 사회주의체제 공고화와 함께 제도의 외형적 양적 확충에 매달렸다고 할 수 있다.

이렇게 상이한 체제와 출발점을 가진 남북한의 사회보장정책은 그 기본이념과 작동원리에 있어서도 대립적인 성격을 가지고 있다고 할 수 있는데, 이를 도표로 표현하면 아래와 같다.

---

2) 정석홍, 『남북한비교론』(서울: 사람과 사람, 1997), p.259.

3) 이러한 정치적 구호가 사회보장제도의 도입기에 논의되었던 것은 아니다. 이는 1980년의 민주화투쟁 과정에서 촉발되어 2000년 이후에 '재분배'에 대한 논의와 함께 대중화되었다.

4) 조선민주주의인민공화국사회주의헌법(1992년 4월 9일 최고인민회의 제9기 3차회의에서 채택) 제25조. 북한연구소 편, 『북한총람(1983~1993)』(서울: 북한연구소, 1994), p.1074. 같은 조항에서 "국가는 모든 근로자들에게 먹고 입고 쓰고 살 수 있는 온갖 조건을 마련하여 준다."고 국가의 인민에 대한 의무를 보다 강조하고 있다.

5) 박순성, 앞의 책, p.11.

<표 5-1> 남북한 사회보장제도의 이념 비교

남한	북한
개인주의	전체주의
선별주의	보편주의
잔여적, 보충적 복지	제도적, 규범적 복지

남한의 사회보장제도는 개인주의, 선별주의, 잔여적 개념을 기본이념으로 하고 있어 사회보장의 확대에 있어서는 최소한의 영역에 대한 최저의 보장을 기본으로 하고 있다고 할 수 있으며, 사회보장제도를 통한 재분배 효과 역시 비교적 낮다고 할 수 있다. 이에 반해 체제 이념적 성격이 강한 북한의 사회보장이념은 전체주의, 보편주의, 평등한 권리로서의 의미를 가지며 이는 최초의 체제 성립기부터 사회를 지탱해 주는 지지기반이 되어 주었다. 따라서 남북한의 사회보장 이념은 극단적으로는 대립적인 이념적 구조를 가지고 있다고 표현할 수 있다.

이러한 이념적 대립성으로부터 발생하는 사회보장정책은 그 작동원리에 있어서도 대립적인 성격을 가지게 되는데, 남한의 경우에는 필연적으로 효율성의 논리에 입각하여 제한적인 대상에 대해 최소한의 급여를 수급자의 개인적 노력을 대가로 하여 각각의 제도에서 개별적으로 지급하는 방식을 고수하게 하였다. 즉 대상자에 대한 엄격한 심사와 최저의 보장수준, 수급자의 기여도에 따른 보장수준, 그리고 개별 제도들의 개별적 지원과 중복금지 등의 특성을 가지게 된 것이다. 이에 반해 북한의 경우에는 모든 대상자들에 대해 적정한 수준의 급여를 수급자의 기여도와는 상관없이 포괄적으로 급여를 지급하는 방식으로 구성되어 있다. 북한의 사회보장은 인민의 적절한 수준을 포괄적으로 보장하는 것을 목적으로 하고 있는 것이다.

<표 5-2> 남북한 사회보장제도의 구성요소

구분	남한	북한
체제이념	개인주의, 시장경제주의	집단주의, 계획경제의 원리
정책의 담론화 (정책화)	헌법 제34조, 모든 국민은 인간다운 생활을 할 권리를 가진다. 국가는 사회보장·사회복지의 증진에 노력할 의무를 진다.	헌법 제25조, 국가는 모든 근로자들에게 먹고 입고 쓰고 살 수 있는 온갖 조건들을 마련하여 준다.
법령제정 (제도화)	최소한의 보장에서 출발 (경제발전에 따른 법제도 확충)	인민의 권리로서의 복지 (체제성립 시에 제도완비)
전달체계 (현실화)	제한성, 최소성, 자기부담금의 의존성, 분립성	보편성, 적절성, 수혜자의 무기여, 민주적 관리체계

다만 남한은 경제발전과 함께 사회적 요구에 의한 사회보장 영역과 급여의 확대를 통하여 '최소한의 복지'라는 개념에서 '적정한 수준의 복지'라는 개념적 이동이 이루어지고 있는 형태이며, 이와는 반대로 북한의 경우에는 사회보장이 '주체사상'에 의해 북한의 특유의 형태로 퇴화함에 따라 '인민의 권리'에서 '수령의 은혜'로 변질되어 버렸다고 할 수 있다. 또한 지난 반세기 동안에 급격한 경제발전을 이룩해 오며 사회보장의 양적 확대도 함께 이루어졌던 남한에 비해, 경제적으로 고립되어 있던 북한은 체제성립시기부터 구축되었던 사회보장의 체계가 심각한 '장애'에 직면해 있는 실정이라고 할 것이다.

2. 운영체계 비교

남북한 사회보장정책의 운영체계는 체제의 상이성에서 오는 '이념의 제도화'라는 측면에서 각기 다른 구조와 형태로 운영되고 있다. 남한의 사회보장정책의 운영체계는 자유민주의와 개인주의, 시장경제라는 국가의 기본 체제이념을 원리로 하여, 구체적, 법률적 근거로는 「사회보장기본법」(1995)을 법적인 중심으로 하여 작동되는 체계이지만, 「사회복지사업법」(1970)에 의해 상호 보완적 역할을 하는 이원 구조적 체계라고 할 수 있다.

이에 반하여 북한은 사회주의와 집단주의, 계획경제라는 국가의 기본이념을 바탕으로, 「사회보험법」(1946) 및 「사회주의노동법」(1978) 등 법령에 의해 운영되고 있지만, 주체사상이 등장하면서 정권출범 초기의 사회주의 일반의 복지이념과 작동체계는 상당부분 변용되었다고 할 수 있다. 앞서 본 논문의 제4장에서 고찰한 바와 같이 북한의 사회보장정책은 정권수립 초기에는 '평등한 분배와 공정한 분배'라는 마르크스주의 복지이념에 입각한 '국가에 의한 보장'체계로 출범하였으나, 자주노선과 주체사상이 등장하면서 국가성격의 변용에 따라 '지도자(수령)에 의한 보장'으로 그 복지의 성격이 변형되었다.

북한의 통치이데올로기의 변용은 사회보장정책에도 그대로 전이되어 '인민복지'의 운영체계는 외형적으로는 헌법 및 법령 등 제도적 장치에 의해 작동되는 것처럼 보이지만, 실제적으로는 이민위천, 인덕정치, 광폭정치 등 지도자들에 의한 절대적 신성과 주체사상 및 그로부터 파생된 '사회정치적생명체론' 등의 통치 이념에 의해 다층적 운영체계로 변질된 것이다.

　남북한의 사회보장정책 운영에 있어서 유형적 성격에 따른 가장 큰 차이점은 남한의 경우에는 기본적으로 잔여적 복지개념을 그 출발로 하고 있기 때문에, 국가서비스 공급과 시장의 개입 보완이라는 이원적 운영체계를 구축하고 있는 반면에, 북한의 경우에는 국가독점의 '국가사회복지체제'라는 일원적 시스템을 구축하고 있다는 점이다. 또한 남한의 사회보장정책은 구성원들의 '사회적 위험' 및 보장 욕구에 대한 대응방식이 단층적·단계적인 형태인 데 반해, 북한의 경우에는 다층적 포괄적으로 대응하고 있다는 점이다. 남한의 경우에는 대상자의 조건, 특히 소득수준에 따라 단계적으로 보장 정도를 달리하고 있다. 공공부조의 경우, 소득수준이 낮을수록 상대적으로 많은 사회보장을 받을 수 있고, 반대로 사회보험의 경우에는 기여도가 높을수록 많은 보장을 받을 수 있는 구조로 되어 있다.

　남한의 사회보장정책은 시기적으로 발생하는 사회적 욕구에 대한 소극적인 보충을 목표로 하여 구성되었다. 따라서 남한의 사회보장체계는 각각의 대상자별로 각기 분리되어 운영되고 있으며, 이에 따라 영역별로 단계적이고 분리된 사회보장체계를 가지고 있는 것이다. 남한의 사회보장정책에서는 원칙적으로는 동일대상에 대한 중복수급은 허용되지 않으며, 한 분야의 대상자에 대한 사회보장은 하나의 보장제도가 적용되는 단층적인 형태로 운영된다고 할 수 있다.

　이에 반해 북한의 경우에는 기본적으로 배급제나 무상의료와 같은 국가보장이 모든 인민에 대해서는 1차 사회안전망적인 역할을 하고 있으며, 이에 대한 보완으로 다른 사회보험제도들이 보장을 함으로써 2차 사회안전망적인 중복적인 보장이 이루어지고 있다. 이러한 운영 형태로 인하여 북한은 다층화된 운영체계를 통해 포괄적으로 급여를 지급하고 있다고 볼 수 있다. 구체적으로 남한은 사회보장정책 범주가 헌법 및 「사회보장기본법」(1995)에 의하여 사회보험, 공공부조, 사회복지서비스 부문으로 명확하게 구분되어 있으나, 북한에서는 일률적인 비교가 어려울 정도로 「사회보험법」(1946)에 의거하여 '국가사회보장' 및 '국가사회보험'이라는 하나의 제도로 묶여 있다. 즉, 남한에서 독립적으로 시행되는 연금, 산재보험, 고용보험이 북한에서는 '국가사회보험'과 '국가사회보장'제도로 묶여 질병, 산재, 부상 등으로 6개월 미만의 일시적인 노동 상실이 되면, 국가사회보험제에 의한 단기 현금급여(보조금)를 받고, 6개월 이상이 되면 국가사회보장제에 의한 연금(연휼금)을 지급받는 구조로 되어 있는 것이다.

북한의 경우에는 사회보장을 위한 재원이 국가예산으로, 그 재원 마련방법은 일반 예산의 적용이라 볼 수 있으나, 남한의 경우 사회보험에 있어 가입자들의 보험료에 크게 의존해 국가의 책임 비중이 낮게 나타난다. 이는 남한의 사회보장정책은 사회보험이 원칙이기 때문이라고 할 수 있다. 남한의 사회보험은 가입대상 또는 수혜자에 대한 예외규정들이 있으며, 모든 인민을 사회보장의 대상으로 삼는 북한에 비해 제도적으로 적용범위의 협소화를 자처할 수도 있다는 문제점을 내포하고 있다. 또한 북한에 비해 사회보장 제도의 운영 또는 적용에 있어서 하위법령(대통령령/부령)에 위임하고 있는 사항이 많음에 따라 행정당국의 자의적 적용이 가능한 문제점이 있다고 할 수 있다. 다만 체제적으로 실업을 인정하지 않는 북한에 비해 체제의 차이 때문에 실업에 대해서는 현실적인 고려와 이를 뒷받침할 제도를 갖추고 있다고 할 것이다.

〈표 5-3〉 남북한 사회보장정책의 운영체계 비교

운영체계	남한	북한
주요 요소	잔여적	규범적
필요 충족에 있어서 국가의 책임	최소	전체
필요에 따른 분배라는 가치	주변적	1차적
법제화된 서비스의 범위	제한적	포괄적
법제화된 서비스에 의해 보호되는 인구	소수	전체
혜택의 수준	낮음·	높음·
수입조사의 채택	1차적	주변적
수혜자의 성격	빈민	인구
수혜자의 지위	낮음·	높음·
서비스의 방침	강제적	연대적
복지에서 비국가기구의 역할	1차적	주변적

출처: Mishra, Ramesh, *Society Policy: Theoretical Perspectives on Welfare* (London: McMillan, 1977). 임현진, 앞의 책, p.70 참조 및 재정리.

3. 사회보장정책별 현황 비교

1) 사회보험정책

사회보험정책은 국가 구성원들이 특정한 '사회적 위험'을 당하여 소득능력이 상실되거나 축소된 경우에 구성원들의 생활안정 및 복리 증진을 위하여 국가가 정기적으로 일정한 급여를 제공해 주는 대표적인 소득보장제도이다. 여기에는 국가를 중심으로 한 구성원들이 집단적 노력으로 사회적 위험에 대처하려는 공동체적인 연대의식이 전제되어 있으며 기본적으로 자구성의 원칙, 상부상조의 원칙, 소득재분배의 원칙이라는 사회보장정책의 보편적 원리가 응축되어 있다.

남북한은 본 논문의 제3장과 제4장에서 상술한 바와 같이 이질적인 이념체제로 인하여 사회보험정책의 도입 시기에서부터 대상, 급여, 재원, 전달체계 등에 있어 적지 않은 간극을 보이고 있다. 따라서 본 절에서는 본 연구가 남북한 사회보장정책의 비교의 준거틀로 설정한 길버트와 스펙트의 도구인 대상, 급여, 재원, 전달체계 등에 의하여, 남북한 사회보험정책의 현황을 비교 분석하고자 한다. 비교 대상의 사회보험정책은 연금제도, 고용보험제도, 산업재해보상제도 등이다.

(1) 연금제도

남북한 사회보험정책 가운데 소득보장제도인 연금제도는 북한이 남한보다 훨씬 앞서 그 기반이 조성되었다. 북한은 1946년에 노동법과 사회보험법을 제정하였다. 북한이 정권 수립초기에 사회보험 관련 법령을 일찍 제정한 것은 자본주의가 그 본질상 사회 제 세력 간의 오랜 투쟁에서 승리한 세력이 현실의 세력관계를 정당화하기 위해 합리적으로 구성한 '현실의 이론화' 체제임에 반해, 사회주의는 원시 공산사회의 가설에서 출발하여 현실의 세력관계를 혁명적으로 부정하고 새로운 질서를 요구한 '가설적 이론체계'였기 때문이다. 북한은 사회주의의 제도적 장치로서 건국 초기부터 강력한 '사회주의적 질서의 실현'을 위하여 사회정책의 모든 영역에 국가가 체계적으로 관여한 것이다. 반면에 남한은 1960년에 공무원연금법이 처음 실시되었고, 1988년에 이르러 소득보장제도의 핵심인 국민연금제도가 도입되었다. 남한은 시장경제구조로 출발하였기 때문에 1960년대까지는 자본형성이 극히 저조했고, 그 결과 국민소득이 낮아서 사회적 위험 발생에 대한 사회적 책임과 소득보장의 여유가 없었다. 북한이 남한에 앞서 사회보험체제를 구축한 것은 집단주의적 체제로서 노동인력의

의무적 동원체제 하에서 생성된 소득의 분배과정으로도 이해할 수 있을 것이다.[6]

가) 대상

적용대상을 살펴보면 남한의 경우, 국민연금의 가입 대상은 국내에 거주하는 18세 이상 60세 미만의 국민을 원칙으로 하며, 2006년부터 1인상의 사업장 및 소득이 있는 지역가입자 등을 그 대상으로 하고 있다. 다만, 「공무원연금법」, 「사립학교교직원연금법」, 「군인연금법」의 적용을 받고 있는 각 대상은 제외되며, 기초생활수급대상자 등의 중복 수급은 제한되고 있다. 북한은 정권수립 초기부터 노동자, 사무원 등 전 근로자들을 대상으로 하였으며, 1985년에 이르러서는 농민에게까지 확대하여 전 국민적인 대상의 포괄성을 달성하고 있다. 남한의 경우, 가입대상자를 사업장가입자, 지역가입자, 임의가입자, 임의계속가입자로 구별하고 있는데 이는 보험료율 또는 보험료 납부 방법을 구체적으로 구별하기 위한 것이고, 실직 등에 의해 보험료를 남부하지 못하는 사람을 위해 납부예외제도를 운영하고 있다는 점에서 가입대상에 대한 현실적이고 구체적인 고려가 있다고 할 것이다.

나) 급여

급여의 형태와 관련해, 남한의 경우에는 소득대체율이라는 지표에 의해 기본연금액 산정이 조절되므로 연금급여가 소득의 일정비율을 차지하는 정률제라고 볼 수 있고, 북한의 경우에는 현금급여와 현물급여가 사실상 정액 지급되는 정액제의 형태라고 볼 수 있다.

---

6) 정경배 외, 앞의 책, p.62.

급여액의 기준에 있어 남한의 경우, 개인의 기여와 소득재분배효과를 모두 고려한 기본연금액을 기준으로 하는 반면, 북한의 경우 기본생활비 또는 평균임금월액을 기준으로 하여 소득재분배에 초점을 두고 있다. 이것은 남한이 국민연금을 기본적인 보험제도로 운영하면서 소득재분배효과를 고려하는 형태이지만, 북한의 경우 제도 자체의 목표가 보험의 성격보다는 소득재분배의 기능 수행에 있기 때문으로 보인다.

급여의 종류로는 남한의 경우, 지급방법에 따라 연금급여와 일시적 급여가 있고, 북한은 수급자의 위험정도에 따른 기간이 6개월 미만이나 혹은 6개월 이상이냐에 따라 단기급여인 국가사회보험과 장기급여인 국가사회보장 형태로 분류된다. 연금급여에는 남한의 경우, 노령연금, 장애연금, 유족연금 급여가 있고, 일시금 급여에는 반환일시금, 사망일시금, 장애일시보상금 등이 있다. 북한의 경우, 단기급여로는 일시적 보조금, 산전산후보조금, 장례보조금 등이 있고, 장기급여로는 양로연휼금(노령연금), 유가족연휼금, 국가공로자연금, 노동능력상실연금(상해연금), 인민군 후방가족 원호보조금 등이 있다.

다) 재원

남한과 북한이 가입자의 보험료와 사용자, 국가의 부담을 연금의 재원으로 하고 있다는 점에서는 동일하다. 남한의 경우에는 원칙적으로 보험료를 통해 기금을 형성하고 이의 운용수익을 가입자에게 지급하면서 국가의 지원을 받는 부분적 적립제도의 형태를 가짐에 반해, 북한의 경우는 기금형성에 대한 규정이 없음을 고려할 때 납입한 보험료와 국가 지원액을 그대로 대상자에게 지급하는 부과방식을 취한다는 차이점을 가진다.

　적립방식의 경우, 자신이 낸 보험료를 나중에 운영수익과 함께 찾아간다는 형태이므로 연금운용상의 문제에 따른 연금보장이 불확실한 문제를 가지지만 세대 간 갈등의 문제가 적다는 장점을 가진다. 반대로 부과방식의 경우에는 현 세대에게 연금을 징수해 노년세대에게 지급하는 것이므로 연금의 보장은 확실하나 세대 간 갈등의 문제를 야기한다는 문제를 가진다.

　연금의 보험료는 남한의 경우, 근로자와 사용자가 각각 4.5%씩 균등 분담하는 반면 북한은 사용자는 국가 및 사회기업소의 경우 5~8%를 납부하고, 피고용자는 고용주로부터 받은 임금 또는 보수의 1%라고만 규정되어 있어 임금의 상한액과 무관하게 모든 가입자들이 임금의 일부분을 보험료로써 납입하여야 하는 제도 형태를 가지고 있다.

라) 전달체계

　전달 및 관리체계와 관련해서는 남한의 경우, 국민연금기금은 다른 사회보험과 분리되어 보건복지부의 책임 하에 국민연금관리공단에게 위임되어 운영된다. 이에 반해 북한의 경우 연금보험은 다른 사회보험과 함께 통합되어 노동성(부) 및 직업총동맹의 관리 하에 운영된다. 이는 남한의 사회보험이 개별법에 근거해 개별적으로 운영되고 북한의 사회보험이 사회보험법이라는 단일의 법에 의해 통합되어 운영되기 때문에 나타나는 결과이다. 중앙집권방식의 전달체계는 분권방식에 비해 비용의 절감, 능률의 향상, 형평성의 제고를 가져올 수 있지만, 관료주의 문제로 인하여 오히려 비능률적 현상을 초래하게 되다. 관료제도의 거대성은 필연적으로 비효율성을 낳고, 저생산성에 안주하게 되어 사회적인 효율성이 떨어지게 된다. 1990년대를 전후한 소련 및 동구권 사회주의국가들의 관리주의의 비효율성으로 인한 몰락이 이를 증명한다고 할 것이다.[7]

<표 5-4> 남북한 연금제도의 비교

구분	남한	북한	특성
법령	-공무원연합연금법(1960) -군인연금법(1963) -사립학교교원연금법(1973) -국민연금법(1986) -노인장기요양보험법(2008)	-북조선 노동자 및 사무원에 대한 노동법령 (1946) -사회보험법(1946. 12.) -국가 사회보장에 관하여(1951) -사회주의노동법(1978) -협동농민들에게 사회보장제를 실시할 데 대하여(1985)	-남한: 연금체계의 다원화 -북한: 연금체계의 단일화
적용 대상	-공무원 -군인 -사립학교 교직원 -1인 이상 고용 사업장 -지역가입자	-전 인민(1985년부터 농민에게 확대적용)	-남한: 미가입자 존재(제한성) -북한: 전 인민의 대상(포괄성)
급여	1. 급여의 종류 -공무원, 군인, 사립학교 교직원: 퇴직연금, 장해연금, 유족보상금, 단기급여 -국민연금: 노령연금, 장해연금, 반환일시금 2. 급여자격 -특수직 연금은 20년 이상 재직 -국민연금: 20년 이상가입, 60세	1.급여 종류 -공로자 연금, 노령연금, 노동능력 상실연금, 유족연금 2. 급여자격 -근속연한: 20년 -연령: 남자 60세, 여자 55세	-남한 •특수직연금 및 국민연금 공히 일시적 지급 허용 •종전 임금에 대한 비율로 급여 수준 표시 -북한 •공로자 연금제공 •현물급여 제공

---

7) 정경배 외, 앞의 책, p.62.

급여	3. 급여수준 －특수직 연금: 퇴직 전 임금의 50%, 최고 76%까지 가능 －국민연금: 기본금액의 100%+가급연금액 4. 급여방법 －현금 급여 기준	3. 급여수준 －현금 급여는 퇴직전급여의 60~70% －현물급여 곡물 300g + 보충미 100g 4. 급여방법 －현금 및 현물급여	
재정	－보험료율 공무원, 군인연금: 임금의 11%(국가 및 본인 각 5.5%) －국민연금 표준월급여의 3%(사용자 피용자 각 1.5%) －노인장기요양보험 표준월급여의 2.8%를 건강보험금으로 납부하고 이 중 6.5%를 사용자와 피용자가 각각 부담	－국가, 소비조합 등이 지불 임금의 5~8%, 개인 기업소 및 고용주는 지불 임금의 10~12%, 피보험자는 임금의 1%를 납부함.	－남한: 개인, 고용자, 국가 분할 부담 －북한: 기본적으로 국가기업소와 국가예산에서 조달
전달 체계	－공무원연금: 총무처, 공무원연금관리공단 －국민연금: 국방부 －사립학교교직원 연금: 교과부, 사립학교교직원 연금관리공단 －노인요양보험: 보건복지부, 건강관리공단 －국민연금: 보건복지부, 국민연금 관리공단	－노동당 중앙위원회 산하 노동부에서 통제하며 내각 노동부에서 실시 －지방은 지방행정 및 경제 지도위원회 －사회보험 심사위원회에서 분쟁 조정	－남한: 다원적 전달체계 －북한 ・일원적 전달체계 ・직업 동맹의 역할이 중요함.

(2) 고용보험제도

고용보험정책은 근로자에게 실업급여와 능력개발비용을 제공하고, 사업주에게는 고용유지와 교육훈련비용 등을 지원하는 제도이다. 남한의 고용보험은 이른바 5대 보험 가운데 하나로, 1995년 7월부터 도입되었다. 남한의 고용보험은 근로자가 실직했을 때 발생하는 전통적 의미의 실직보험뿐 아니라, 근로자의 재취업이나 고용안정 및 직업능력개발 등의 적극적 노동시장정책이 혼합된 형태를 지니고 있는 것이다. 북한의 경우, 1946년 사회보험법에서 실업보조금 규정이 제정되었다. 그러나 1978년 제정된 「사회주의노동법」에서는 "조선민주주의인민공화국에서는 실업이 영원히 없어졌다."[8]고 주장하여 현재 북한에는 남한의 고용보험에 해당하는 고용보험정책이나 실업보험이 존재하지 않는다고 할 수 있다. 다만 남한의 고용보험정책에서 관장하는 실업급여와 같은 내용의 보조금들을 사회보험법에서 규정하고 있어 '국가사회보험제'와 '국가사회보장제'에서 이의 적용을 받고 있다고 할 것이다.

가) 대상

적용대상은 남한의 경우 2002년부터 1인 이상의 근로자를 사용하는 모든 사업장 및 법인까지 확대되었고, 2009년부터는 건설면허사업자가 아닌 자가 시공하는 공사금액이 2천만 원 이상이고, 연면적 100㎡를 초과하는 사업장의 경우까지 당연적용대상으로 확대하였다. 북한의 경우 노동법령에 의하여 의무적으로 사회보험의 적용을 받는 일체의 노동자 및 사무원이 그 적용대상이며, 1985년부터 「협동농민들에게 사회보장제를 실시할 데 대하여」를 통해 농민에게까지 확대적용되었다. 또한 노동법령에 의해 일정 비율의 보험료율을 적용받는 고용주도 그 대상이 된다. 즉 남한과 북한 모두 사업장에서 노동을

---

8) 「사회주의노동법」 제5조 참조. 그러나 동법 제73조에서는 "국가는 노동재해, 질병, 부상으로 노동력을 잃은 근로자들에게 국가사회보험제에 의한 일시적 보조금을 주며, 그 기간이 6개월이 넘으면 국가사회보장제에 의한 노동능력상실연금을 준다."고 하여 '국가사회보험제'와 '국가사회보장제'에서 고용과 관련된 보험제도를 관장하고 있음을 명시하고 있다.

제공하는 모든 근로자와 이를 고용하는 고용주 모두 실업보험의 적용대상이 된다고 할 것이다. 남한의 경우 당연적용가입자, 임의적용가입자, 의제적용가입자로 대상을 구별하고 있는 것은 사업의 성격 등에 따른 구별이다.

나) 급여

남한의 경우에는 현물급여의 성격을 가진 고용안정 직업능력개발사업 및 육아휴직과 현금급여의 성격을 가진 실업급여와 산전산후급여가 주된 내용임에 반해, 북한의 경우에는 현금급여의 성격을 가진 일시적 보조금, 노동능력상실보조금, 실업보조금, 해산보조금 등이 존재한다. 장해의 회복 기준에 따라 6개월 미만일 경우, 일시적 보조금이 지급되고, 6개월 이상인 경우, 노동능력상실보조금인 장기급여가 지급된다.

남북한 모두 현금급여의 기준은 노동자 개인이 받던 임금수준에 의해 결정되는 것이 아니라 평균임금을 기준으로 하고 있다. 이는 실직한 노동자의 노동능력을 실직 이전의 직종과 관계없이 사회의 평균수준으로 보는 정책적 결정의 결과라고 보인다.

북한의 경우 고용보장과 관련해 중요한 사실은 첫째, 실업급여의 구성이 현금급여로만 되어 있을 뿐 재취직을 도와주는 현물급여의 형태가 없다는 점이고, 둘째, 일시적이거나 노동능력을 상실하는 등의 특수한 경우가 아닌 일반적 실업에 대한 실업보조금은 사문화되었다는 점이다. 이는 북한이 1978년 사회주의노동법에서 실업이 영원히 없어졌다고 하는 것에 기인한다고 할 수 있다. 북한에서 주장하는 실업의 부존재 주장은 실업 및 근로상태에 대한 북한의 정치적 관점과 인식을 잘 나타내고 있는 부문이라고 생각된다.

다) 재원

재정의 경우 남한과 북한 모두가 가입자의 보험료와 국가의 재정 지원으로 이루어진다. 보험료의 구성을 살펴보면 북한의 경우 사업종 별로 다른 보험료율을 적용받는 사용자가 보험료를 납입하고 노동자 는 통합 사회보험료를 납부하면 된다. 남한의 경우에는 고용안정 직 업능력개발사업의 보험료는 고용주가 전액 부담하지만 실업급여의 보험료는 고용주와 근로자가 반씩 부담한다. 남한의 고용보험정책은 단기 계약직 및 자발적 실업의 경우, 그 급여 수급이 제한된다는 약 점이 있다.

라) 전달체계

전달 및 관리체계와 관련해서는 남한의 경우 고용보험은 다른 사 회보험과 분리되어 고용노동부와 근로복지공단에 의해 이원적으로 운영된다. 이에 반해 북한의 경우 연금보험은 다른 사회보험과 함께 통합되어 노동성(부) 및 청년총동맹의 관리 하에 운영된다. 이는 남한 의 사회보험이 개별법에 근거해 개별적으로 운영되고 북한의 사회보 험이 사회보험법이라는 단일의 법에 의해 통합되어 운영되기 때문에 나타나는 결과이다.

〈표 5-5〉 남북한 고용보험의 비교

구분	남한	북한	특성
법령	- 고용보험법(1993)	- 사회보험법(1946) - 사회주의노동법(1978)	
적용대상	근로자를 사용하는 모든 사업 또는 사업장	노동법령에 의하여 의무적으로 사회보험의 적용을 받는 전 인민	- 남한: 사각지대 존재 - 북한: 형식적으로 국가보장의 전 인민 고용
	당연적용가입자, 임의적용가입자, 의제적용가입자	대상자 구별 없음.	
급여	고용안정·직업능력개발사업: 고용창출의 지원, 고용조정의 지원, 지역고용의 촉진 등	일시적 보조금, 노동능력상실보조금	- 남한: 현금과 현물급여 동시지급 - 북한: 6개월 미만의 경우 일시적 보조금, 6개월 이상일 경우 장기급여
	실업급여: 구직급여, 취업촉진수당	실업보조금: 사문화	
	육아휴직 및 산전후휴가급여	해산보조금	
재원	가입자의 보험료와 국고부담	가입자의 보험료와 국가예산	- 남북한: 가입자의 보험료와 국가예산
전달 체계	고용노동부 책임 하에 근로복지공단에 위임	노동성(부)이 일원적으로 관리하지만 그 전달기능은 직업총동맹에서 관장	- 남한: 다원적 전달 및 관리 체계 - 북한: 일원적 전달 체계

(3) 산업재해보상제도

산업재해보상보험은 근로자의 복지증진을 위해 업무상의 재해로 인한 상해나 사망으로 소득능력이 감소 또는 상실되거나 소득을 상실하게 되는 데 대한 보상을 목적으로 하는 제도이다. 산업재해보상보험은 국가가 책임을 지는 의무보험으로 국가는 근로자의 산업재해보상책임을 보장하기 위하여 사업주로부터 소정의 보험료를 징수하여 그 기금으로 사업주를 대신하여 산재근로자에게 치료비와 보상금 지급, 직업재활, 생활정착금 보조 등의 보상을 하게 된다. 산업재해보상보험은 남한에서 가장 오래된 사회보험제도로서, 1963년 「산업재해보상보험법」 제정 이후, 산업재해 근로자의 생활보장이나 직업재활 등 사회안전망 구축의 역할을 해 왔다. 북한에서는 1946년 「사회보험법」을 제정하여 국가사회보장 및 국가사회보험제도 속에서 산업재해보상의 기능을 해 왔다.

가) 대상

적용대상은 남한의 경우 2000년 7월부터 1인 이상의 근로자를 사용하는 모든 사업장이고, 2009년 1월부터 건설면허사업자가 아닌 자가 시공하는 공사금액 2천만 원 이상, 연면적 100㎡를 초과하는 건축물 대수선 공사인 경우 당연적용(의무가입) 대상으로 확대 시행하였다. 북한의 경우 노동법령에 의하여 의무적으로 사회보험의 적용을 받는 일체의 노동자 및 사무원, 농민, 그리고 노동법령에 의해 일정 비율의 보험료율을 적용받는 고용주가 그 대상이 된다. 즉 남한과 북한 모두 사업장에서 노동을 제공하는 근로자와 이를 고용하는 고용주 모두 산업재해보상보험의 적용대상이 되는 것이다.

나) 급여

급여내용은 남한의 경우 요양급여, 휴업급여, 장해급여, 간병급여, 유족급여, 상병보상연금, 장의비, 직업재활급여가 있고, 북한의 경우 노동능력 상실 정도에 따라 대상자를 3종류로 구분한다. 즉, 노동능력 완전상실(타인의 도움이 필요한 상태), 노동능력 대부분 상실, 직업적 노동능력의 일부상실로 구분된다. 이에 대한 보상은 3가지 단계에 따라 최근 1년간 평균임금에 대해 90%, 65%, 35% 순으로 지급된다. 또한 급여의 종류로는 남한의 경우 현금급여만이 지급되나, 북한의 경우에는 현금급여와 현물급여로서 의료상 방조가 같이 지급된다.

산업재해에 의한 질병, 장애 등에 있어 의료서비스의 적절한 제공은 매우 중요한 위치를 차지한다. 따라서 산업재해보험에서 의료부분을 개인에게 맡기고 그에 대한 보상의 형태로 현금급여를 지급하는 남한의 경우보다는 현물급여로서 의료서비스의 제공을 명시하고 있는 북한의 경우가 더 산업재해에 따른 노동자의 피해를 적절히 구제해 주는 형태로 보인다.

다) 재원

남한은 피고용자의 부담금 없이 사업주가 전액 부담하는 보험료와 정부의 재정지원으로 재원이 이루어지며, 북한의 경우 가입자의 보험료와 국가 및 기업소, 협동조합의 각출금 등으로 이루어진다. 산업재해보상보험의 재정방식은 남한은 계속 사업장일 경우, 1년간 임금지급 총액을 기준으로 산정되며, 북한은 사회보험의 재원마련 방식과 동일하다. 남북한 모두 고용주에게 적용되는 보험료율은 사업의 성질에 따라 등급이 나뉘어 적용된다.

라) 전달체계

전달 및 관리체계와 관련해서는 남한의 경우 산업재해보상보험은 다른 사회보험과 분리되어 고용노동부의 책임 하에 근로복지공단에게 위임되어 운영된다. 이에 반해 북한의 경우 다른 사회보험과 함께 통합되어 노동성(부) 및 직업총동맹의 관리 하에 운영된다. 남한의 사회보험은 개별법에 근거해 개별적으로 운영되고, 북한의 사회보험은 사회보험법이라는 단일의 법에 의해 통합되어 운영되는 결과이다. 양

자의 비교에 있어, 운영의 전문성이나 보험료 산정의 합리성 측면에
서는 개별적 운영이 합당하지만 급여의 전달이나 보험료 징수 측면
에서는 통합 운영하는 것이 더 효율적이라고 평가할 수 있다.

<표 5-6> 남북한 산업재해보상보험의 비교

구분	남한	북한	특성
법령	산업재해보상보험법 (1963)	사회보험법(1946)	
적용 대상	근로자를 사용하는 모든 사업 또는 사업장	노동법령에 의하여 의무적으로 사회보험의 적용을 받는 전 인민대상	−남한: 2000년부터 1인 이상 고용 모든 사업장 및 공사금액 2천만 원 이상 대수선 공사 의무적용 −북한: 일체의 노동자 및 사무원, 농민 대상
	당연적용(강제적용사업), 임의적용(임의적용사업), 의제적용(의제적용사업)	구별 없음.	
급여	요양급여, 휴업급여, 장해급여, 간병급여, 유족급여, 상병보상연금, 장의비, 직업재활급여	직무와 관련된 경우의 폐질연흌금과 직무와 관련된 경우의 유가족연흌금 및 의료상 방조	−남한: 장해등급에 따른 구별 −북한: 3종류로 구별(폐질등급에 따름), 현물급여
재정	사업주가 전액 부담하는 보험료와 정부의 재정지원	가입자의 보험료와 국고부담	−남한: 장해등급에 따른 구별 −북한: 3종류로 구별(폐질등급에 따름), 현물급여
	업종별 차등요율체계를 기본으로 하고 부분적으로 개별실적요율을 적용	사회 보험료에 통합징수 및 고용주의 경우 별도의 비율로 징수	
전달 체계	고용노동부 책임 하에 근로복지공단에 위임	노동성 및 직업총동맹	−남한: 일반 사회 보험과 분리 운영 −북한: 사회보험법에 통합 운영

2) 공공부조정책

공공부조는 국가 및 지방자치단체가 생활능력이 어려운 구성원들
에게 최저생활을 보장하고 자립을 지원해 주는 사회보장정책의 핵심
정책 가운데 하나이다. 사회보험은 일정한 기여를 하는 소득이 있는

자를 대상으로 하지만 공공부조는 모든 구성원들을 그 대상으로 하며, 최저한의 생활수준을 유지할 수 있도록 국가 또는 지방자치단체가 책임을 지는 보장제도이다.

일반적으로 공공부조는 복지권 보장의 원리, 국가책임의 원리, 최저생활보장의 원리, 무차별평등의 원리, 보충성의 원리, 자립조장의 원리 등의 기본원리에 따라 제도와 형태가 구성된다. 구성원들의 빈곤에 대한 '최후의 안전망'이라고 할 수 있는 공공부조 정책에 있어서는 국가가 보장하는 최저생활인 빈곤의 기준에 대한 관점이 정책의 관건이 된다. 남한의 대표적인 공공부조정책은 2000년부터 시행된 「국민기초생활보장법」에 의한 국민기초생활보장제도라고 할 것이다.

반면에 북한은 한국 전쟁 기간 중의 '전재민 구호대책에 관한 결정서' 등의 국가방침에 따라 영예군인 및 유자녀 등 특수계층에 대한 임시구호적인 생활보호제도와 함께, 무상 식·의·주 배급제와 무상의료보장제 등을 공공부조정책의 범주로 파악할 수 있다.[9]

(1) 기초생활보장 및 식·의·주 배급제도

가) 대상

적용대상을 살펴보면, 남한의 경우 가구별 소득인정액이 최저생계비 이하인 자로서 부양의무자가 없거나, 부양의무자가 있어도 부양능력이 없거나 부양을 받을 수 없는 자라고 일원적으로 정한 반면, 북

---

9) 북한은 사회주의 제도의 우월성으로 인하여 실업은 물론, 빈민도 존재하지 않는다고 주장한다. 북한은 인민들이 각자의 능력에 따라 일하고 개인의 필요에 따라 생필품을 현물로 지급하는 '배급제'라는 공공부조에 의해 빈민과 실업은 존재하지 않는다고 판단하는 것이다. 따라서 북한에 있어서의 배급제는 1차적인 생활안전망과 동시에 최저생활을 보장하는 공공부조의 역할과 기능을 하고 있다고 할 것이다. 또한 이런 맥락에서 북한의 무상의료보장제 역시 공공부조정책의 범주에 해당한다고 할 것이다.

한의 경우에는 배급제와 요구호 대상을 분리하여 배급제의 대상은 전 인민으로, 요구호 대상은 군인 등 특수계층으로 정하고 있다. 남한의 경우 국민기초생활보장제도의 수급자로 선정되기 위해서는 가구의 소득인정액이 가구별 최저생계비와 비교하여 최저생계비 이하여야 하며, 수급권자의 부양의무자 역시 부양능력이 없는 것으로 인정되어야 한다. 따라서 남한의 공공부조 적용대상은 사회보험의 영역에서 제외되는 일반 저소득계층이 중심이며, 북한은 전 인민과 일반 빈곤자가 아닌 원호대상자 등 특수한 계층이 그 대상자라고 할 수 있다.

나) 급여

남한은 급여를 생계급여, 주거급여, 의료급여, 교육급여, 해산급여, 장제급여, 자활급여로 구분하고 생계급여를 기본으로 하고 필요에 따라 다른 급여를 함께 지급하고 있다. 반면에 북한은 배급제로 국가에 의한 식의주의 공급과 함께 요구호자에 대한 현물급여로 수용소 보호, 식량제공, 주택보장, 취업알선 등의 지원을 하고 있다.

급여수준은 남한의 경우, 국민기초생활보장법상의 수급자는 2010년 현재 4인가족의 기준으로 월 136만 3,091원이며, 영구임대주택 입주자격, 노인성 질환자의 경우, 노인요양시설 무료 입소 등의 자격이 주어진다. 북한은 노동의 소모량에 따라 식량을 차등지급하고 있으며, 2010년 현재 성인의 경우 1일 400g의 식량을 현물급여로 지급받고 있으나, 식량사정은 장기적 악화 상태에 놓여 있는 실정이다. 의복의 경우, 7.1경제관리개선조치 이전에는 무료 혹은 염가로 대상에 따라 기준을 달리했고, 노동자의 경우, 1년에 1~2번 작업복을 지급받았으며, 주택은 아파트와 다세대용 연립주택의 형태로 거주자의 사회적 신분이나 계층에 따라 각각 달리하고 있다.

다) 재원

재정을 살펴보면 남북한 모두 국가(또는 지방자치단체)의 일반예산
을 재원으로 하고 있다. 즉, 공공부조의 제도상 규정에 있어서는 북한
이 전 인민을 대상으로 시행하는 배급제를 제외하고는 남한과 북한
에 있어 그 차이점은 거의 없다고 할 수 있다. 다만 남한의 국민기초
생활보장제도의 대상에 비해 북한의 요구호 대상은 그 범위가 협소
한데, 이는 북한이 자신의 정치체계상에서 배급제의 시행으로 일반
인민의 가난을 해결하고 있다고 주장하는 것에 기인할 것이다.

라) 전달체계

남한의 국민기초생활보장법상의 수급자나 수급권자의 관리와 보
장비의 전달체계는 이들이 실제 거주하는 지역의 시장, 군수, 구청장
이 행하고 있다. 또한 기초생활보장업무를 수행하기 위하여 기초 행
정단위사무소에 사회복지 전담공무원을 배치하게 하여 공공부조업
무의 전문적 실천을 추구하도록 하고 있다. 또한 기초생활보장사업의
기획, 조사, 실시 등에 대한 사항을 심의, 의결하기 위해 국무총리 산
하에 중앙생활보장위원회를 두고, 자치단체 차원의 기초생활보장사
업을 위해 지방생활보장위원회를 두고 있다.

북한은 배급제의 경우, 식량은 각 직장의 경리부에서 양권(식량배급
표)을 지급하여 매달 1일과 16일에 배급소에서 물품의 공식가격을 지
급하고 배급을 받는다. 또한 의복 역시 배급소에서 개인이 직접 해당
물품의 공식가격을 지불하고 구입하며, 주택의 경우, 국가관리체제이

지만, 주무기관은 거주시, 시, 군 인민위원회의 도시경영사업소이다.

북한의 요보자의 급여 전달 및 관리는 급여의 성질에 따라 중앙정부 차원에서는 노동, 교육, 보건, 국가계획위원회 등의 관련 중앙 행정부처들이 관여하고, 지방차원에서는 각급 인민위원회에서 담당한다.[10]

〈표 5-7〉 남북한 공공부조의 비교

구분	남한	북한	특성
법령	국민기초생활보장법(2000)	−전재민 구호대책에 의한 결정서(1951) −국가 및 사회협동단체 생활향상에 대하여(1955) −군인 및 제대군인 생활안전 대책을 위하여(1956)	
적용대상	최저 생계비 이하인자로서 부양의무자가 없거나, 부양의무자가 있어도 부양능력이 없거나 부양받을 수 없는 자	배급제: 협동농장의 농민을 제외한 전인민 요구호 대상: 귀국동포 및 월북자, 군인 및 제대군인들	−남한: 최저생계비 이하 저소득층(제한급여) −북한: 농민을 제외한 전 인민(포괄대상)
급여	생계급여, 주거급여, 의료급여, 교육급여, 해산급여, 장제급여, 자활급여	배급제: 국가에 의한 식·의·주의 공급	−남한: 생계급여를 기본으로 함. −북한: 요구호 대상자를 별도로 관리함.
재정	국가 또는 지방자치단체의 일반예산	국가의 일반예산 경제개선 관리조치 이후 개인의 부담대폭 증가	남북한 공히 국가지원을 기본으로 하나 남한의 경우 민간부분참여로 보완기능
전달체계	실거주지 지방 자치단체에서 제공	식·의·주가 급여의 성질에 따라 각각 전달, 관리	

(2) 의료보장제도

남북한 의료보장의 비교에 있어서 제도의 성격을 별도로 검토할 필요가 있는 것은 북한의 의료보장이 독특한 형태를 취하고 있기 때

---

10) 이철수, 앞의 책(2003a), p.140.

문이다. 북한에서 의료보장의 내용인 의료상 방조는 사회보험법에 그 내용이 규정되어 있어 원칙적으로 사회보험법상의 보험료에 의해 운영되는 의료보험으로 볼 수 있겠지만, "무상치료제도를 실시함에 관하여"에서 의료서비스의 제공을 전 인민에게 무료로 한다고 하고 있어 실질적으로는 국가보장의 단일한 방식의 공공부조의 형태로 운영되고 있다.

또한 남한의 의료보장제도 역시 사회보험방식인 의료보험(전 국민의 94%)과 공공부조제도인 의료보호(전 국민의 6% 적용)로 이원화되어 있어 제도의 성격상 상호 직접 비교가 어려운 실정이다. 따라서 남한에서 사회보험으로서의 국민건강보험과 북한에서 공공부조의 실질을 가지는 의료상 방조를 직접적으로 비교하는 것은 무리가 있을 수도 있으나, 구성원들에 대한 의료서비스의 전달 형태를 상호 비교해 본다는 측면에서 본 절에서 다루고자 한다.

가) 대상

적용대상을 살펴보면, 남한의 경우 1963년 「의료보험법」을 제정하였으나, 강제적용을 전제로 하지 않았으며, 1976년 「의료보험법」을 전면 개정하여 사회통합을 시도하였고, 1999년 2월부터 「국민건강보험법」을 제정, 국내에 거주하는 전 국민을 대상으로 전면적으로 확대했다. 북한의 경우 1946년 「사회보험법」에서 노동자 및 사무원을, 1952년 「무상치료제도를 실시할 데 대하여」에서 전 인민을 의료상 방조의 대상으로 하여 전 인민이 의료상 방조의 대상이 된다. 즉, 의료서비스의 제공 대상에 있어서는 남북한 관계없이 전 국민을 대상으로 하고 있는 것이다.

남한의 경우, 자력으로 의료문제를 해결할 수 없는 대상자들에게 국가재정으로 공공부조의 성격으로 의료보호를 실시하고 있는데, 그 대상은 생활보호법상의 생활보호대상자, 재해구호법에 의한 이재민, 의상자구호법에 의한 의상자 등이다.

나) 급여

남한의 경우 현물급여로서 요양급여와 건강검진, 현금급여로서 요양비, 장애인보장구급여비, 본인부담액상한제를 제공하고 있고 북한도 현물급여로서 약재 또는 치료재료 등, 현금급여로서 처치, 수술 기타의 의료 처치료, 해산비용 등을 제공하고 있다. 이는 양자가 현물급여로서 의료서비스의 제공 및 현금급여로서 의료비 지원을 급여내용으로 하여 제도상으로는 거의 동일한 수준의 급여내용을 가짐을 의미한다.

그런데, 남한과 북한의 의료보장 중 제도상 명백하게 차이가 나는 부분은 남한에서의 본인부담액상한제인데, 이는 공공부조로서의 실질을 가지는 북한 의료서비스 체계에서는 없는 내용으로서 사회보험의 형태로 운영되는 건강보험의 정부실패를 방지하기 위한 장치로 보인다. 남한의 공공부조 대상자인 의료보호 수급권자는 1종, 2종 보호대상자 및 의료부조대상자로 구분하여 거택보호 및 시설보호, 자활보호, 의료기관보호를 단계적으로 실시하고 있다.

다) 재원

의료보험의 재정은 남한은 보험방식으로 본인 및 사용자가 각각 50%를 부담하고, 지역가입자의 경우 본인의 50% 부담과 국가가 보험료의 50%를 부담하고 있으며, 의료보호 대상자의 경우 1종은 전액 국가부담, 2종은 일부만을 본인이 부담하며, 의료부조의 경우 44%의 본인부담을 원칙으로 하고 있다. 북한은 전액 국가의 일반예산으로 편성되어 있다. 의료서비스를 전 국민에게 무상으로 제공한다는 것은 사회복지의 측면에서 볼 때 바람직한 사실일 수밖에 없다. 하지만 북한의 경우 경제적 상황 등을 고려할 때 의약 수준, 의료시설, 의료서비스 등의 질적인 한계가 있어, 명목상의 제도와 실질적인 수급자의 만족도 및 사회복지 차원의 의미는 그 평가가 달라질 수밖에 없을 것이다.

라) 전달체계

전달 및 관리체계를 살펴보면 남한의 경우 국민건강보험은 다른 사회보험과 분리되어 보건복지부의 책임 하에 국민건강보험관리공단에게 위임되어 운영된다. 이에 반해 북한의 경우 무상의료제는 보건성의 관리 하에 일원적으로 운영된다.

의료서비스의 제공에 있어서는 남북한이 각각 1, 2, 3차(북한은 4차) 의료기관을 지정하고, 이를 통해 서비스를 제공한다는 측면에서 동일한 형태를 가진다.

〈표 5-8〉 남북한 의료보장제의 비교

구분	남한	북한	특성
법령	국민건강보험법(1999)	-사회보험법(1946) -무상치료제도를 실시 할 데 대하여(1952)	
적용대상	직장가입자와 지역가입자, 생활보호 대상자	노동법령에 의하여 의무적으로 사회보험의 적용을 받는 전 인민	-남한: 의료보험(1946)과 의 료보호로(6%) 이원 -북한: 성격을 사회 보험 적 지니나 공공부조의 범 주로 분류됨.
급여	현물급여: 요양급여와 건 강검진	의료상 방조	남북한 공히 기본적으로 전 구성원 대상
	현금급여: 요양비, 장애인 보장구급여비, 본인부 담액상한제	해산보조금	
재정	가입자의 보험료와 정부의 재정지원	가입자의 보험료와 정부의 재정지원	-남한: 가입자 및 정부지원 -북한: 무상지원 체계
	직장가입자와 지역가입자에 대해 별도의 보험료 산정체계	무상	
전달 체계	보건복지부 및 국민건강보 험공단	노동성 및 직업총동맹	남북한: 1차 행정은 정부 및 관리공단과 단체, 2차 진료는 단계별 의료기관
	1, 2, 3차 의료기관에 의한 의료서비스 제공	1, 2, 3, 4차 의료기관에 의 한 의료서비스 제공	

3) 사회복지서비스정책

일반적으로 '사회복지서비스' 정책은 광의의 사회복지정책 개념에서 파생된 하위개념으로 보고 있다. 남한은 광의의 사회복지를 사회보장과 복지관련 부분으로 구분하고, 사회보장정책을 사회보험, 공공부조, 사회복지서비스의 범주로 분류하고 있다. 사회복지서비스정책은 주체, 대상, 목적, 방법 등으로 구성되며, 기본적으로 모든 구성원을 그 대상으로 하지만, 부문별 요보호 대상자를 우선 정책 대상으로 하는 제도이다. 사회복지서비스정책이 사회보험이나 공공부조와 다른 정책 범주로 분류되는 것은 사회보험이나 공공부조가 다양한 '사회적 위험'에 대응하여 소득보장을 기반으로 보편적, 균등적으로 대처하는 데 비하여 사회복지서비스정책은 개별적 서비스를 제공한다는 기능적 특징을 갖는다. 즉 사회보험이나 공공부조정책은 소득이나 물질적 급여가 주류를 이루지만, 사회복지서비스정책은 비물질적 심리사회적 서비스를 주된 내용으로 한다.[11]

남북한 모두 사회보장서비스정책의 유형 및 범위로 노인복지, 아동복지, 여성복지, 장애인복지를 주된 정책 내용으로 한다는 점에서 유사한 정책 체계를 가지고 있다고 할 것이다. 적용대상의 경우 노인, 아동, 여성, 장애인의 개념 및 범위에 대해 약간의 차이를 보이고는 있으나 사실상 유사한 범위의 대상에 대해 서비스가 제공된다고 하겠다.

(1) 노인복지정책

가) 대상

남한에서 노인에 대한 정의는 '사회통념상 심신의 노화현상이 현저하고 사회적으로 노인으로 인정되는 사람'이라고 할 수 있겠으나, 노인복지법상 65세 이상의 인구라고 할 수 있다. 남한의 노인복지정책은 1981년 6월 「노인복지법」이 제정됨으로써 노인복지의 발전을 위한 초석이 마련되었으며, 2008년 7월부터 노인장기요양보험제도가 실시되어 노인복지정책의 보편적 토대가 마련되었다고 할 것이다.[12]

---

11) 양정하 외, 『사회복지정책론』(서울: 양서원, 2008), pp.266~267.

12) 남한의 노인복지 관련 정책은 사회보험 및 공공부조와 관련된 법, 사회복지사업법, 노인복지법에 기초 근거를 두고, 「고용상 연령차별금지 및 고령자고용촉진법」(2010), 「고령사회에 대비한 저출산고령사회기본법」(2005), 「노인장기요양보호법」(2007), 「고령자친화사업진흥법」(2008)에 근거를 두고 실시하고 있다.

　　북한은 1951년 「국가사회보장에 관하여」 및 1978년 「사회주의노동법」, 「연로자보호법」을 근거로 노인복지정책을 실시하고 있다. 북한의 경우, 적용대상은 남성 만 60세, 여성은 만 55세이며, 이 중 양로원에 수용될 수 있는 사람은 남자 만 60세, 여성 만 55세 이상 된 자로서 연로연금을 받을 근속연수를 채우지 못한 사람, 노동능력을 상실하고, 무의탁한 경우를 그 대상으로 하고 있다.

　　나) 급여

　　남한의 노인복지정책에서 소득보장제도는 공적연금으로 국민연금제도의 노령연금이 있다. 공공부조면에서 국민기초생활보장법에 의한 지원이 있으며, 국민기초생활보장법상 지원대상자 가운데 65세 이상부터 층위별로 경로연금이 제공되고 있다. 소득보장 이외의 노인복지서비스로는 양로원, 노인요양원, 노인복지관, 경로당 등의 이용시설과 생활시설 제공이 있고, 경로우대제도, 무료건강진단, 노인공동작업장 실시 등의 정책이 있다.

　　북한의 경우, 사회보험 수급자격 유무와 부양자 유무에 대한 적용대상에 따라 구분되어지는데 첫째, 사회보험 수급자격 유무와 관계없이 모든 노인들에게 지급되고, 둘째, 사회보험 수급자격에서 제외되는 노인은 부양자가 있는 경우 500g(노동자 700g) 식량을 자녀 이름으로 지급받고, 셋째, 사회보험 수급자격도 없고 부양자도 없는 노인의 경우, 양로원에 수용될 자격을 가지게 된다.

　　다) 재원

　　남북한 모두 노인복지서비스에 대한 재정은 국가 부담을 원칙으로 하지만, 남한의 경우 사회보험제에 의한 본인의 기여도, 민간복지의 참여 등으로 이루어지고 있다.

라) 전달체계

남한의 경우 노인복지행정의 공적 책임주체는 보건복지부이며, 종합계획수립은 보건복지부 노인복지과에서 총괄하고 있다. 지방행정체계는 시·도의 경우에 가정복지국, 시·도 이하에서는 사회복지과 및 사회복지전담공무원이 담당하고 있다. 남한의 요보호 대상자들에 의한 노인복지서비스는 노인장기요양보험제도에 의해 시설보호, 재가노인복지서비스 등의 경로를 통해 이루어지고 있다. 또한 노인복지에 관한 국무총리의 자문에 응하기 위하여 국무총리 산하에 노인복지대책위원회가 설치되어 있다.

북한의 경우 도 단위로 양로원이 설치되어 있으며, 관리운영의 공적 주체는 노동성 및 도 노동위원회 노동국, 시군인민위원회 노동부에서 담당한다.

〈표 5－9〉 남북한 노인복지정책의 비교

구분	남한	북한	특성
법령	－국민기초생활보장법(2000) －국민건강보험법(2000) －의료급여법(1977) －노인복지법(1981) －국민연금법(1986) －노인장기요양보호법(2007)	－사회주의 헌법(1972) －사회주의노동법(1978) －연로자보호법(2007)	－남한: 독립적 법령 실시 －북한: 헌법과 노동법 등에 보장
적용대상	－65세 이상 노인	－남자 60세 이상, 여자 55세 이상 대상자 중 노동능력 상실자 및 무의탁자 －연로연금 수령 근속연수를 채우지 못한 노인	대상연령 －남한: 65세 －북한: 남자 60세, 여자 55세

급여	−기초노령연금 지급 −무료건강검진 −경로우대제도 −노인장기요양보호법에 의한 대상자(생활보호 및 재가 보호, 주간보호 실시)	−무상식량분배(300g) −연로연금을 채우지 못한 경우, 그 자녀에게 500g 식량 추가지급	−남한 •장기요양 3급 등급 분류에 따른 급여지급 •기초생활 수급자 무료 시설 이용 −북한: 양곡배급
재정	−각종 법령에 의한 정부 보호 −노인 장기요양급여의 경우 등급에 따른 차등지급	−정부예산에 의한 무상 보조	−남한: 개인 및 국가예산 −북한: 국가예산
전달체계	−보건복지부 −광역 및 지방자치단체 −국무총리 산하 노인복지대책위원회 −사회복지전담 공무원 및 사회 복지사	−노동성 및 도인민위원회 노동국 −시군인민위원회→도인민위원회(결정)	−남한: 국가 및 민간시설 −북한: 국가사회보장 전달 체계에 의함.

(2) 아동복지정책

가) 대상

남한의 아동복지정책은 1962년 「아동복리법」을 제정했고, 1981년 아동복리법을 개정한 「아동복지법」이 만들어져 아동복지서비스 정책의 보편적 토대가 마련되었다. 남한의 아동복지법은 모든 아동을 정책대상으로 하고 있으며, 특히 영유아, 요보호 아동, 요보호 임산부 등에 대하여 중점관리의 대상으로 하고 있다. 북한은 1946년 탁아소 규칙 및 1976년 「어린이보육교양법」이 제정되어 탁아소, 유치원 등에 의한 보육교양이 주된 아동복지의 정책 내용으로 되고 있다. 북한은 특히 혁명열사 유자녀들을 위한 특수탁아소, 유치원 등을 운영하고 있으며, 부모 없는 아이들을 위한 육아원과 애육원을 설치하고 있다.

구체적인 아동복지서비스의 제도로는 남한은 요보호 아동의 발생 예방을 위한 아동상담소 및 어린이 찾아주기 종합센터 설치·운영, 결손가정에 대한 생계, 의료, 교육보호 실시, 요보호가 필요한 아동에 대한 아동복지시설(영아시설, 육아시설, 아동일시보호시설, 교호시설, 자립지원시설)을 설치·운영하고 있다. 북한은 국가의 정책적 목적에 의하여 아동의 국가보호를 기본방향으로 아동복지서비스를 전개함으로써, 매우 목적 지향적이며 의식교육의 주입대상으로 출발하여, 탁아소나 유치원 보급이 보편화된 것이 특징이다.[13]

나) 급여

남한의 아동복지서비스의 적용대상 아동에 대한 지원은 소년·소녀 가장의 경우, 국민기초생활보장법에 의한 생계와 교육급여 및 의료급여가 있으며 부가급여가 별도로 지급된다. 또한 일시적 보호 양육을 받는 가정위탁보호 적용대상의 아동은 국민기초생활보장법에 의한 수급자 선정 기준에 따라 생계, 의료, 교육 등의 해당 급여를 본인 또는 세대단위로 지급하고 있으며, 대리 양육 및 위탁가정에는 기초생활보장 수급에 관계없이 아동 1인당 월 7만 원의 양육보조금을 지원하고 있다. 이 밖에 지역사회아동보호정책으로 18세 미만의 취학 및 미취학 아동을 대상으로 지방자치단체 예산범위 내에서 급식비를 지원하고 있다.

북한의 경우, 탁아소 및 유치원의 시설 운영과 놀이용품, 아동의 식비 등은 국가가 제공하며, 개별적인 항목에 한하여 개인의 부담을 원칙으로 하고 있다.

---

13) 정경배 외, 앞의 책, p.162.

다) 재원

남한의 아동복지정책의 재원은 1950년대 말까지 주로 민간자원의
활용에 의존하는 응급적 시설수용 중심의 아동구호정책이었으나,
1970년대 들어서부터 정부의 지원이 강화되어 현재의 아동복지관, 단
체, 시설의 재원은 그 조직체의 성격에 따라 다양하게 구분되고 있다.
남한의 아동복지정책 재원은 원칙적으로 시설 및 기관의 자체수입,
정부의 지원, 수혜자의 부담 원칙에 따른 이용자 부담금으로 구성되
고 있다. 북한의 아동복지정책의 재원은 관련 법령들에서 명확한 언
급은 나타나지 않고 있으나, 탁아소의 경우 부모의 부담금이 일부 있
으나 그 수입의 10%를 넘지 않도록 하고 있고, 1976년 「어린이보육교
양법」에서도 주식과 부식, 의료 등을 국가가 보장한다고 하고 있어
국가부담을 원칙으로 하고 있는 것으로 보인다. 북한의 아동복지정책
에 있어서의 초기의 수익자 원칙의 변화는 탁아소 건립과 운영의 주
체가 개인에게도 허용되었다가 1958년 이후 개인기업소 등이 소멸되
면서 탁아소의 건립운영 주체도 국가로 이전되었다는 측면과 밀접한
관련이 있어 보인다.[14]

라) 전달체계

남한의 아동복지정책의 전달체계는 공적 전달체계와 민간전달체계
로 구분된다. 공적 전달체계는 중앙정부기구로서 보건복지부 및 여성
가족부의 보육기획과 등에서 정책 수립을 담당하고, 서비스 전달체계
는 특별시, 광역시 및 도의 사회복지과나 여성정책과를 거쳐 시·군·
구의 해당과 및 지방자치단체에서 설립한 아동복지기관 또는 시설을

---

14) 정경배 외, 앞의 책, p.158.

통해 아동복지 대상자에게로 전달된다. 민간전달체계의 경우에는 민간단체나 시설로부터 조달되어 지역 사회복지사무소를 거치거나 민간 시설에 직접 전달된다. 특히 남한에서 시설 설치는 정부나 지방자치단체가 담당하고, 운영관리를 비영리 민간법인 또는 단체에 맡기는 위탁운영제도가 실시되고 있다.

북한의 경우, 탁아소는 입소기간 및 설치단위에 따라 이용 내용이 달라진다. 유아의 입소기간에 따라 일탁아소와 주탁아소, 월탁아소로 구분되며, 일탁아소는 작업반이나 기초 행정단위별로 설치되어 있고, 주·월탁아소는 평양, 함흥, 청진 등 3대 도시에 2개 구역당 1개소, 일반도시에는 2~3개소, 군소재지에는 1~2개소가 설치되어 있다. 탁아소의 설치단위에 따라서는 농장작업반 탁아소, 리 탁아소, 공장 탁아소, 노동자구 탁아소, 읍 탁아소 등이 있으며, 운영관리체계는 중앙차원에서는 보건성에서, 지방차원에서는 지방인민위원회 보건행정부서에서 담당하고 있다.

<표 5-10> 남북한 아동복지정책의 비교

구분	남한	북한	특성
법령	-아동복리법(1961) -아동복지법(1981) -영유아보육법(1991)	-탁아소 규칙(1947) -유아원 사업을 개선 강화할 데 대한 새로운 대책에 대한 내각 결정(1964) -전반적 11년제 의무교육에 관한 법령집행 총화에 대하여(1975) -어린이 보양교육법(1977)	-남한: 1961년 법 도입, 1980년대 법 시행 -북한: 1947년 법 도입, 1960년대 법 시행

적용대상	−영유아: 요보호 영아 및 유아 −아동: 요보호 아동 −요보호임산부: 정상적인 환경에 있지 못한 임산부	−생후 1개월부터 만 5세까지의 모든 어린이	−남한: 취학아동 포함 −북한: 취학 전 어린이 대상
급여	−대상별 요보호 아동에 대한 시설보호 및 자립지원, 교육서비스 제공 −소년소녀가장 세대 보호 및 생활 지원	−대상별 어린이의 탁아소, 유치원 등 생활지원 −고아들을 위한 육아원, 애육원 운영 −특수 탁아소 및 유치원(혁명열사 등 유공자 자녀)	−남한: 빈곤아동을 대상으로 한 국가지원 무료서비스 −북한: 국가부담
전달체계	−보건복지부 및 교육과학기술부 연계 −광역 및 지방자치단체 −보건소 −아동복지시설의 사회복지사 등	−중앙행정기관: 보건성 탁아소 지도처 −지방행정기관: 경제지도위원회	−남한: 보육시설 및 아동복지시설 보건복지부 및 지자체 등 이원화제도 −북한: 탁아소−보건성, 유치원−교육성

(3) 여성복지정책

가) 대상

일반적으로 여성복지정책은 여성의 성적 특성에서 오는 불평등, 성차별, 억압, 여성노동력에 대한 소외 및 착취 등 '여성문제'의 해결을 위한 복지정책을 일컫는다. 남한의 여성복지정책은 국민연금, 국민기초생활보장법, 한부모가족지원법 등 사회제도 내에서의 지원과 윤락여성, 미혼모 등의 요보호여성을 대상으로 하는 제도적 접근이 이루어져 왔다.

남한의 여성복지정책은 1987년 「남녀고용평등법」, 1989년의 「모자복지법」, 1991년 「영유아보육법」, 1995년 「여성발전기본법」이 제정되면서 발전해 왔다. 남한의 여성복지의 주된 대상은 저소득모자가정, 미혼모, 가출여성, 윤락여성 등의 요보호 여성이며, 모자복지법상에서는 배우자로부터 유기된 여성, 정신 또는 신체장애로 인하여 장기간 근로 능력을 상실한 배우자를 가진 여성, 미혼 여성 등으로 18세 미만의 아동을 양육하는 여성을 그 주된 대상으로 하고 있다.

북한은 1946년 「남녀평등에 관한 법령」, 1976년 「어린이보육교양법」, 1978년의 「사회주의노동법」 등을 법령의 근거로 하여 발전해 왔다. 북한의 여성복지의 적용대상은 전 여성이라고 할 수 있다. 북한의 여성복지정책은 여성노동인력의 적극적인 활용정책에 의하여 특히 자녀를 가진 여성이 중점 적용대상으로서, 남녀의 평등성을 강조하고, 노동의 권리, 임금과 교육의 권리 등 질적인 보호 수준에 초점을 맞춘 여성복지정책이라고 할 것이다.

나) 급여

남한의 여성복지정책은 요보호 대상자들의 상태에 따라 국민기초생활보장법 등에서 보장하는 생활보호 및 보장이 있고, 아동양육비 지원, 무주택 모자가정을 위한 임대주택 공급, 직업훈련, 산전산후 휴가, 유급 육아휴직[15), 고용촉진을 위한 지원 등으로 이루어지고 있다. 남한의 경우, 여성복지의 질적인 향상을 위하여 여성의 소득지원 확대가 시급한 상황이라고 할 수 있다. 따라서 한부모가족을 위한 최저생활비 지원, 저출산 문제를 해결하기 위한 출산 장려금 확대 등이

---

15) 유급 육아휴직은 부모휴가로 모성휴가와 부성휴가가 있다. 모성휴가는 국제노동기구에 의해 1919년 이후 이에 대한 기준이 마련되었다. 국제노동기구 선정한 기준은 해산 전후에 12주 휴가를 제공하고 모성휴가 기간 중에는 임금의 2/3 이상을 지급하고, 여기에 드는 비용은 고용주가 책임지는 것이 아니라 사회보장이나 의료보험재정으로 충당하는 것으로 되어 있다. 남한은 2011년 현재 만 6세 이하의 자녀를 둔 부모 가운데 피보험자인 배우자가 육아휴직을 부여받지 않은 경우, 유급 휴가제를 실시하고 있다. 지급액은 출산 전 임금의 40%(최저 50만 원에서 최대 100만 원까지)를 지급하며 휴직기간은 사업주로부터 30일 이상 육아휴직을 받아야 한다. 이 기간은 육아휴직 개시일 이전에 피보험단위기간(재직하면서 임금 받은 기간)이 모두 합해서 180일 이상을 넘어야 한다.

필요하고, 건강보험의 경우에도 적용범위의 확대를 통하여 여성의 질병 예방 및 건강증진을 도모해야 빈곤의 세습화 등이 예방될 수 있을 것이다.

북한의 경우, 남녀평등을 보장하기 위한 다양한 권리와 함께 일부 다처제나 공창, 사창 등을 엄격히 금지하고 있고, 산전산후 휴가, 어머니를 위한 노동시간 단축 등도 북한의 여성복지정책이 제공하는 서비스의 영역이다.

다) 재원

남한의 여성복지 재원은 국민기초생활보장제도에 의한 최저생계비 지원, 모자복지사업에 의한 자립적 기반확보를 위한 취업지원 등이 있으나, 다양한 수급권 제한 규정에 의하여 그 수급자격 취득이 어렵고 지원금액도 '국민복지'선에 미치지 못하는 경우가 많다.

북한은 질적인 수준에 있어서는 보편적인 여성복지의 수준에 미치지 못할 것으로 판단되지만, 국가 예산을 기본재원으로 하여 출산 및 산후의 전 과정을 보장하는 전문 산원의 운영 등 여성복지의 분야에 있어 포괄적인 서비스를 제공하고 있다고 할 것이다.

라) 전달체계

남한 여성복지의 전달체계는 핵심부서인 여성가족부와 관련부서인 법무부, 행정안전부, 교육과학기술부, 농림수산식품부, 보건복지부 등에서 부처 간의 횡적 협조와 조정을 통해 이루어지고 있다. 북한의 경우, 여성의 생활 전반에 걸쳐 여성복지서비스가 이루어지고 있어 관련 감독 및 운영기관도 매우 다양하다. 노동권과 산전산후휴가의 경우,

노동성에서 관리하며 상속이나 이혼 등의 문제는 인민재판소, 출산 전
후의 모성보호와 관련된 의료보장은 보건성에서 관리 감독한다.

<표 5-11> 남북한 여성복지정책의 비교

구분	남한	북한	특성
법령	-성매매방지특별법(2008) -국민기초생활보장법 (2000) -아동복리법(1961) -모자보건법(1973) -모자복지법(1989)	-남녀평등권에 대한 법령 (1946) -여성상담소에 관한 규정 (1948) -산원에 대한 규정(1949) -사회주의 헌법(1972) -어린이보육교양법(1976) -사회주의노동법(1978)	-남한: 1960년대 법 제정, 1970년대 본격 시행 -북한: 1940년대 법 제정 및 시행
적용 대상	1. 모자복지법 대상 -배우자와 사별 또는 유기된 여성 -신체 또는 정신장애로 근로능력이 없는 배우자를 가진 여성 -미혼모 2. 모자보건법 대상 -임산부 3. 성매매방지특별법 대상 -요보호 여성	-전체 여성	-남한: 빈곤세대, 미혼모, 임산부, 윤락여성 등 제한적 대상 -북한: 전체여성(자녀를 가진 여성중점 대상)
급여	-국민기초생활보호법에 의한 최저생계비 지원 -모자복지법에 의한 취업 지원 -육아휴직지원	-전문 산원의 이용 등 국가 보장 현물급여 중심 -산전, 산후 휴가	-남한: 수급권 제한 등 국민최저 복지선 보장 미흡 -북한: 국가보장의 포괄 서비스
재원	국가 보조 중심의 공공 부조 기능	국가의 일반 예산	
전달 체계	-중앙 행정기관 및 지방자치단체 -사회복지전담 공무원사회 복지사	-노동성 -상속, 이혼 소송 등은 인민재판소 -의료보장은 보건성 지원 체계	-남한: 중앙 및 지자체 연계, 민간보조 -북한: 내용에 따른 관리 운영의 다원화

(4) 장애인복지정책

가) 대상

장애인복지정책의 기본목표는 장애인이 사회의 한 구성원으로서 비장애인과 함께 보편적인 삶을 살아갈 수 있도록 지원하는 정책이며, 이를 통하여 장애인들의 완전한 사회참여와 평등이 실현될 수 있도록 하는 것이다.[16] 남한의 장애인복지정책은 1981년 「심신장애자복지법」을 제정, 1988년 이를 전면 개정한 「장애인복지법」의 제정, 1990년 「장애인고용촉진에 관한 법률」, 장애인 의무고용제 등을 도입하면서 발전하였다. 북한의 경우 1951년 「국가사회보장에 관하여」, 2003년 「장애자보호법」을 제정하면서 장애인복지정책을 발전시켜 왔으나, 1953년 「제대 군인 및 영예전상자들의 부양가족 보호에 관한 결정서」가 채택되면서 주로 전상자나 국가공로자 중심의 장애인 복지정책이 추진되어 왔다.

적용대상은 남한의 경우, 2003년 7월 장애범주가 기존의 10종(지체장애, 뇌병변장애, 시각장애, 청각장애, 언어장애, 정신지체, 발달장애, 정신장애, 신장장애, 심장장애)에서 15종(호흡기장애, 간장애, 안면장애, 장루 요루장애, 간질장애) 등으로 확대되었으며, 장애의 등급도 6등급까지 세분화하여 인구의 고령화에 따른 각종 사고 및 만성장애 등의 유형에 대비하고 있다. 북한의 장애인복지법의 적용대상은 모든 장애자를 포괄하는 개념으로 사용되고 있으나, 주로 전상자나 국가 공로자, 산업재해자 등을 그 대상으로 하고 있다.

---

16) 양정하 외, 앞의 책, p.340.

나) 급여

남한의 장애인복지정책은 1988년부터 장애인 등록제도를 도입하여 등록 장애인에 대하여 장애인 수첩을 교부하며, 직업훈련 기회의 제공, 장애인용 승용차 구입 시 특별소비세 면제, 자동차세면제 등의 혜택을 부여하고 있으며, 각종 장애인복지시설을 설치·운영하여 장애인들의 수용 및 재활정책을 시행하고 있다. 또한 장애인 소득보장을 위해서는 장애인 생계보조수당 지급, 자영업 창업지원 및 자금대부, 직업재활서비스 등의 급부를 제공하고 있다.

북한의 경우, 장애인복지정책의 주요 내용은 취업이 가능한 자의 경우, 적합한 직업에의 의무적 취업, 취업이 불가능한 자는 노동합숙소 또는 특수학교 등에 수용하며, 취업불가능자 중 영농희망자는 영농종사, 정신장애인 및 기타 이유로 보호를 필요로 하는 자는 보양소 등에서 수용하게 된다. 사회보장을 받는 불구자나 그 유가족에 대해서는 식량, 주택 등을 제공하고 있는 것도 북한 장애인복지정책의 한 영역이다.

다) 재원

남한의 장애인복지법에 의하여 장애인의 의료활동, 시설이용, 교육비 등에 소요되는 비용은 국가 및 지방자치단체가 부담하는 것을 원칙으로 하며, 그 부담 비율은 생활보호법의 규정에 의하고 있다. 또한 장애인복지시설을 설치하기 위하여 소요되는 비용은 당해 복지조치, 또는 시설설치를 하는 국가 또는 지방자치단체가 부담한다. 중증장애인의 생계보조수당의 규정에 의한 복지조치에 소요되는 비용은 국가가 부담하는 방식을 취하고 있다.

북한 장애인복지정책의 재원은 2003년 제정된 「장애자보호법」에서 "국가계획기관과 노동행정기관, 자재공급기관, 보건기관, 지정은행기관은 장애자보호사업에 필요한 노력, 설비, 자재, 의약품, 의료기구, 자금을 제때에 보장하여야 한다."[17]고 규정하여 장애인복지정책의 재원은 기본적으로 국가 부담을 원칙으로 하지만, 업무의 성격에 따라 노동성, 보건성, 교육성이 각각 그 역할을 분담한다고 볼 수 있다.

라) 전달체계

남한의 장애인 복지행정에 관한 종합계획의 수립 및 조정은 보건복지부에서 총괄하며, 장애예방, 재활보호 등 효율적인 복지서비스를 위해 해당 업무별로 고용노동부, 교육과학기술부, 국토해양부 등이 각각 관계되어 있다. 장애인복지를 담당하는 지방자치단체 전달체계로는 광역시, 도 및 기초지방자치단체에 해당부처를 두고, 동사무소 등의 전문사회복지사 등을 통해 관련 업무가 다루어지고 있다.

〈표 5 - 12〉 남북한 장애인복지정책의 비교

구분	남한	북한	특성
법령	-장애인복지법(1989) -장애인 고용촉진법(1990) -장애인 차별금지법(2007) -장애인 활동지원법(2011)	-국가사회보장에 관하여 (1951) -제대군인 및 영예 전상자들의 부양가족 보호에 관한 결정서 -사회주의 헌법(1972) -장애자보호법(2003)	-남한: 1980년대 법 도입 및 시행 -북한: 1950년대 법 도입 및 시행
적용대상	-15종 장애 대상 -6등급으로 세분화	-모든 장애인 포괄개념	-남한: 대통령령으로 장애의 기준 정함. -북한: 전상자 국가공로자, 산업 재해자로 분류

---

17) 「장애자보호법」 제46조, 이철수, 『북한사회복지법제 - 알파와 오메가』(서울: 높이깊이, 2005), p.253.

급여	−장애인 등록제에 의한 차등 지원 소득보장 −보장구 무료 교부 −자립자금 융자 −의료비 지원 −장애인 복지시설 운영	−취업가능자 취업급여 −정신장애자 등 시설 보호 −무상 식·의·주 대상 −무상 의료제도 대상	−남한: 다양한 취업 기회 보장 −북한: 장애자에 대한 강제 취업제 존치
재원	−국가 및 지방자치 단체 부담 원칙	−국가 보장 원칙	
전달체계	−보건복지부, 고용노동부, 교육과학기술부 등 연계 지원 및 관리 −지방자치단체 및 사회복지 전담위원, 사회복지사	−노동성, 보건성, 교육성 역할 분담	남한은 해당 기관 및 주관 부서가 보건 복지부 등으로 뚜렷하나, 북한은 총괄 주관청이나 행정체계가 없음.

북한은 장애인에 대한 급여가 교육, 의료, 직업, 생활보호, 주거보장 및 시설보호로 다양하게 이루어짐에 따라 교육성, 보건성, 노동성, 국가계획위원회 등이 관련된다. 북한에는 장애인복지서비스 감독을 위한 정부, 정당, 사회단체로 구성되는 장애자보호위원회가 있는데, 장애자보호위원회의 실무사업은 장애자연맹이 관장하도록 하고 있다.[18]

4. 남북한 사회보장정책 평가

이 연구는 지금까지 남북한의 현존하는 사회보장정책을 이념, 제도, 현실의 사회보장정책의 3대 축을 중심으로 하여 비교 분석하였다. 이념의 경우에는 사회보장정책을 결정하는 외부적 결정요인으로, 체제의 이데올로기와 작동원리, 운영체계, 복지담론 등을 중심으로 고찰하였고, 제도의 경우에는 각각의 사회보장정책의 구성요인들을 분

---

18) 「장애자보호법」 제46조, 이철수, 앞의 책(2005), p.253.

석하기 위하여 사회보장정책의 범주 및 영역별 관련 법령을 텍스트로 하여 고찰하였다. 또한 현실부문의 경우, 실체적인 현장의 평가와 수요자들의 만족도를 객관적으로 측정할 수 있는 실증연구방법이 보완되어야 하지만, 북한 사회정책 연구의 한계적 특성으로 하여, 제도의 내용을 대상, 급여, 재정, 전달체계 등의 분석 도구를 사용하여 심도 있게 검색하고자 하였다. 더불어 이의 분석내용의 실효성을 높이기 위하여 각종 선행연구 및 관련 정부부처의 정보자료, 언론의 동향 분석 등을 2차 자료로 하여, 다원적, 통합적 비교연구의 관점에서 남북한 사회보장정책의 실체에 접근하고자 하였다.

본 연구는 이상과 같은 남북한 사회보장정책 비교연구의 성과를 다시 한번 종합적으로 평가하여 남북한 사회보장정책의 동질성과 이질성을 검색하고, 통합 사회보장정책의 기본방향 설정을 위한 정책자료로서의 함의를 높이기 위해 포괄적인 평가작업을 시도하고자 한다. 남북한 사회보장정책의 평가기준으로는 전술한 바와 같이 ILO(국제노동기구)의 4가지 구성목표 원칙, 곧 ① 이념의 보편성, ② 제도의 완비성, ③ 급여의 적절성, ④ 보장의 안정성 등의 준거틀에 따라 평가하고자 한다.

1) 이념의 보편성

사회보장정정책은 국가의 체제이념과 국가정체성에 의해 그 방향성이 좌우되며, 그 정책적 내용이 결정된다. 따라서 이념 및 국가정체성 등은 사회정책 및 사회보장정책을 결정짓는 '종자'라고 할 수 있다. 그런데 이 체제의 이념과 국가정체성은 심리적 이념과 본질적 정체성과 같은 고정된 것도 있지만, 인(因)과 연(緣)의 원리에 따라 그 개량 및 진화가 얼마든지 가능하다. 즉, 종자의 속(屬)은 쉽게 변하지 않더라도 유전인자의 변형과 같은 구성주의적 생체변화는 얼마든지 가능한 것이다.

현대 인류사회가 추구하고 있는 복지국가가 사회보장정책의 제도적 장치에 의해 구현되는 것이라면, 복지국가를 추구하는 이념은 보편주의적 성격을 지니고 있어야 한다. 자본주의냐 사회주의냐를 떠나서 한 국가의 존립의 당위성은 각기 구성원들의 삶의 질 향상과 존엄성 보장을 위해 필요한 것이므로, 체제 구성의 더 근본적인 요소는 체제이념이나 국가정체성에 앞서 그 국가의 존재 목표에 있다는 것이 당연한 명제일 것이다. 그런 점에서 모든 정상국가의 체제이념은 물질과 사람, 개인과 집단의 통치이데올로기를 떠나 본질적으로 보편주의를 지향하고 있다고 할 것이다. 다시 환언하여 국가 출발의 체제이념적, 정체성적 성격은 국가의 설계도와 같아 움직이지 않더라도, 구성원들의 성향과 환경에 따라 구조물들은 얼마든지 다르게 설치할 수 있는 것이다. 따라서 이념의 포괄성 문제는 체제 출발의 이념이 본질적으로 보편주의적 성격을 지니고 있느냐가 관심이 아니라, 보편주의를 지향하고 있는가가 복지국가의 실현을 위한 사회보장정책의 관점인 것이다.

김연명의 지적처럼 복지국가를 포괄적인 사회복지관련 서비스가 전체 국민들에게 보편적으로 적용되는 국가체제로 정의한다면, 보편주의적 복지국가는 상당한 수준의 산업화와 민주주의를 달성하여 부를 축적하지 않는 한 도달하기 어려운 체제이다. 따라서 체제 이념에 따라 복지국가를 보편주의적 복지국가를 논하는 것은 '정치적 구호'

는 될지 모르나 '실현 가능한' 현실적 대안은 되지 못할 것이다.[19]

최근의 한국사회에서 보편주의와 선별주의 논쟁 등이 한국 복지정책의 방향성 논란으로 쟁점화되고 있는 것은, 남한 사회보장정책의 그 체제 이념의 근본적 성격은 물론, 복지정책의 방향성이 아직 보편적인 복지국가의 구성목표에 접근하지 못하고 있다는 반증일 것이다. 이런 관점에서 본다면 적어도 복지제도의 포괄성과 복지수혜자의 보편성 측면에서 북한의 사회보장정책의 이념적 보편성은 남한보다 우월한 것으로 판단된다. 이는 남한의 사회보장정책이 형식적, 제도적인 면에서 완비되지 못하였으며, 시장경제에 기초한 경제체제로 인하여 근본적으로 잔여적 성격을 띠고 발전해 왔기 때문이다.[20]

남북한 간의 시기별 사회보장정책 적용대상의 포괄성 및 보편적인 보장 내용에 대한 전개과정을 비교하면 북한은 1940년대 후반과 1950년대, 그리고 1960년대에 국가사회보장정책의 기초 축성이 이루어지고, 1985년 농민 계층까지 보장범위가 확대되어 전 구성원들을 위한 보편적 복지체계가 실현되었다고 할 수 있다. 반면에 남한은 1960년대 초반 군사정권에 의해 명목적인 사회보장정책이 도입되었지만, 1970년대 후반 및 1980년대에 들어 복지정책이 본격적으로 추진되기 시작하였다. 이것은 복지정책은 결국 산업화론, 경제발전의 추세와 맥을 같이하는 것이어서 보편적 복지의 실현과 복지국가의 달성을 위해서는 경제성장의 토대가 마련되지 않으면 안 된다는 점을 시사하는 것이라고 할 것이다.

지금까지 본 논문에서 고찰한 바와 같이 북한은 해방 이후 50년 동

---

19) 김연명, 앞의 글(2011), p.55 참조.
20) 박순성, 앞의 책, p.33.

안 주요한 사회보장정책을 완비한 상태이며, 적용인구의 범위에서도 전 구성원을 대상으로 포괄하여 실질적인 보편주의를 남한보다 앞서 달성한 것으로 보인다. 그러나 북한의 사회보장정책은 형식적인 보편성에 있어서는 완비되어 있을지라도 그 정책이 보장하는 급여의 질적인 내용에 있어서는 다른 차원의 문제가 제기될 수 있을 것이다.

2) 제도의 완비성

제도의 완비성 문제는 남북한이 질병, 노령, 산업재해 등 소위 '사회적 위험(social risks)'에 대비할 수 있는 복지제도를 어느 정도 완비하고 있는가에 대한 측면에서의 평가다.[21] 이에 대하여 사회보장 수준에 관한 기준 중 가장 영향력 있는 기준으로 공인된 ILO(국제노동기구)의 '1952년 사회보장의 최저기준'(조약 제102호)에서는 사회적 위험에 따른 급여의 종류를 의료급여, 상병급여, 실업급여, 노령급여, 업무상재해급여, 가족수당, 출산급여, 폐질급여, 유족급여 등 9가지로 구분하였다. 이는 '5대 제도'의 범주 속에 포함된다.

5대 제도의 범주는 노령폐질(장해)사망에 대처하는 연금제도, 보건의료에 대처하는 의료보장제도, 산업재해에 대처하는 산업재해보상제도, 실업에 대처하는 고용(실업)보장제도, 아동양육에 대처하는 가족수당제도가 이에 해당된다.[22] 이런 5대 제도의 완비 여부를 기준으로 2011년 현재 남북한 사회보장정책의 제도적 완비성을 분석할 때,

---

21) 김연명・김형식, "통일국가의 사회복지: 권리로서의 사회복지의 보장," 『한반도 통일국가의 체제구상: 사회부문』(학술단체협의회 주최 해방50주년기념 학술대회자료집, 1995), p.161.

22) 김연명・김형식, 위의 글, p.162.

남북한 모두 사회보장정책의 법령적 장치에 있어서는 제도의 완비성을 충족하고 있는 것으로 판단된다. 남한은 1961년 산업재해보상보험, 1977년에 의료보험, 1988년에 국민연금, 1995년의 고용보험이 실시되었고, 2007년부터 노인장기요양보험 등이 실시되었다. 일부 지방자치단체에 한하여 출산 장려대책의 일환으로 보조금 등을 지급하고 있어, 5대 제도를 완비하고 있다고 할 것이다. 북한의 경우, 1946년 '국가사회보험제' 및 '국가사회보장제'를 통해 질병출산은 물론, 실업노령사망, 산업재해 등이 포괄되고, 1953년부터의 무상의료치료제가 실시되어, 국제사회에서 제시하는 관련 4대 법령을 완비하고 있다고 할 것이다.

사회보장정책의 완비 시기를 보면 북한은 이미 1950년을 전후하여 사회보장정책의 주요 법령을 완비하였으며, 1995년 시점에서 남북한 모두 가족 수당을 제외한 핵심적 복지제도를 완비하고 있는 상태라고 할 것이다. 이러한 기준 외에도 남과 북은 공공부조, 사회복지서비스정책에 있어서도 관련법령들을 구비하고 있어 제도적으로는 복지국가의 요건 가운데 한 부분을 충족시키고 있다고 생각된다. 남한은 공공부조의 영역에서 2000년부터 국민기초생활보장제도를 도입하여 전 국민을 대상으로 최저생계비를 지원하고 있으며, 북한은 1950년대부터 전 인민을 대상으로 식·의·주 무상배급제 및 무상의료보장제 등을 실시하고 있다. 사회복지서비스정책 영역에서 남한은 1981년「노인복지법」, 1981년「아동복지법」, 1987년「남녀고용평등법」, 1989년「장애인복지법」 등을 별도의 단일 법령으로 제정하였으며, 북한은 1946년「사회보험법」 및 1978년「사회주의노동법」에 의거 분야별 사회복지서비스정책을 추진하고 있었으면서도, 2007년「연로자보호법」,

1976년 「어린이보육보양법」, 1946년 「남녀평등에 관한 법령」, 2003년 「장애자보호법」을 단일법령으로 제정하여 복지제도의 형식적 정비를 꾀하였다.

이와 같이 남북한은 사회보장정책의 정책범주인 사회보험, 공공부조, 사회복지서비스정책의 영역에서 관련된 법령을 대부분 구비하고 있어 적어도 법령적인 측면에서는 복지국가의 기본 형태를 구비하고 있다고 평가된다.

3) 급여의 적절성

급여의 적절성은 남북한 사회보장정책이 제공하는 각종 급부의 종류 및 수준이 구성원들의 기본적 삶을 유지하는 데 적절한가를 평가하는 기준이다. 복지이념에서 보편주의적 방향성을 설정하고, 법령에 있어 제도의 완비성을 기하고 있다고 하더라도 그 정책이 보장하는 급여의 사각지대가 있고, 수준 또한 제한적이라면 선행한 두 가지 항목의 평가기준은 특별한 의미 부여가 어려울 것이다.

각국의 사회복지수준을 비교하는 가장 일반적인 방법은 중앙정부 예산 중 사회복지비로 투여되는 금액을 GNP(혹은 GDP)의 비율로 측정하거나, 더 나아가 국민 1인당 국가사회복지비의 지출액을 비교하는 것이다.[23] 남한의 사회복지비 지출은 1998년 외환위기 이후 급속한 팽창을 보이고 있는데, 2000년 GDP 대비 4.74%이었던 복지비 지출이 2008년에 GDP 대비 8.3%로 2배 가까이 증가하였고, 이러한 추

---

23) 김연명·김형식, 앞의 글, p.166.

세를 감안하면 2010년에는 GDP 대비 10%를 넘어설 것으로 추정된다. 따라서 사회복지비 지출이 GDP 대비 10%에 근접하는 경우, GDP의 25% 수준을 복지비로 지출하는 서구의 성숙한 복지국가 대열에 들어갈 수 없지만, 복지국가의 초기단계의 모습을 갖추고 있다는 증거는 될 수 있을 것이다.[24] 그러나 남한의 GDP 대비 복지비 지출 비중은 2007년 기준으로 OECD 회원국 29개국 가운데 최하위인 7.5%이며, 대표적 복지국가인 스웨덴의 27.3%에 비하면 크게 못 미치는 수준이다. 특히 국민소득 2만 달러일 때의 GDP 대비 공공사회복지비 지출은 2007년 7.53% 수준으로, 스웨덴의 소득 2만 달러 시기인 1987년의 29.56%에 비해 크게 낮은 수치이다(<그림 5-1> 참조).[25]

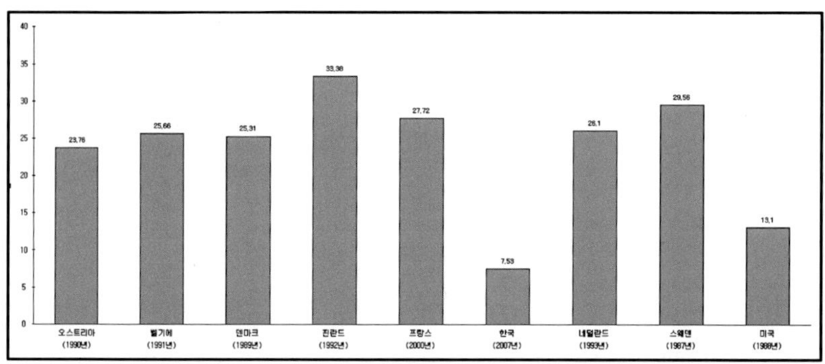

(단위: %, 자료: OECD)

출처: 경향신문 특별취재팀, 『복지국가를 말한다』(1부) ④편, 2011년 5월 18일, http://news.khan.co.kr/khnews/art(검색일: 2011. 10. 5.).

〈그림 5-1〉 소득 2만 달러일 때 GDP 대비 사회보장비 지출비중

남북한 모두 수급자의 입장에서 본 급여의 적절성 수준도 선행연

---

24) 김연명, 앞의 글(2011), p.157.

25) 「경향신문」 2011년 5월 18일, http://news.khan.co.kr/kh news/art(검색일: 2011. 10. 1.).

구들의 논거를 참고할 때 아직까지 불충분한 상태라고 할 것이다. 노령연금에 의한 임금대체율이 남한의 경우 40%에 달함으로써 ILO의 상위 기준에 이르지 못하고 있고, 북한의 경우 약 25%에 해당하여 상위기준을 초과하고 있다. 또한 폐질급여의 경우, 남한은 24~38%로 ILO의 하위기준인 40%에 미달하는 수준이며, 북한은 폐질급여 임금대체율이 35~65%인데 ILO의 폐질급여가 완전노동불능의 경우를 기준으로 한 것을 감안할 때, 북한 폐질급여 임금대체율은 ILO의 상위 기준에 근접하는 수준에 있다고 볼 수 있다. 유족급여의 경우, 남한은 21%, 북한은 연간 평균임금액을 일시불로 지급하고 있기 때문에 남북한 모두 1952년에 제정된 ILO의 하위 기준에 못 미치는 수준이라고 할 것이다.[26]

의료보장제도의 경우, 북한은 보장하는 급여의 범위가 매우 넓으나 제공되는 의료의 질은 낮은 반면, 남한은 급여의 범위는 좁으나 의료의 질은 높은 편이라고 할 수 있다. 구성원들이 체감하는 복지혜택의 수준을 측정하는 급여의 적절성 측면에서 남과 북은 사회보험, 공공부조, 사회복지서비스정책 측면에서 아직까지 만족할 만한 수준에 이르지 못하고 있는 것으로 평가된다.

4) 보장의 안정성

사회보장정책의 궁극적 목표는 '사회적 위험'에 처한 수급대상자들에게 최소한의 생계를 보장하고 위기의 자력적인 극복 능력과 자

---

26) 김연명 · 김형식, 앞의 글, pp.169~171 〈표 3〉 참조.

립의 기회를 제공하는 것이기 때문에 복지재원의 안정성 및 전달체계에 있어 지속성 및 효율성이 담보되어야 한다. 보장의 안정성에 있어 복지재원의 대부분을 국가가 부담하는 북한이 남한보다 안정된 제도를 갖추고 있다고 할 것이나 남한과의 경제력을 비교할 때, 경제적 안정성이 '안받침'되지 않는 한 원론적인 평가는 특별한 의미를 부여하기 어려울 것이다.

북한은 1970년대 중반까지 경제성장에 따른 국민소득의 증대가 구성원들의 복리증진에 크게 기여한 것으로 보이지만, 1980년대에 들어 경제성장 속도가 둔화됨에 따라 사회보장제도와 관련되는 예산인 사회문화시책비의 증가율이 하락하였다. 북한은 1978년「사회주의노동법」을 제정하면서 근로자들의 국가적 및 사회적 혜택을 규정하여 국가의 사회보장 관련비의 지출이 증대할 것으로 예상되었으나, 1978년 이후 사회문화시책비의 증가율은 1967년부터 1977년까지 평균 17%의 증가율을 보인것에 반해, 이 시기에 이르러 오히려 10% 이하로 하락하였다. 북한의 경우, 사회문화시책비의 원천은 경제성장의 증대이므로 경제성장의 회복이 전제되지 않는 한 주민들의 생활비 및 국가 사회적 혜택인 복지예산의 안정된 확보는 어려울 수밖에 없을 것으로 판단된다.[27]

남북한 복지재원 보장의 안정성 문제와 관련하여 간과되지 말아야 할 또 한 가지의 부문은 한반도에서의 군사적 적대관계가 사회보장 정책의 재원확보에 미치는 부정적 영향이다. 특히 북한은 1970년대 초반까지, 남한은 1970~1980년대에 높은 경제성장을 통해 경제력을

---

27) 박진·이유수, 『남북한 사회보장제도의 비교 및 통합방향』(서울: 한국개발연구원, 1994), pp.25~27.

향상시켰음에도 불구하고, 다른 국가들에 비해 낮은 사회복지비(문화
비)의 지출률을 보이는 것은 절대적으로 높은 군사비 부담이 상당한
영향을 미쳤기 때문이다.[28] 군사비가 정부예산에서 차지하는 비중이
높은 만큼 사회복지예산의 비중은 상대적으로 축소될 수밖에 없을
것이다. 따라서 남북한 모두 국방비 문제에 대한 진지한 재검토를 통
해, 사회보장 재원 확보의 안정성을 늘려 가고, 사회보장정책의 지속
적 발전을 위한 다양한 정책적 대안을 개발해야 할 것이다.

---

28) 김연명, "한반도의 냉전체제가 남북한 사회복지에 미친 영향."(중앙대학교대학원 박사학위논문, 1993,)
    p.127.

제**6**장

남북한 사회보장정책 통합의 접근 방향

1. 통합의 촉진요인과 장애 요인
2. 통합 사회보장정책의 유형과 접근 방향

1. 통합의 촉진요인과 장애 요인

1) 통합의 촉진 요인

남북한의 사회보장정책은 남북한 주민의 삶의 질을 향상시키기 위한 사회정책이다. 정치나 경제 논리가 이익집단들의 기득권수호를 위한 행위적 측면이 강하다면 '사회보장'은 그 자체가 어떠한 상위개념보다 사회적 연대를 위한 통합의 촉진 요인이 된다. 본 논문은 전술한 바와 같이 남북한이 구성원들의 진정한 '인민복지'와 '사회복지'를 실현하기 위해서는 궁극적으로 민족의 화해와 통합, 나아가 통일한국이라는 복지국가를 구현하는 것임을 강조하였고, 그런 측면에서 '인민복지'와 '사회복지'의 결합 지점으로서의 '민족복지'를 주장한 바 있다. 따라서 본 장에서는 지금까지 비교평가한 남북한의 사회보장정책, 북한의 '인민복지'와 남한의 '사회복지'를 '민족복지'로의 단일화를 전제로 한 통합의 '촉진'요인과 '장애'요인을 검색하여 향후 통일한국의 복지국가 유형에 대한 전망과 과제를 탐색하고자 한다.

서로 다른 두 개 이상의 정책이나 제도를 통합하기 위해서는 관련 법령이나, 정책 및 제도의 내용적 통합에 앞서 각기 제도들이 추구하는 '가치'의 공유가 중요하다. 어느 한 체제의 제도도 완전할 수 없고, 또 결점이 없을 수 없으므로 양 체제가 가지고 있는 주요한 '가치'들 중 양 체제가 공유할 수 있는 가치들을 제도통합을 이루는 중심원리로 채택해야 하는 것이다.[1] 가치의 공유와 통합이 전제되지 않는 한, 정치, 경제적인 의미에서의 법령 및 제도적 통합은 한갓 외연의 포장에 불과할 수 있기 때문이다.[2] 그런 차원에서 남과 북의 사회보장정책에는 통합을 촉진하는 요인으로서의 공통의 '가치'라는 촉매가 내재되어 있다고 생각된다.

이 논문은 남북한 사회보장정책의 통합에 있어 촉진요인은 남북한 각각의 사회보장정책이 추구하는 이념, 그 이념의 배양지가 되는 역사문화적인 토대, 그리고 독일이나 동구권의 체제전환 국가들에서 목격된 체제전환의 경험적 '함의'[3]들이 통합의 촉매인 공통의 '가치'를 추출할 수 있는 중요한 지점이라고 생각한다. 이런 관점에서 이 논문은 남북한 사회보장정책의 통합을 위한 촉진요인이자, 공유 할 수 있는 가치로, '보편성', '민족성', '평등성'의 3가지 핵심어들을 제시한다.[4]

---

1) 성경륭, "통일한국의 사회통합을 위한 사회복지정책의 방향," 『통일한국의 새로운 이념과 질서의 모색』(한국정치학회주최 제3회 한국세계학술대회발표자료집, 1993), p.266.

2) 일반적으로 가치관의 구성요소와 단위는 가치 – 가치지향 – 가치체계 – 가치관 등 각 차원에서 목표가치, 도덕가치, 미적 가치로 파악되며, 사람들이 갖는 가치관은 사회에 대한 태도, 판단, 선택의 기준이 되므로 서로 다른 정책 및 제도의 단일화 작업에 있어 가치 추출을 중심으로 한 동질성과 이질성 검색작업은 매우 중요한 의미를 갖는다고 할 것이다.

3) "동구권 사회주의의 몰락은 현실 사회주의의 제도와 정책의 실패를 의미할 뿐 사회주의의 가치와 이상 자체의 몰락을 자동적으로 의미하는 것은 아니"며(Przeworski, 1991), 아울러 "현실 사회주의의 몰락은 자본주의 시장경제 체제가 지니고 있는 많은 모순과 문제점들에 대해 면죄부를 주는 것도 아니"라는(성경륭, 앞의 글, p.266) 주장에 대해 유의할 필요성이 있다고 생각된다.

4) 남북한 사회보장정책 통합을 위해 전제되어야 할 중요한 가치로, 황병덕은 '인간존엄성', '자유', '복지'를 주장했으며(황병덕, 1993), 박순성은 '보편주의의 연대성'과 '권리로서의 사회복지'를(박순성, 1994), 민병

첫째, 남북한 각각의 사회보장정책에는 '보편성'이라는 이념적 가치가 내재되어 있다. 남북한의 사회보장정책이 각기 자본주의와 사회주의 체제로서 개인주의와 집단주의, 잔여적 복지와 보편적 복지라는 유형의 상이성을 보이고 있지만, '홍익인간'과 '이민위천'의 정신과 같은 인간의 존엄성과 복지의 연대성을 강조하는 보편성이라는 이념적 가치가 공유되고 있다. 물론 북한의 이민위천은 김일성이 유일지배체제를 정당화하기 위한 통치전략적 '선호위장(preference falsification)'5)의 측면이 강하지만, 북한의 사회보장정책 자체가 보편주의를 지향하고 있어 복지이념의 규범적 측면에서 공통의 가치로서 충분한 접점이 형성된다고 본다.6)

둘째, 남북한 각각의 사회보장정책에는 '민족성'이라는 정서적 가치가 내재되어 있다. 한반도는 제2차 세계대전의 종전에 따른 국제질서의 개편에 따라 구성원들의 의사와 반하게 분단되었지만, 분단 이전의 한반도는 동일한 역사적 경험을 가진 구성원들의 삶의 토대였다. 따라서 수천 년 동안 하나의 영토를 보전하며 동일한 역사와 문화의 유전인자를 공유한 '민족적 단일성(national unity)'이라는 요소는

천은 '평등분배'와 '자주적민족경제'를(민병천, 1992), 김연명·김형식은 '시민적 권리'를(김연명·김형식, 1995), 성경륭은 '민족', '평등', '사회보장'(성경륭, 1993), 조한범은 '이념적 가치체계', '사회적 가치의식', '선호 가치순위'(조한범, 2003) 등을 주장한 바 있다.

5) 큐란은 외관상 안정된 것으로 보였던 사회주의체제가 급속히 붕괴된 것을 설명하기 위하여 '선호위장(preference falsification)'이라는 개념으로 설명하였다. Timur Kuran, "Now Out of Never: The Element of Surprise in the East European Revolution of 1989," World Politics, vol.44, no.1 p.13; 고유환, 앞의 글, p.47 주28) 재인용.

6) 김정일은 '인덕정치'를 내세워 북한 '인민복지'의 원천이 자신의 정치신념에서 비롯되고 있음을 통치전략으로 삼기도 하였다. 북한의 경제학자 리정삼은 "경애하는 장군님의 인덕정치야말로 사회보험과 사회보장 혜택으로 누구나 다 값 높고 행복한 생활을 누리게 하는 원천으로 되며 당과 국가가 실시하는 인민적 시책의 우월성을 남김없이 발양시키는 근본요인으로 된다."고 하였다. 리정삼, "위대한 영도자 김정일동지의 인덕정치는 우리나라 국가사회보험 및 사회보장제도의 우월성을 규정하는 근본요인," 『경제연구』 제1호(과학백과사전종합출판사, 1997), p.5.

남북한 사회보장정책의 통합을 촉진하는 데 있어 가장 강력한 촉매요인 가운데 하나이다. 북한은 2000년대에 들어 남북 간에 화해협력의 기류가 무르익음에 따라 '우리민족끼리'라는 정성적 구호를 가지고 남북교류에 접근한 바 있다. 이것은 자주적 교류 원칙을 강조한 것이라기보다는 다분히 외세를 배격한 통일전선전략 차원의 의도된 접근으로 보이지만, 일제식민치하의 경험과 같은 역사적 희로애락을 같이한 혈연적 구성원의 입장에서 민족성은 사회보장정책의 통합은 물론, 민족의 재통일을 위해서도 가장 중시되어야 할 최고의 통합 촉진요인이라고 본다.[7]

셋째, '평등성'은 남북한 사회보장정책이 추구하는 사회보장의 현재적 가치이자 통일한국의 복지국가를 지향하기 위해서도 반드시 공유해야 할 중요한 가치이다. 사회주의 경제체제는 자본주의의 사유재산제도에서 기인하는 계급적 착취를 구조적으로 제거하기 위해 모든 재산을 국유화 혹은 공유화하고, 이에 기초하여 결과의 평등을 확보하기 위해 사회구성원들의 삶의 조건을 균질화하는 한편, 모든 주민의 기본생활에 대한 완벽한 사회보장을 제공하고자 하였다. 북한의 사회주의 체제는 누적되는 경제적 모순과 새로운 신분제의 등장에 의해 '빈곤의 평등'과 '불균등한 사회보장'을 낳고 말았지만, 체제의 성격상 평등과 사회보장을 지향하는 속성이 매우 강하다고 할 수 있다.[8]

---

7) 북한은 민족의 개념을 사상과 이념, 제도에 복종되는 개념이 아니라고 주장하며, 남북 간의 상반되는 사상, 이념, 정치체제가 민족이질화의 근원이 되지 않는다고 강조한다. "어느 민족, 어느 나라의 역사에서도 서로 다른 사상과 이념을 가진 사람들이 한민족으로 살아왔음을 쉽게 찾아볼 수 있으며, 사회제도의 교체를 여러 번 이룩하였지만, 민족이질화를 가져오지 않았다는 것을 실증할 수 있는 것이다. (……) (우리나라의 경우) 봉건사상으로부터 자본주의 사상에로의 사상의 교체가 되어도 민족이질화가 일어나지 않았으며, 그것이 또한 공산주의사상으로 교체된다고 해서 민족의 이질화가 이루어진다고 할 근거가 없음은 자명한 이치일 것이다." 고영환, 『우리민족제일주의론』(평양: 평양출판사, 1989), p.21 참조.

8) 성경륭, 앞의 글, p.267.

　북한의 인민복지가 '평등한 권리와 공정한 분배'의 사회주의 복지 원칙을 실현하고자 한다면 남한의 사회복지는 '시민적 권리'와 '권리로서의 사회복지'를 추구하는 기본권으로서의 평등주의 복지이념을 고수하고 있다고 할 것이다. 체제의 이질성을 막론하고 사회보장의 근본적 목표가 평등성의 이념을 추구하고 있다면 남한의 사회복지는 '기회의 평등'과 '과정의 평등'을 지향하는 체제이고, 북한의 인민복지는 '결과의 평등'을 지향하는 체제이다. 따라서 평등성의 가치 공유야말로 남과 북의 구성원들이 사회보장정책의 통합을 통하여 남북한 주민의 삶의 질을 더욱 고양하는 사회통합의 중심적 기제로 작용할 것이다.

　이상에서 살펴본 바와 같이 남북한 사회보장정책에는 '보편성', '민족성', '평등성'과 같은 3가지의 통합을 촉진하는 이념적 가치들이 내재되어 있다. 따라서 이들 통합 촉진요인들을 매개로하여 남북한 사회보장정책이 통일한국의 통합 사회보장정책인 '민족복지'라는 새로운 유형으로 거듭날 때, '내부 식민지화'를 우려하는 북한주민들에게는 하나의 민족공동체로서의 귀속감을 갖게 할 것이고, 남한 주민들에게는 '결손국가'의 극복이라는 자부심과 함께 복지국가의 안정된 삶을 성취할 수 있게 할 것이다.

〈표 6-1〉 남북한 사회보장정책 '가치'의 비교

	남한	북한
이념적 가치체계	시장 경제적 가치관 -개인주의 -진취성 -경쟁성 -자율성 -보편주의 지향	사회주의적 가치관 -집단주의 -수동성 -보편주의 -단결성 -협동성
사회문화적 가치의식	-개방성 -개인적 권리 -합리성 -사교성 -민족성(역사적 경험)	-독자성(폐쇄성) -조직 전체의 이익 -충실성 -단결성 -민족성(역사적 경험)
선호되는 가치 순서	1. 행복한 가족관계 2. 편안한 삶 3. 자유 4. 평등성 5. 국가의 안정 등	1. 국가의 안전 2. 평등성 3. 편안한 삶 4. 행복한 가족관계 5. 자유 등

출처: 조한범, 『사회주의 인간형』(서울: 이화여자대학교, 2003), p.30 참조 재구성.

2) 통합의 장애 요인

한반도의 정치·경제체제의 통일을 60여 년 동안이나 지연시켜온 통일의 저해요인이 있듯이, 정치·경제체제의 하위체계인 남북한 사회보장정책 속에도 제도 통합의 인력(引力)을 방해하는 '장애'요인이 있다.[9] 정치·경제체제가 통일의 저해요인으로 '국제적인 요인'과 '국내적인 요인'에 의해 영향을 받듯이 그 하위 체계인 사회보장정책 역시 국제적인 요인과 국내적인 요인이 통합의 장애 요인으로 작용하고 있다고 할 것이다. 먼저 국제적인 요인으로는 한반도를 둘러싼 주변국들의 역학관계에 따른 영향이다. 한반도의 남북 분단이 민족

---

9) 일반적인 통합이론에서 통합(Integration)과 통일(Unification)은 다른 개념으로 사용된다. 통합은 '국가 간의 통합'과 국가 내의 계층, 이념, 제도 등이 이질적으로 분열된 사회를 하나의 통합된 행위자로 묶어 내는 과정이자 결과물인 반면, 통일은 정치적, 경제적, 영토적 의미의 단일한 주권체 형성의 통합을 의미하는 것이다. 곧 통일은 통합의 궁극적인 완성상태나 결과물이며, 통일을 위한 제반 조건을 달성하기 위한 과정 등으로 이해하는 것이다. 그러나 학자에 따라서는 통합을 통일보다 훨씬 광범위한 측면으로 이해하는 경우도 있다. 예를 들어, 정치적이고, 법적인 상태에서 통일이 이루어졌더라도 사회문화적인 통합은 통일이후에도 장기적으로 이루어지는 과정으로 이해되어야 한다는 것이다. 홍익표·진시원, 『남북한 통합의 새로운 이해』(서울: 오름, 2004), pp.22~26.

구성원들의 의사와는 무관하게 2차 대전 종전에 따른 국제질서의 재편 논리에 따라 형성된 것이기 때문에, 한반도의 국내 정세는 동아시아 국제질서의 원심력에 따라 좌우될 수밖에 없는 종속적 상황에 놓이게 되었다. 냉전 시대에 남북한은 각기 미국과 소련이라는 강대국의 영향권 아래 놓여 있었으며, 냉전의 종식 이후에는 새로운 강대국으로 등장한 중국을 위시하여, 이른바 6자회담의 참가국들인 주변 4대국들에 의해 여전히 대내외 정세가 견인(牽引)되는 상황이 지속되고 있다.

한반도의 통일문제는 탈냉전과 김대중 정권 등의 포용정책에도 불구하고, '북핵'문제로 인해 여전히 '한반도 문제의 국제화' 상황은 지속되고 있다. 남북한 내부의 자체적인 통일 환경 구축을 위한 노력도 주변 강대국들의 이익과 부합될 때만 지지와 동력이 생산되는 본질적인 한계 상황이 변하지 않고 있다. 한반도의 주변국들은 한반도의 통일이 자기들 사이의 분쟁 요소로 작용하거나 불이익이 되는 것을 두려워하여 한반도에 대한 현상 유지 정책을 추구하고 있다. 한반도 주변국들은 통일의 과정에 어떤 형태로는 개입하려고 하고 있으며, 통일이후에도 영향력을 행사하려고 하기 때문에 한반도의 통일은 민족 구성원 스스로 자주적인 의식을 가지고 자율적인 역량을 강화하지 않는 한 성취되기 어려운 지난한 과제이다. 따라서 정치·경제체제의 하위 체계인 사회보장정책 역시 국제적 환경요인에 의해 영향을 받는 종속변수로서의 한계상황이 지속되고 있다고 할 것이다.[10]

---

10) 김연명은 냉전체제가 한반도의 정치·경제·사회 등 모든 분야에 걸쳐 구조적 영향을 미쳤으며, 사회정책발달론 차원에서 냉전체제와 사회복지의 상관성을 분석할 수 있는 개념적 도구로 '진영모순론'을 설정하였다. 진영모순론에 따르면, 냉전체제가 남북한 각 사회정책에 미친 영향 중 다섯 가지 주목되는 현상은 첫째, 군비경쟁이 남북한에 과도한 국방비 부담을 가져온 현상, 둘째, 남한에서 '반공자유민주주의' 이

남북한 사회보장정책의 통합에 걸림돌로 작용하는 국내요인으로
는 '북한요인'과 '남한요인'으로 구분하여 볼 수 있다. 먼저 북한요인
으로는 북한의 정치체제 내지는 북한 사회보장정책의 '폐쇄성', '수동
성', '이질성'의 부정적 장애요인들을 추출할 수 있다.[11] 북한은 최근
들어 3대 세습을 강행할 정도로 '신정(神政)국가화'의 경향을 보이고
있다. 북한은 마르크스-레닌주의를 신봉하는 일반 사회주의체제로
출발하였지만, '김일성 민족', '김일성조선'으로 국가성격을 변용하면
서까지 체제유지에 집착하고 있는 것이다.[12]

북한이 개혁 개방정책에 소극적이고 폐쇄적인 정책으로 일관하는
것은 체제 유지에 대한 자신감이 결여되었기 때문이라고 풀이된다.
북한이 김정은으로의 3대세습을 추진하면서 소위 '김일성 아이콘'을
내면화 전략으로 삼는 것은 북한 주민들이 인정하는 진정한 지도자
는 김일성뿐이며, '김일성 왕조'로의 신정국가화만이 북한체제를 유
지할 수 있다고 판단했기 때문이라고 생각된다.[13] '폐쇄성'의 요인은

데올로기를 지상 이념으로 성립되고, 북한에는 '집단주의 이데올로기가 형성된 현상, 셋째, 남한에서 노동
운동의 '탈정치화'가 이루어진 현상, 넷째, 남북한 체제경쟁이 지속되어 온 현상, 다섯째, 냉전구도 속에서
한국전쟁이 발발한 현상 등으로 설명하였다. 그는 또한 냉전체제하의 군비경쟁이 '국가' 사회복지 확대에
질곡으로 작용한 점과 남북한의 상반된 이데올로기는 남북한 사회복지 확대에 차별적인 영향을 미친 점
등을 주목하였다. 김연명, 앞의 글, pp.127~128.

11) 〈표 6-1〉 남북한 사회보장정책 '가치' 비교 참조.

12) 북한은 2010년 9월 28일 제3차 조선로동당 대표자회의를 개최하고 당 규약(規約) 서문을 개정하였다. 새
로 개정된 당 규약 서문에서 북한은 조선로동당을 '김일성 동지의 당', (국가는) '김일성 조선'이라고 명시
하였다. 또한 북한은 2009년 4월 개정한 조선민주주의 인민공화국 헌법 서문에서 "위대한 수령 김일성 동
지는 조선민주주의인민공화국의 창건자이시며 사회주의조선의 시조"라고 명시하였다. 이 개정헌법에서는
김일성을 '민족의 태양', '조국통일의 구성'이라고 명기하고 공화국과 조선인민은 "위대한 수령 김일성동
지를 공화국의 영원한 주석으로 모신다."고 하였다. 또한 개정 헌법은 헌법의 성격 역시 '김일성헌법'이라
는 1998년 헌법 서문의 규정을 고수하고 있다. 이런 까닭에서 조선로동당은 '김일성동지의 당', 혹은 국가
는 '김일성 조선', 헌법은 '김일성 헌법'이라는 내용을 당 규약 서문 및 헌법에 명시한 것이 단순히 상징적
인 의미를 넘어 조선민주주의인민공화국의 국가정체성 변화에 관한 북한식의 표현이라고 볼 수 있다.

13) 김정일은 김일성 사후 일정기간 동안 '유훈통치'를 자신의 통치전략으로 내세웠다. 그러나 유훈통치는 본
격적인 김정일 시대로의 진입 이후에도 정치·경제·사회·문화·통일·대외문제 등에 있어서 김정일
시대의 정책 기조로 유지되었다. 가령, 경제분야의 자립적 민족경제건설론이나, 통일분야의 조국통일 3대

북한의 사회보장정책 자체에 내재된 부정적 요인이라기보다는 체제의 통치전략 차원에서 파생되는 정책의 외부적 결정 요인 가운데 하나이다.

남북한 사회보장정책의 통합과정에 또 하나의 부정적 요인으로 작용하는 것은 북한의 대외전략 및 통치전략의 '수동성'이라고 할 것이다. 이 역시 북한의 사회보장정책 자체에 내재된 부정적 요인이라기보다는 북한의 정치체제가 하위 체제에 미치는 외부적 결정요인 가운데 하나이다. 북한은 경제적 결핍이나 식량문제 등을 해결하기 위해서 남한 및 외부의 인도주의적 지원확보를 위한 적극적인 교류협력 사업에 임해야 함에도 끊임없이 협력과 대결 상태를 반복하는 것은 교류 확대로 인한 체제의 급속한 이완과 남한으로의 흡수통일을 우려하기 때문이다. 사회보장 정책 분야의 교류야말로, '민족복지'이며 선행 통일정책의 실천임에도 주민들의 심리적 이탈을 막기 위해 화해 협력 기조의 진전과 답보상태를 반복하게 되는 것이다.

남북한 사회보장정책의 통합에 가장 큰 걸림돌로 작용하는 요인 가운데 또 다른 하나는 무엇보다 정책 및 제도 자체가 지니는 '이질성' 문제이다. 반세기 이상의 분단 지속으로 남북한은 사상과 이념은 물론, 생활과 제도, 모든 면에 걸쳐 심각한 이질화 현상을 빚고 있다. 이질화는 상호 적대감과 불신을 초래하는 가장 큰 요인 가운데 하나

헌장의 원칙 견지, 대외정책의 자주, 친선, 평화의 3원칙 적용 등은 모두 김일성 시대의 정책노선과 그 기조들을 계승한 것이다. 따라서 김정일은 이른바 김일성의 사후 3년간은 '상중(喪中)통치'를 하였으나, 그 이후 자신의 시대의 전반적인 정책과 노선은 실질적인 '유훈통치'를 하였다고 할 수 있다. 이러한 맥락은 지금까지 북한의 모든 공간(公刊)물 및 각종문헌들이 김일성부자의 담화를 인용할 때, 변함없는 원칙으로 반드시 김일성은 '교시'로, 김정일은 '지적'이라고 표현하는 점에서도 증명된다고 할 것이다. 김정일, 혹은 북한의 입장에서 북한은 이미 김일성이 자신의 시대에 정체성을 완성했거나 완성의 방향성을 설정한 국가이기 때문에 그 궤도의 관리와 이탈을 '지적'하는 소명이 김정일에게 부여되어 있었던 것이다. 김정일 자신은 오직 김일성 혁명 위업의 계승자적 지위에서 혁명과업 관리자의 의무를 성실히 수행함으로써 인민들의 지지를 획득하고 자신의 이후 후계자의 위상까지 안정되게 구축하고자 하였던 것이라고 판단된다.

이며, 실질적인 제도 통합의 단계에서 그 통합방법과 내용을 어렵게 만드는 부정적 기제 가운데 하나이다. 이질성 문제는 비단 남한이 북한에 대하여 갖는 통합 및 통일의 문제의식일 뿐만이 아니라, 반대로 북한이 남한의 정책이나 제도의 구조적 실태에 대하여 갖는 적대감이나 불신감이기도 한 것이다.

남북한 사회보장정책의 통합을 저해하는 요인 중에 남한차원의 장애요인으로는 '개별성', '경쟁성', '이질성' 등의 용어들을 검색할 수 있다.[14] 남북한 사회정책의 차별적 특성 가운데, 가장 먼저 지적되는 것은 남한의 자본주의적 자유주의체제 이데올로기와 북한의 사회주의적 집단주의 이데올로기 간의 차이성이다. 남한 사회는 자본주의적 자유경쟁의 정신을 바탕으로 개인주의적, 자율적, 경쟁적인 측면이 강한 반면, 북한은 '사람중심'의 통제된 집단주의적 정신을 바탕으로 협동적, 수동적, 연대적 생활방식과 사고의식을 중시한다. 이와 같은 가치관의 차별적인 연장선에서 남한 구성원들의 의식과 사회정책 속에는 지역갈등, 세대갈등, 이념갈등의 경쟁적 특성이 통합의 장애요인으로 내재되어 있다. 배타적이며 지나친 약육강식의 무한경쟁의 생활방식은 오랫동안 국가사회복지체계에서 배급제 등, 무상복지에 젖어 있는 북한주민들에게는 두려움의 생존방식으로 다가올 것이다. 따라서 통일 이후에도 남한은 구성원들의 구조적, 심리적 통일과 통합의 완성을 위하여 진정한 보편적 복지로서의 기초생활보장 확대, 사회안전망 구축 등 다양한 정책적 대안을 개발해 나가지 않으면 안 된다.

남북한 사회보장정책 속에는 정책의 외연인 정치적·경제적·사

---

14) 〈표 6-1〉 남북한 사회보장정책 '가치' 비교 참조.

회문화적 환경의 하위체계라는 맥락에서 제도 자체가 가지는 이질성이 통합의 강력한 장애요인으로 작용한다. 본 논문에서 상술한 바와 같이 남북한 사회보장정책은 이념 및 작동원리, 운영체계는 물론, 제도의 내용 등 대부분의 분야에 걸쳐 이질적인 요소를 지니고 있다. 서로 다른 이질적인 제도를 통합하기 위해서는 가능한 한 최대한의 동질적인 공통분모를 추출하여 통합의 접점을 늘려야 함에도 남한의 사회보장체계는 북한의 제도를 대부분 수용할 수 없고, 북한 또한 남한의 제도를 '반동성'이라고 비판하는 입장이기 때문에[15] 제도 자체가 지니는 이질성이 무엇보다 제도 통합의 걸림돌로 작용할 수밖에 없다. 따라서 남북한 사회보장정책의 통합은 남한의 정책 및 제도에 의한 '덮어씌우기 통합'까지는 아니더라도 남한의 정책 및 제도를 중심으로 한, 흡수적 통합의 논의를 전개할 수밖에 없다. 이 경우, 사회보장정책의 사회보험, 공공부조, 사회복지서비스 등 각 범주에 걸쳐 세밀한 통합 준비작업이 필요하며, 이 과정에 중요한 의미가 부여될수록 남북한 사회보장정책 통합의 후유증은 최소화될 수 있다.

---

15) "자본주의국가가 그 무슨 〈복지정책〉을 실시하는 것은 사회의 계급적 모순을 가리우고 근로인민대중의 반항을 무마하기 위한 기만술책에 지나지 않습니다." 김정일, 『김정일선집』 10권(평양: 조선로동당출판사, 1990), p.490; "《복지경제론》자들은 노동가치설에 대한 일면적이며 왜곡된 해설을 통하여 교묘한 방법으로 그 '일면성' 및 '제한성'을 운운하면서 거기에 저들의 '가치론'을 올려 세우고 있다. 이것은 그 어떤 과학적원리로부터 출발한 것이 아니라 철두철미 부르조아 변호론으로서의 자기의 계급적 사명으로부터 자본주의적 착취를 가리우고 합리화하려는 목적을 추구하고 있는 반동적인 부르조아 변호론으로밖에 달리 될 수 없다." 류운수, "《복지경제론》자들이 설교하는 상품 《가치론》의 허황성과 반동성," 『경제연구』 제4호(사회과학출판사, 1998), p.44; 정광수, "현대제국주의 나라들에 유포되어 있는 기회주의적인 《복지국가》론의 반동성," 『경제연구』 제3호(사회과학출판사, 2002), p.33 참조.

2. 통합 사회보장정책의 유형과 접근 방향

1) 통합의 기본 방향

이상에서 상술한 바와 같이, 남북한 사회보장정책은 복지이념, 작동체계, 제도 및 운영실태 등에 있어 많은 이질성을 내포하고 있다. 따라서 향후 통일한국을 전제로 한 남북한 사회보장정책을 통합하기 위해서는 선행 통일정책으로서의 단기적인 접근전략과 정치·경제 체제의 통일 이후를 대비하는 중장기적인 통합의 접근전략이 필요하다. 또한 통일의 형태에 따라서도 통일이 급진적으로 이루어질 경우와 점진적으로 이루어질 경우에 대비해서 각각 치밀한 사회보장 통합작업이 추진되어야 한다.

통일한국의 복지국가 건설은 남북한 사회보장정책의 실효적인 통합의 바탕 위에서만 성취될 수 있다. 정치·경제적 통일이 체제의 '구조적' 통일에 관한 것이라면, 사회보장의 통합은 이질화된 두 체제를 실질적으로 결합하는 '생활과 의식'의 통합을 의미한다.

남북한 사회보장정책 통합의 기본방향은 앞서 남북한 사회보장정책의 평가에서도 그 규준으로 제시했듯이, ① 이념의 포괄성, ② 제도의 완비성, ③ 급여의 적절성, ④ 보장의 안정성 등의 요소가 충족되는 측면에서 설정되어야 한다. 그래야만 국제적 수준의 복지국가 모형으로서의 의미가 있기 때문이다. 또한 남북한 사회보장정책의 통합은 보편성, 민족성, 평등성 등 남북한 사회보장정책의 가치통합 촉진 요인에 최대한 집중하여 장애 요인 및 이질성을 극복하고 통일한국의 사회통합과 연대의식을 제고하는 기제로 활용하는 방향으로 추진되어야만 한다.

통일이 제3의 국가체제를 도입하는 것이 아닌 이상, 남북한 사회보장정책 통합은 통일한국의 정치 및 경제 질서에 맞게 제도적 구성, 행정체계 등이 체제 정합적 통합이 되도록 추진되어야 한다.[16]

통일한국의 사회보장체계가 지향해야 할 이상적인 복지국가 형태는 이념적 지형으로는 '이념의 포괄성'이라는 평가의 규준에 부합되게 균형적, 보편적 복지국가 모델을 지향해야 할 것이다. 북한의 '인민복지'는 그 출발부터 규범적, 보편적 사회주의 복지이념을 표방하고 있고, 남한의 '사회복지' 또한 점차 보편주의적 복지노선을 추구하고 있으므로, 이러한 이념적 지형에 맞게 통일한국의 복지국가 유형을 설정한다면 바람직한 '한국형 복지국가' 유형 탐색의 방향성이 될 것이다.

균형적, 보편적 복지로의 이념적 지형이 설정된다면, 남과 북의 사회보장정책들은 구체적인 제도적 영역에서 차이성이 있으므로 다음과 같은 원칙들을 전제할 때 제도의 완비성, 급여의 적절성, 보장의 안정성 등의 차원에서 바람직한 통합의 모형을 제시해 나갈 수 있을 것이다.

첫째, 남북한 사회복지통합은 북한주민의 생계보존과 유지의 원칙에 초점을 맞추어 수립되어야 한다. 남북한 사회보장정책 통합의 접근방향은 1차적으로 북한주민의 빈곤예방과 요구호에 초점을 맞추고, 2차적으로는 고용을 보장하여 북한주민의 생계를 보존하는 방향

---

16) 이용하·이정우, 『통일시 남북한 연금제도의 통합방안에 관한 연구』(서울: 국민연금관리공단 국민연금연구센터, 2002); 노용오, "통일과 남북한 사회복지 제도통합에 관한 연구," 『한국동북아논총』 제38집(서울: 한국동북아학회, 2006) 등 참조.

으로 이루어져야 한다.[17] 북한은 계속되는 경제난과 자연재해 등으로 인하여 정권수립 초기부터 구축해 온 공동체적 복지시스템이 상당부문 붕괴된 것으로 추정되고 있다. 따라서 남북한 사회보장정책 통합은 무엇보다 사회복지의 기본원칙인 사회적 위험에 대한 안전망 제공의 원칙에서 북한주민의 생계보호와 고용을 보장하는 측면에서 그 제도의 통합방향성이 구축되어야 한다.

둘째, 남북한에 동일한 사회보장체계가 수립되도록 추진되어야 할 것이다. 사회보장체계는 사회적으로 통합의 기능을 수행하는 중요한 사회제도의 하나로서 남북에 동일한 제도를 적용하여 사회통합을 충실하게 수행하여 장기적인 안정과 실질적인 통합이 이루어지도록 하여야 한다.[18] 즉, 통일한국의 사회복지제도를 통해 남북한 민족적 이질성을 극복하여 사회적 연대의식을 제고할 수 있는 기제로 활용되어야 하는 것이다.[19]

셋째, 남북한 사회보장정책의 통합은 남북한 상호발전적인 제도 수용의 원칙을 견지해야 할 것이다. 남북한 사회보장정책은 상이한 체제하에서 발달해 왔기 때문에 각기 장단점을 보유하고 있다. 남한의 제도를 일방적으로 적용하기보다는 북한의 장점을 적극적으로 수용하여 발전적인 통합을 이루어야 한다. 북한의 전 주민에 대한 기초생활보장의 성격과 남한의 소득비례 보장의 장점이 융화되어 보다 이상적인 공공부조의 형태를 구축해 나가야 한다.

넷째, 한국의 전통적 가치에 기반을 둔 한국적 복지국가 모형을 설

---

17) 이용하·이정우, 앞의 책, p.182 참조.

18) 정경배 외, 『남북한 사회보장 및 보건의료제도 통합방안』(서울: 한국보건사회연구원, 1993), pp.134~139 참조.

19) 노용오, 앞의 글, p.19.

계하는 계기가 되어야 한다. 남북통일은 민족의 재통합으로서 민족적 통일이 강조되어야 한다. 한국사회는 가족중심의 유교적 전통과 공동체적 사회통합을 이루고 있다는 특징을 가지고 있으므로, 경로효친의 전통사상이 중시되는 한국형 사회보장 모형 구축이 요망된다.

다섯째, 장기적 관점에서 점진적 통합을 추진하여 비용의 부담과 분산의 방식이라는 원칙에서 추진되어야 한다. 급격한 통일로 인한 북한 산업의 공동화문제, 실업문제, 빈곤문제, 남한의 재원고갈문제 등의 혼란과 충격을 최소화할 수 있는 방향으로 이루어져야 하며, 막대한 통일비용을 수반하게 될 것임으로 비용분산 및 준비가 전제되어야 한다.

이상과 같은 원칙과 기본 방향성을 견지하면서 남북한 사회보장정책은 각 제도별, 범주별 영역에 있어 구체적인 통합전략을 모색해 나가야 할 것이다. 제도별 혹은 범주별 통합전략은 급진적 통일 시와 점진적 통일에 따라 그 층위별 내용과 과정이 달라지겠지만, 대략적으로 다음과 같은 방향성을 가지고 접근되어야 할 것이다.

먼저 사회보험의 경우, 연금제도는 북한이 급진적으로 남한에 흡수통일이 될 상황에서는 일정기간 기존 북한 제도 하에서 기존 연금 적용범위를 그대로 유지할 수 있도록 하는 것이 바람직하다. 이 경우 남한의 과도한 재정투입이 부담이 되겠지만, 사전에 '통일세' 혹은 남북협력기금법과 같은 관련 규정들의 개정을 통해 재원 투입의 근거 및 토대 구축 작업이 선행되어야 할 것이다. 점진적인 통일이 이루어질 경우에는 북한의 경우, 국가사회보장과 국가사회보험의 대상을 전 노동인구를 적용대상으로 하고 있고, 남한은 지역과 직장 가입자로 분리되어 있지만, 남한의 적용기준과 남한의 현금급여로 일원화되어도 무리가 없을 것이다. 다만 관리 운영체계의 경우, 북한은 중앙정부의 노동성 관할 하에 노동초대소로 일원화되어 있는 반면, 남한은 국민연금관리공단에서 시행하고 있으므로, 수급자의 편의를 위해 북한의 전달체계를 일정기간 분리 적용하는 것이 타당할 것이다.[20]

고용보험과 산재보험의 경우에도 통일초기의 북한의 대량실업과 사회혼란을 방지하기 위해서는 전략적 접근 차원에서 남한의 기초생활보장 수준에서 감당할 수 있도록 남한의 제도를 북한에 적용하도록 해야 할 것이다. 공공부조의 경우에도 남한의 기초생활보장법을 북한에 적용하여 배급제의 소멸로 인한 대규모 빈곤자에 대해 현물과 현금급여로 1차 안전망을 제공하고, 취로사업 등 정부의 긴급 고용정책을 확대 실시하여야 한다. 사회복지서비스정책의 경우에는 북한의 기존 탁아소 등 사회복지시설의 운영을 위하여 정부지원을 확대하고, 급격한 사회변화에 따른 북한 주민의 정신적 충격을 완화시키기 위하여 상담서비스를 적극적으로 실시하며, 종교기관 등 민간조직의 북한 사회복지 활동을 적극 지원하여 예상치 못한 상황에 대한 역동적인 대응이 가능하도록 해야 할 것이다.[21]

이상과 같이 통일한국의 남북한 사회보장정책을 무리 없이 통합하여 새로운 복지국가를 열어 가기 위해서는 통합의 원칙과 제도별 통합의 방향성 아래 자기 정책 및 제도의 보완과 정비가 다양한 측면에서 요구되고 있다. 따라서 선행 통일정책으로서 사회보장정책이 통합지향적인 본래의 기능을 다할 수 있도록 정권의 성향과는 상관없이 정치·경제분야의 교류 논리와는 분리하여 '민족복지' 차원의 사회

---

20) 노용오, 앞의 글, p.20.
21) 정경배 외, 앞의 책, p.153 참조.

보장정책의 지속적인 교류 협력사업의 추진이 절실히 요구된다.

2) 통합 사회보장정책의 유형

남한이 추구하는 당면한 복지국가, 혹은 통일한국이 추구할 새로운 한국형 복지국가의 유형 논쟁에서 그동안 대부분의 논자들은 보편주의적 복지를 지향하는 스웨덴식 사회민주주의적 복지국가, 혹은 '균형적 복지국가', '혼합모형', '제3의 길 복지' 모델 등을 선호하는 것으로 나타났다.[22] 이들 선진복지국가 모델은 적용대상과 보장하는 위험범위에 있어 보편주의를 추구하고 있고 사회권에 의한 노동의 탈상품화 정도가 중산층에게까지 확대되는 복지국가이다. 따라서 이러한 복지국가에서의 시장기능은 공공부분의 기능에 의해 최소화되며 복지국가를 위한 연대와 사회통합이 매우 중요한 목표가 된다. 그러나 이러한 모델의 복지국가는 높은 수준의 '국민복지최저선'을 감당하기 위하여 구성원들의 합의 및 높은 조세부담이 전제되지 않으면 안 된다.

대한민국이 지향하는 복지국가 모델은 단순한 물질적, 계량위주의 보편주의적 복지 유형에 있다기보다 노동정책, 조세정책의 개편 등

---

22) 한국이 지향해야 할 복지국가 모델로 '스웨덴식 복지국가'와 함께, '균형적 복지국가', '혼합모형', '제3의 길' 복지국가 유형이 제시되고 있다. '혼합모형'은 김연명 등이 김대중 정부의 사회복지정책을 평가하는 가운데 제시되었는데, 한국의 경우, 에스핑-안데르센의 세 가지 모형의 본질들이 골고루 등장하고 있어서 어느 한쪽으로 특정측면의 유형으로 정의할 수 없다는 것이다. '제3의 길'은 1998년 영국에서 기든스(Giddens)가 출판한 사회과학이론서로서 전통적 사회주의 복지의 경직성과 자본주의 복지의 불평등을 극복하려는 새로운 정치철학적 이념모델로 유럽의 중도좌파 정치가의 이론적 배경이 되면서 전 세계적으로 관심과 주목을 받았다. 우리나라에서는 최성재 등이 이 모델을 한국사회가 추구해야 할 복지국가의 유형이라고 주장한 바 있다. Giddens, A, *The Third Way: The Renewal of Social Democracy*, Malden, (MA: Blackwell Publishing Co. 1998); 최성재, "한국복지정책의 방향," 『한국복지정책의 쟁점과 방향』(한국사회복지협의회 외 공동주최 세미나자료집, 2011. 9. 30.), p.111 참조.

보다 근본적인 사회체제의 개편으로 이어져야 할 것이다. 또한 장차 통일한국의 사회통합과 구성원들의 균형적 복지를 위한 '한국형 복지국가' 모델 구축으로 그 논점의 방향성이 집약되어야 할 것이다.

본 연구는 앞에서 고찰한 바와 같이 남북한 사회보장정책의 이념 및 작동원리, 운영체계 및 정책별 비교와 평가 등의 내용을 고려할 때, 통일한국의 통합 사회보장정책의 유형은 선진 복지국가의 여러 모형 가운데 '제3의 길' 모형이 가장 한국형 복지국가의 모델로 근접하고 있다고 생각한다. 제3의 길 복지는 전통적 사회주의의 경직성과 자본주의의 불평등을 극복하려는 정치철학적인 복지이념의 모델이다.

제3의 길 복지 역시, 구성원에게 근로윤리를 강제하면서 국민기초 생활을 보장하는 국가권력은 생활의 식민화를 초래할 수 있고, 개인의 선택과 시장의 능률성을 강조하는 복지다원주의는 사회복지의 불균형을 초래하여 사회적 지위의 층위가 심화되고, 사회적 연대성은 점차 약해질 것이라는 비판이 제기되고 있는 것이 사실이다.[23] 그러나 남북한 사회복지정책의 역사적 발전배경과 보편성, 민족성, 평등성의 '가치'를 지향하는 사회문화적 특성을 고려할 때, 민족재통합의 방향성을 목표로 해야 하는 통일한국의 복지국가 유형은 제3의 길 복지 모델이 적합하다고 생각된다.

제3의 길은 제1의 길(고복지 - 고부담 - 저효율)로 요약되는 사회민주적 복지국가노선과 제2의 길(고효율 - 저부담 - 불평등)로 정리되는 신자유주의적 시장경제노선을 지양한 정책노선이다. 제3의 길은 복지를 소비와 소모로 보는 시각에서 벗어나 사회투자라는 새로운 시

---

23) 김종명 외, 앞의 책, p.108 참조.

각을 가지게 하는 측면에서 당면한 한국형 복지국가의 유형으로서도 긍정적인 측면이 있다고 판단된다.

통일한국의 새로운 복지국가 유형은 이념적 지형으로 보편주의적 복지노선을 지향하면서 남북한 사회보장정책의 단계별, 제도별 통합의 과정을 통해 완성되어야 한다. 이런 관점에서 최근 한국사회의 보편주의적 복지국가 논쟁은 향후 남한의 복지국가 성격과 경로를 규정하는 데 결정적인 영향을 미칠 수 있다는 점에서 그 귀추가 주목된다. 보편주의 복지국가론은 남한의 대안체제 전략과도 매우 밀접한 관계를 갖고 있다. 그러나 이것은 어디까지나 가능성의 영역이며 북유럽의 경험에서 보듯이 보편주의 복지국가는 수많은 사회적 갈등과 논의를 통해 역사적으로 결정된 것이라는 점에 유의하지 않으면 안 된다.[24]

베버리지 보고서에도 나타나 있듯이 특정 국가의 복지급여의 수준은 통상적인 '국민복지최저선(national minimum)'의 개념으로 설정할 수도 있고, 북유럽 국가들과 같은 높은 수준의 복지급여를 제공할 수도 있을 것이다. 문제는 그 사회의 구성원들이 어떠한 수준의 복지급여를 '적정선'으로 합의하느냐가 관건인 것이다. 현재의 한국사회는 국민총생산비(GDP)의 증가 대비 공공사회복지비 지출 비중이 2010년 현재 10% 수준을 상회하고 있어 한국의 현재 복지의 수준은 복지국가의 초기단계에 이르고 있다고 평가되고 있다. 따라서 일련의 한국 사회의 보편주의적 복지논쟁은 복지발전의 현 수준에서 진보 및 보수를 망라한 구성원 다수가 공유할 수 있는 적정선으로의 '국민복지최저선'

---

24) 김연명, 앞의 글, p.66.

에 대한 합의가 필요한 것이다. 더불어 교육복지의 확대, 주거 안정, 노후소득보장, 고용증진과 노동시장 안정, 의료보장 등 사회체제의 개편 차원에서 성장과 분배의 '균형적' 복지를 대안으로 하는 한국형 복지국가의 유형 탐색을 위한 복지담론이 진전되어야 할 것이다.

3) 향후 전망과 과제

남북한 사회보장정책의 통합에 대비하여 시급하게 수립되어야 할 중장기적 과제는 통일비용의 조성전략과 정책별 통합모형의 구축방안 등 두 가지로 요약된다. 이 양대 과제는 통일의 방식에 따라 거시적 통합전략과 미시적 전략 및 북한의 갑작스런 붕괴에 대비한 응급서비스전략 등으로 접근되어야 한다. 그러나 어떠한 경우에도 현재의 국력이나, 경제력 등의 편차로 보아 체제통일 및 사회보장정책의 통합은 남한 주도의 흡수통일일 가능성이 높다는 전제 하에 정책적 대안이 마련되어야 할 것이다.

남북한 체제통일 및 사회보장정책의 통합 추진을 위한 기본원칙 아래 핵심이 되는 통일비용의 재원확보 방안은 중장기적인 관점에서 '통일세' 혹은 '사회보장세' 등의 목적세 신설을 통해 근본적인 대책을 수립해 나가도록 하여야 한다. 또한 단기적, 혹은 응급서비스적 접근전략으로는 우선 1990년에 제정된 현행 「남북교류협력에 관한 법률」 및 「남북협력기금법」을 전면 개정하여 '민족복지비'로 지출할 수 있도록 하며, 남북교류협력기금을 대폭적으로 증가시켜 통일과정이나 통일 후에 북한주민들의 사회보장을 위해 실질적으로 지원할 수 있도록 하여야 한다.

이와 함께 각종 사회보험 기금의 일정부분을 북한주민의 사회보장을 위해 사용할 수 있도록 사회보험 관련법들의 개정을 신중히 고려해야 할 것이다. 가령, 「고용보험법」에 통일 관련된 '예비조항'을 신설하여 북한 주민의 실업급부, 직업훈련 등의 자립보장을 위한 복지개입이 가능할 수 있도록 사전 통일 준비 작업으로서의 신중하면서도 적극적인 검토가 필요하다.[25]

남북한 사회보장정책 통합을 위해 남한이 준비해야 할 또 하나의 중장기적인 정책과제는 전달체계 면에 있어 효율적인 집행을 위하여 '통일사회복지사'라는 남북한 사회복지 통합 전문가 집단을 육성해야 한다. 남북한 사회보장정책 통합이 남한 중심으로 남한의 정책 및 제도를 우위로 하여 진행된다고 하더라도 북한의 '인민복지'에 대한 이해와 지식이 부족하다면 통합과정의 혼란은 물론, 통합 이후에도 합리적인 제도 실행이 어려울 것이다. 따라서 통일사회복지사들은 사회복지를 전공한 남한 사회복지사들 가운데 북한학을 복수 전공한 사람들을 대상으로 전문가 집단의 양성 차원에서 정책적으로 접근해야 할 중장기적 통합과제 중의 하나인 것이다. 한편 북한의 경우, 당면한 사회보장정책의 현안 및 과제는 계속되는 경제난으로 인하여 정권수립 초기부터 구축해 온 공동체적 복지 시스템이 상당부분 붕괴되었다고 판단되므로, 명실상부한 보편적 국가복지체계의 기능이 회복될 수 있도록 조속한 개혁, 개방정책을 통한 적극적인 외부 자원의 유치와 사회경제적 변혁을 통한 인민복지의 패러다임을 전환시키

---

25) 서독의 동독주민을 위한 사회보장비용은 전체 통일비용 중 대략 38%로 추정되며, 남한은 독일의 경제규모 1/6에 해당하는 수준임을 감안할 때, 통일의 이행 이후 10년 동안 예상되는 복지비용은 대략 26~100조 원에 이르는 것으로 추정된다. 이것은 초기 10년간 매년 3~10조 원 정도의 북한주민의 사회보장을 위한 복지비용이 소요됨을 의미한다. 노용오, 앞의 글(2006), p.283 참조.

도록 노력해야 할 것이다.

북한은 2002년 '7.1경제관리개선조치' 이후 제한적이나마 시장원리를 도입함으로써 국가책임하의 사회보장체계가 상당부분 축소되었다. 인민들의 복지수요는 복지의 '상품화'를 통해 충족되고 있으며 불충분한 개혁조치들로 인하여 소득의 불평등뿐만 아니라 복지의 불평등도 더욱 가중되고 있는 상황이다. 뿐만 아니라, 지하경제의 팽창, 계층구조의 양극화 등 심각한 사회문제들이 발생하고 있다.[26]

북한은 7.1경제 개혁과정 이후, 김정일이 '신사고'담론을 제창하는 등 한때나마 개혁, 개방의 길로 나설 것으로 추정되었으나[27] 북핵문제 등으로 인한 대외경제제재조치가 계속되고, 3대 세습체계의 구축을 위한 내부적 통제강화의 필요성이 제기됨에 따라 자립적 민족경제를 주장하는 등 폐쇄적인 정책으로 일관하고 있다. 그러나 2009년 전격적인 화폐개혁 조치가 실패로 돌아가는 등 7.1경제조치 이후 나타난 농민시장, 장마당 등 사적경제활동은 계속되고 있으며 이로 인한 '계층이동' 현상[28]도 발생하고 있는 것으로 보인다.

현재 북한의 인민복지시스템은 국가보장체계가 약화되고 개인 및 가족책임, 시장의 3자부담으로 전환됨에 따라 식·의·주 해결 등 일

---

26) 정우곤, "북한 사회복지제도와 사회경제적 계층구조 변화," 『국방연구』 제49권 제1호(서울: 국방부, 2006), p.107 참조.

27) '신사고' 담론에 관해서 일부 연구자들은 '신사고'를 "새 세기에 맞게 사상관점과 사고방식, 투쟁기풍과 일본사에서 근본적인 혁신을 이룩해 나가는 것이 우리 앞에 선 선차적인 과제"라는 2001년 공동사설 등의 내용을 근거로, 신사고를 북한이 경제난 극복을 위해 추진하고 있는 일련의 개혁 정책들이라고 보았다. 따라서 '신사고' 담론을 김정일의 대남정책, 대외 수교 확대 정책 등 새로운 경제회생이나, 소련식 개혁개방을 염두에 둔 발상이라고 설명하였으나, 이 시기의 '신사고'는 김정일이 1970년대에 문예창작이론으로 제시한 '종자론'을 변형하여 농업분야 등에서의 '종자혁명' 등을 주장한 것이 주된 내용으로, 자립적 민족경제의 강화를 다시 주장하는 논리로 전개되었다.

28) 농민시장 등 사적경제활동의 증가로 인해 전통적인 중간계통의 이동과 함께 새로운 중간계층의 발생을 동반하였다. 즉, 정치계층의 이완과 시장에 빨리 진입한 낮은 신분층이 새로운 '경제계층'을 형성하여 북한사회 역시 양극화의 조짐이 보이고 있는 것이다. 정우곤, 위의 글(2006), p.57 참조.

상생활의 대부분의 문제를 개인이 스스로 해결하여야 할 반복지적 상황으로 '새로운 빈곤'의 사회적 현상이 증가되고 있어 체제 존립의 긴장감이 높아지고 있다.[29] 복지국가는 법령과 제도의 완비성만으로 구축되는 것이 아닌 만큼, 구성원들의 생존권 및 행복추구권을 보장하기 위한 국가의 책임과 역할을 다할 수 있어야 국가의 기능이 지속될 수 있다.

---

29) 2010년 '평양시내 한 시장의 7월 한도가격표'의 내용에 의하면, 지난 2월까지만 해도 가격표에 없던 쌀과 옥수수의 가격이 적시돼 있다. 대표적 배급 품목인 쌀과 옥수수가 가격표에 등장했다는 것은 배급이 원활치 않아 시장에서 조달할 수밖에 없는 상황임을 보여 준다. 배급 체계가 무너진 지방 시장에서는 이미 오래전부터 한도가격표에 쌀과 옥수수가 포함됐지만 평양 시장의 한도가격표에 쌀과 옥수수가 등장한 것은 1990년대 중후반 '고난의 행군' 이후의 처음의 상황인 것으로 보인다. 「NK조선일보」, 2010년 8월 12일, http://www.nkchosun.com/news/news(검색일: 2011. 10. 1.).

제 7 장

맺음말

　복지국가는 19세기 후반 산업혁명을 거쳐 서구산업사회에서 태동한 이후, 100여 년이 경과하면서 대부분의 선진국가들이 지향하는 이상적인 국가유형으로 발전하였다. 복지국가가 등장하면서 인류가 장구한 흐름 동안 반복적으로 부딪혀 온 빈곤과 질병, 생존권의 문제들은 공동체의 모순, 혹은 개인의 문제라는 관점으로부터 국가가 개입하여 해결해야 하는 국가 책임의 '사회보장'의 관점으로 이동되었다.

　복지국가 역시 다양한 국가 유형 가운데 하나로, 인류가 염원하는 단선적, 목적론적으로 진화하는 국가형태라고 보기는 어려울 것이다. 그러나 국가 구성원들의 행복추구권을 국가가 보장하고, 구성원들의 비복지적 삶의 개선과 공동체의 구조적 모순을 사회적 연대의식으로 극복해야 함을 시대적 가치로 인식하고 있다는 점에서 인류가 지향해야 하는 이상적인 국가 형태 가운데 하나라고 할 수 있다.

　본 연구는 남한 사회의 당면한 국가목표, 혹은 통일한국이 지향하는 새로운 한국의 국가목표로 '복지국가'를 설정할 때 남북한 사회보장정책이 갖는 현재적 의미와 실태, 그리고 통합 사회보장정책의 가능성 등을 모색하기 위해 남북한 사회보장정책을 비교 평가하였다.

그 결과 남북한 사회보장정책은 현재적 시점에서의 계량적인 복지 총량수준의 차이뿐 아니라 복지이념, 작동원리, 운영체계 및 제도별 범주 등에 있어 많은 상이성을 나타내고 있는 것으로 고찰되었다.

본 연구는 남북한 사회보장정책의 제도별, 범주별 단순 비교가 갖는 연구의 한계성 및 통합사회보장정책의 접근을 위한 실용성을 높이기 위해 길버트(Gilbert)와 스펙트(Specht)의 대상, 급여, 재원, 전달체계의 보편적 분석틀 외에 ILO(국제노동기구)의 복지국가 구성목표인 이념의 포괄성, 제도의 완비성, 급여의 적절성 및 보장의 안정성 등 추가적 평가도구를 통해 남북한 사회보장정책을 비교 분석하였다. 이러한 준거틀에 의해 비교 평가한 바와 같이 남북한 사회보장정책은 제도의 완비성 등의 측면에서는 남북한 모두 ILO가 규정한 4대 보험을 실시하는 등 복지국가의 기본틀을 구축하고 있는 것으로 평가되고 있다. 그러나 급여의 적절성 및 보장의 안정성 등의 측면에서는 각기 복지국가의 보편적 수준에 부합되기 위해 극복해야 할 사회적 위험은 물론, 향후 통일한국의 통합 사회보장정책을 위해서도 보완책과 과제가 산적한 것으로 평가되었다.

특히 북한은 정권 수립 초기에 상당부문의 사회보장정책의 법령 및 제도의 완비성을 기했음에도 불구하고 1990년대 초반 이후 만성적인 경제난, 국제적 제재조치 등 대내외적 결정요인으로 인해 사회보험, 공공부조, 사회복지서비스 등 사회보장정책의 전반적인 분야에 걸쳐 '국가보장 복지체계'가 제대로 작동하고 있지 않은 것으로 나타났다. 북한 정권이 체제우월성을 선전하는 복지담론으로 내세우는 사회주의 일반의 '평등한 권리와 공정한 분배'가 '불평등한 권리와 불공정한 분배'로 나타나는 등 '인민복지'의 붕괴현상이 심각하다.

뿐만 아니라 북한은 초기의 마르크스－레닌주의에 의한 사회주의 복지체계의 특성인 '인민복지'의 '국가에 의한 보장'이 1970년대부터 등장한 주체사상 및 그 변용담론들인 사회정치적생명체론 등 통치담론 등에 의해 '지도자(수령)에 의한 보장'으로 변질된 것으로 나타나고 있다. 이는 사회복지의 주체를 '국가'에서 '지도자'로 왜곡한 것으로, 국가체제를 신정국가화한 것이어서 남북한 사회보장정책의 통합 단계에서도 커다란 장애요인으로 작용할 것으로 판단된다.

남한 또한 급속한 복지정책의 성장에도 불구하고 노령사회, 저출산 등 '새로운 사회적 위험'에 대비한 제도적 도입 및 장치가 부족한 것으로 고찰되었다. 특히 대상의 포괄성 측면에서 차상위 계층 등 틈새계층이 상당수 존재하고, 저소득 계층의 빈곤의 악순환 고리가 끊어지지 않는 등 복지 사각지대의 해결이 시급한 과제 중의 하나인 것으로 분석되었다.

특히 북한은 정권수립 초기에 '평등한 권리와 공정한 분배'의 사회주의 일반의 복지이념에 의해 국가의 보장이라는 사회보장체계를 대부분 완비하였으나, 주체사상이 등장하고, 김일성주의화가 일색화되면서 '사회정치적생명체론'등에 의한 '수령의 보장'으로 사회보장 작동체계가 왜곡되었다. 따라서 북한의 사회보장정책은 이념의 보편성과 제도의 완비성에도 불구하고, 1990년대 중반이후부터 경제난 등으로 인해 사회보장정책은 법령 및 제도로만 존치된 채 그 기능을 대부분 상실하고 있는 것으로 판단된다.

반면에 남한의 경우는, '선성장 후분배'의 경제우선주의 정책 노선에 따라 1990년대 이후, 비로소 4대보험이 완비되면서 사회보장정책이 급속히 발전되기 시작했으나, 2010년 현재, 사회복지비 지출이

GDP 대비 10% 수준에 미치지 못하여, 서구의 복지국가에 비해 초기 단계에 머물고 있다고 할 것이다. 남한의 사회보장정책은 대상의 포괄성 측면에서 복지 사각지대가 상당수 존재하고, 노령사회, 저출산, 다문화 사회 진전 등 새로운 '사회적 위험'에 대비한 제도적 보완이 시급한 것으로 분석된다.

이 연구는 통일한국의 복지국가 유형 탐색에 있어서 남북한 사회보장정책의 통합 촉진요인들을 고려할 때, 다양한 복지국가의 유형 가운데, '제3의 길' 복지 모형이 일정한 함의가 있는 것으로 평가하였다. 제3의 길 복지는 복지를 소비와 소모로 보지 않고 사회투자라는 새로운 시각을 가지게 한다는 측면에서 당면한 남한의 복지국가 모형은 물론, 통일한국의 복지국가 유형으로서도 타당성이 있다고 여겨진다. 그러나 한국형 복지국가 유형의 탐색은 단순한 현재적 시점에서의 물질적, 계량적 복지영역의 확장을 목표로 할 것이 아니라, 노동정책, 조세정책, 나아가 다문화시대의 복지체계 등 한국사회의 질적 성숙을 위한 사회체제 개편의 동학으로 이어져야 할 것이다. 또한 거시적으로는 남북한 간 민족의 재통합을 위한 선순환적 상호 인과관계가 형성되도록 특정한 이념적 지형에 종속되지 않는 '균형적' 복지체제를 구축할 수 있는 방향으로 그 논의가 진전되어야 할 것이다.

1. 국내문헌

1) 저서(단행본)

강내희, 『문화론의 문제설정』(서울: 문화과학사, 1996).
강성윤 외, 『김정일과 북한의 정치 – 어제 오늘 그리고 내일』(서울: 선인, 2010).
강정구, 『현대 한국사회의 이해와 전망』(서울: 한울아카데미, 2000).
경남대학교 북한대학원 엮음, 『북한연구방법론』(서울: 한울아카데미, 2003).
_________________________, 『북한 문화, 둘이면서 하나인 문화』(서울: 한울
        아카데미, 2006).
고유환 엮음, 『로동신문을 통해 본 북한변화』(서울: 선인, 2006).
공성진 외, 『미리 가 본 통일 한국』(서울: 동하출판사, 1994).
공용득, 『북한연방제 연구: 중앙과 지방정부의 관계를 중심으로』(서울: 청목출
        판사, 2004).
길은배, 『사회문화변동에 따른 북한청소년의 변화전망과 대책연구』(서울: 한
        국청소년개발연구원, 2002).
김경동 외, 『북한사회체계의 이론적 고찰』(서울: 국토통일원, 1989).
김광운, 『북한정치사 연구Ⅰ』(서울: 선인, 2003).
김기원, 『공공부조론』(서울: 학지사, 2000).
김진수, 『산업복지론』(서울: 나남, 2001).
김진수 외, 『사회보장론』(서울: 청목, 2001).
김수환, 『북한사회복지 법제에 관한 고찰』(부산: 경성대학교 사회과학연구소,

1991).

김국신·김도태·여인곤·황병덕,『분단극복의 경험과 한반도 통일 1&2』(서울: 한울, 1994).

김만두,『사회복지법제론』(서울: 홍익제, 1993).

김병로,『북한사회 불평등 구조의 정치사회적 함의 계급구조』(서울: 통일연구원, 1998).

김성보,『남북한 경제구조의 기원과 전개: 북한농업체계의 형성을 중심으로』(서울: 역사비평사, 2000).

김연명,『사회투자와 한국 사회정책의 미래』(서울: 나눔의 집, 2009).

김연명 편,『한국복지국가 성격논쟁 I』(서울: 인간과 복지, 2002).

김연철,『북한의 산업화와 경제정책』(서울: 역사비평사, 2001).

______,『북한의 배급제 위기와 시장개혁 전망』(서울: 삼성경제연구소, 1997).

김영치,『붕괴위기의 북한 보건의료』(서울: 한국보건의료관리연구원, 1997).

김영모,『복지사회의 본질과 구현』(서울: 한국정신문화연구원, 1983).

______,『한국사회복지의 제문제』(서울: 한국사회복지정책연구소 출판부, 1986).

______,『한국복지사업연구』(서울: 한국복지정책연구소출판부, 1993).

김영모 외,『현대사회복지론』(서울: 한국복지정책연구소출판부, 1989).

김영윤,『통일의 경제체제』(서울: 민족통일연구원, 1994).

김원식,『외국의 고용보험제도』(서울: 한국노동연구원, 1990).

김용식,『북한의 의료제도와 보건의 낙후성』(서울: 북한연구소, 1987).

김용제,『한반도 통일론』(서울: 박영사, 2009).

김진수 외,『남북한 사회보장제도의 비교 연구』(서울: 한국보건사회연구원, 1992).

김태성,『남북한 사회복지체제의 통합방안 연구』(서울: 서울대학교통일연구소, 2008).

김태성·성경륭,『복지국가론』(서울: 나남, 1993).

김형식·김연명,『한반도 통일국가의 체제구상』(서울: 한겨레신문사, 1995).

남성욱,『북한의 IT산업의 발전전략과 강성대국 건설』(서울: 한울, 2002).

남인숙,『여성과 한민족』(서울: 학문출판주식회사, 1996).

노귀남 외, 북한연구회 편,『북한의 사회』(서울: 경인문화사, 2006).

대구대학교 사회복지연구소 편,『사회복지사전』(서울: 경진사, 1993).

문옥륜,『북한의 보건의료제도』(서울: 국토통일원, 1989).

박기덕·이종석 편,『남북한 체제비교와 통합모델의 모색』(서울: 세종연구소, 1995).

박석돈,『사회보장론』(서울: 양서원, 2002).

박순성,『통일한국의 사회복지정책』(서울: 민족통일연구원, 1994).

박영호·박종철,『남북한 정치공동체 형성방안 연구』(서울: 민족통일연구원, 1993).

박종철 외,『통일 이후 갈등해소를 위한 국민통합방안』(서울: 통일연구원, 2004).
박진,『통일에 대비한 사회정책의 방향과 제시』(서울: 한국국토개발연구원, 1997).
박진·이유수,『남북한 사회보장제도의 비교 및 통합방안』(서울: 한국개발연
　　　구원, 1994).
박현선,『현대 북한사회와 가족』(서울: 한울, 2003).
박형중,『북한의 정치와 권력』(서울: 백산, 2002).
＿＿＿,『북한의 경제관리체계』(서울: 해남, 2003).
백영옥,『분단 반세기 북한 연구사』(서울: 한울, 1999).
백학순『북한 권력의 역사: 사상정체성구조』(서울: 한울, 2010).
변종화 외,『남북한 의료보건제도 비교 연구』(서울: 한국보건사회연구원, 1993).
변종화·박인화·서미경·김만철,『남북한 보건의료제도 비교연구』(서울: 한
　　　국보건사회연구원, 1993).
북한연구학회 편,『북한의 사회』(서울: 경인문화사, 2006).
서보혁,『북한정체성의 두얼굴』(서울: 책세상, 2003).
서동만,『북조선 사회주의 체제 성립사 1945~1961』(서울: 선인, 2005).
서상목·최일섭·김상균,『사회복지 전달체계의 개선과 전문인력 활용 방안』
　　　(서울: 한국국개발원, 1988).
서재진,『또 하나의 북한사회』(서울: 나남, 1995).
＿＿＿,『식량난에서 IT산업으로: 변화하는 북한』(서울: 미래인력연구원, 2001).
선한승,『남북한 노동제도의 비교와 노동정책 연구』(서울: 한국노동연구원, 1998).
신변중 외,『비교사회복지론』(서울: 풍유출판사, 1994).
손호철 외,『세계화, 정보화, 남북한: 남북한 국가－시민의 정체성』(서울: 이매
　　　진, 2007).
아담스미스 저, 김수행 역,『국부론』(서울: 동아출판사, 1992).
윤미량,『북한의 여성정책』(서울: 한울, 1991).
이상은,『남북한 사회복지 비교연구』(서울: 한국사회과학연구소, 1993).
이상우,『북한 정치: 신정체제의 진화와 작동원리』(서울: 나남, 2008).
이온죽 외,『남북한 사회통합론』(서울: 삶과 꿈, 1997).
이우영,『전환기의 북한의 사회통제체제』(서울: 통일연구원, 1999).
이정복 외,『21세기 민족통일에 대한 사회과학적 접근』(서울: 서울대학교출판
　　　부, 2000).
이종석,『새로 쓴 현대북한의 이해』(서울: 역사비평사, 2000).
＿＿＿,『분단시대의 통일학』(서울: 한울아카데미, 1998).
＿＿＿,『조선로동당연구: 지도사상과 구조변화를 중심으로』(서울: 역사비평

사, 1995).

이진경, 『사회구성체론과 사회과학방법론』(서울: 그린비, 1987).

임영태, 『북한 50년사 I II』(서울: 들녘, 1999).

이철수, 『북한사회복지 – 반복지의 북한』(서울: 청목출판사, 2003).(A)

______, 『북한사회복지법령집』(서울: 청목출판사, 2003).(B)

______, 『북한사회복지의 변화와 전망: 탈사회주의의 전주곡』(서울: 남북한보
     건의료연구소, 2004).

______, 『북한사회복지법제: 알파와 오메가』(서울: 높이깊이, 2005).

정기원 외, 『남북한의 인구보건사회보장 비교』(서울: 한국보건사회연구원, 1995).

전응렬 · 박길준, 『남북한 사회보장 정책 및 현황 비교 고찰』(서울: 국토통일연
     구원, 1972).

정경배 · 김기옥 · 김상호 · 이상은, 『남북한 사회보장제도 비교연구』(서울: 한
     국보건사회연구원, 1992).

정경배 · 문옥륜 · 김진수 · 박인화 · 이상은, 『남북한 사회보장 및 보건의료 제
     도 통합방안』(서울: 한국보건사회연구원, 1993).

정정길, 『정책결정론』(서울: 대명출판사, 1988).

조정아 · 노귀남 외, 『북한주민의 의식과 정체성: 자아의 독립, 국가의 그늘, 욕
     망의 부상』(서울: 통일연구원, 2010).

조한범, 『사회주의 인간형』(서울: 이화여대, 2003).

조흥식 외, 『21세기 민족통일에 대한 사회과학적접근』(서울: 서울대학교출판
     부, 1999).

중앙대학교 사회복지학과 편, 『한국 사회보장제도의 재조명』(서울: 한국 복지
     정책 연구소출판부, 1992).

최완규, 『북한 어디로: 전환기 '북한적' 정체현상의 재인식』(서울: 경남대출판
     부, 1996).

최완규 엮음, 『북한의 국가성격변용에 관한 연구: 예외국가의 공고화』(서울:
     한울아카데미, 2001).

최일섭, 『북한개론』(서울: 은유, 1990).

최정구, 『조합주의 복지국가』(서울: 한나래, 1991).

최종고, 『북한법』(서울: 박영사, 2001).

통일부 통일교육원, 『북한의 이해 2010』(서울: 통일교육원, 2010).

한국사회복지연구소 편, 『복지국가의 형성』(서울: 민음사, 1983).

한국보건사회연구원 편, 『남북한 사회보장 및 보건의료 제도 통합방안』(서울:
     한국보건사회연구원, 1993).

현외성 외,『복지국가의 위기와 신보수주의적 재편』(서울: 대학출판사, 1992).
홍종덕,『남북한 기본수요 및 사회보장제도의 비교』(서울: 한국개발연구원 북
　　　한경제 연구센터, 1993).
황병덕,『통일독일의 재정운용 실태연구: 통일관련 재정정책 중심』(서울: 민족
　　　통일연구원, 1994).(A)
＿＿＿,『통일한국의 정치이념』(서울: 민족통일연구원, 1994).(B)

2) 논문

강광식, "북한연구방법론 고찰: 주요 쟁점의 현황과 과제,"『북한학보』제9집
　　　(북한연구학회, 1995).
강정인, "북한 연구방법에 대한 새로운 제언,"『역사비평』제26호(역사비평사, 1994).
＿＿＿, "북한연구방법론: 재론,"『현대북한연구』창간호(경남대학교 북한대학
　　　원, 1998).
게하르트 미헬켈스, "독일통일에서 나타난 사회통합문제 통일 후유증 완화 위한
　　　사회복지체계 마련 필수,"『통일한국』통권 제189호(통일한국, 1999).
고유환, "북한연구방법론의 현황과 과제,"『통일과 평화』창간호(서울대학교
　　　통일평화연구소, 2009).
김남식, "북한연구 방법론의 현황과 문제점,"『이대학보』(이화여자대학교,
　　　1986. 10. 13.).
김상균・진재문, "통일초기의 사회복지 프로그램 및 비용,"『사회복지연구』
　　　(서울대학교 사회복지연구소, 1998).
김성보, "1950년대 북한의 사회주의 이행논의의 귀결: 경제학계를 중심으로,"
　　　1950년대 남북한 선택과 굴절』(역사문화연구소, 1998).
김연명, "북한의 사회복지제도에 관한 연구: 소득보장제도와 의료보장제도를
　　　중심으로,"『북한통일연구원 논문집 VI』(통일원, 1991).
＿＿＿, "북한의 소득보장제도,"『사회정책논총』제4집(한국사회정책연구원, 1992).
＿＿＿, "한반도 냉전체제가 남북한 사회복지에 미친 영향," 중앙대학교 대학
　　　원 박사학위논문, 1993.
＿＿＿, "남북한 사회복지 50년 성과와 전망,"『사회복지정책』창간호(한국사
　　　회복지정책학회, 1995).
＿＿＿, "남북한 사회통합을 위한 통합복지모델 연구,"『사회복지정책』제8권
　　　(한국사회복지정책학회, 1999).
김연명・김형식, "통일국가의 사회복지: 권리로서의 사회복지의 보장,"『한반

도 통일국가의 체제구상: 사회부문』(학술단체협의회 주최 해방50주년
기념학술대회자료집, 1995).

김영윤, "남북한 사회보장제도 비교,"『사회보장연구』 제10권 제2호(한국사회
보장학회, 1994).

김영종, "북한의 복지정책,"『계간북한연구』 가을호(대륙연구소, 1992).

김용현, "북한의 군사국가화에 관한 연구," 동국대학교대학원 박사학위 논문, 2001.

김현우·홍영진, "남북한 사회보장제도 비교,"『통일문제연구』 제19집(영남대
학교통일문제연구소, 1997).

김형식, "남북한 사회복지체제의 비교와 통합모형,"『남북한 교류와 사회복지
계의 과제』(한국사회복지학회 주최 추계학술대회발표논문집, 2000).

김치중, "용어풀이로 살펴 본 북한보험제도(상),"『손해보험』 343호(손해보험
사, 1997).(A).

______, "용어풀이로 살펴 본 북한보험제도(하),"『손해보험』 343호(손해보험
사, 1997).(B).

나병균, "전환기에 놓인 사회복지정책의 발전방향,"『21세기 나라의 길』(나라
정책연구원, 1995).

남궁영, "대북정책의 국내 정치적 갈등: 쟁점과 과제,"『한국정치의 쟁점과 언
론』(한국정치학회 주최, 제5차 한국정치포럼자료집, 2001).

노용환, "통일 후 북한주민의 생활보호 정책 과제,"『보건복지포럼』 통권 제13
호(한국보건사회연구원, 1997).

______, "통일한국의 사회복지정책 기본 추진방향,"『보건복지포럼』 통권 제
17호(한국보건사회연구원, 1998).

박명림, "냉전의 해체와 북한연구: 시각이론해석의 문제,"『창작과 비평』 제89
호(창작과 비평사, 1995).

박범종, "남북한 통일대비 복지재원 확보방안에 관한 연구: 독일통일 사례를 중
심으로,"『한국시민윤리학회보』 제23집 2호(한국시민윤리학회, 2010).

박순성·이상호, "사회정의와 정치경제학: 마르크스, 롤즈, 센,"『정치경제학
의 우회: 새로운 지평을 위하여』,『사회경제평론』 제11호(한국사회경
제학회, 1998).

박종삼 외, "사회정책 측면에서 본 남북한의 삶의 질 비교분석,"『한국사회복
지학』 통권 제33호(나남, 1997).

______, "남북한 사회통합을 위한 통합복지모델 연구,"『사회복지정책』 제8집
(한국사회복지정책학회, 1999).

박진, "통일한국의 소득보장정책과 사회보장제도 통합,"『통일한국의 사회보

장정책 방향』(한국사회보장학회 주최 1994년도 하반기 학술발표논문
　　　집, 1994).
박현선, "현대북한의 가족제도 연구: 가족의 재생산과 가족제도의 관계를 중
　　　심으로," 이화여자대학교대학원 박사학위논문, 2002.
서보혁, "탈냉전기 북－미관계에 관한 구성주의적 접근: 북한의 국가정체성을
　　　중심으로," 한국외국어대학교대학원 박사학위논문, 2003.
서울대학교 통일평화연구소, 『통일과 평화』 창간호(서울대학교 통일평화연구
　　　소, 2009).
성경륭, "통일한국의 사회통합을 위한 사회복지정책의 방향," 『통일한국의 새
　　　로운 이념과 질서의 모색』(한국정치학회 주최 제3회 한국정치세계학
　　　술대회발표논문집, 1993).
성기호, "북한의 의료실태와 의료정책," 『통일경제』 8월호(현대경제연구원, 2000).
송두율, "북한연구에 있어서 내재적 방법 재론," 『역사비평』 제28호(역사비평
　　　사, 1995).
안혜영, "북한이탈주민의 남한사회 적응과 사회복지적 대응에 관한 연구," 이
　　　화여자대학교대학원 박사학위논문, 2000.
오정수, "북한의 사회복지 제도: 변동과 전망," 『계간 북한연구』 2권 4호(대륙
　　　연구소, 1991).
______, "남북한 사회정책 변천의 비교연구: 국가성격에 기초한 사회정책 변
　　　천 동인의 분석," 서울대학교대학원 박사학위논문, 1993.
______, "해방 50년과 북한의 사회복지," 『상황과 복지』 창간호(인간과 복지, 1996).
______, "남북교류와 사회복지 공공부분: 전망과 과제," 『남북한 교류와 사회복
　　　지계의 과제』(한국사회복지학회 주최 추계학술대회발표논문집, 2000).
유광호, "사회보장의 개념에 관한 연구," 『사회보장연구』 제1권(한국사회보장
　　　학회, 1985).
이광찬, "21세기를 향한 한국사회보장의 개혁과제와 방향," 『사회정책연구』
　　　제16집(한국복지정책연구소, 1994).
이기옥, "복지행정의 기초이념: 비스마르크와 비버리지의 사회정책이념을 중
　　　심으로," 『한양대 사회과학논총』 제5집(한양대학교, 1986).
이명재·서동희, "통일 후 한국의 사회복지정책 통합방안－통일독일의 사례를
　　　중심으로," 『사회과학연구』 제19권(상명대학교 사회과학연구소, 2004).
이성봉, "북한의 자립적 경제발전 전략과 김일성 체제의 공고화 과정
　　　(1953~70)에 관한 연구," 고려대학교대학원 박사학위논문, 1999.
이온죽, "북한주민의 생활상과 의식변화 전망," 『통일경제』(현대경제사회연구

원, 1996).

이철수, "통일사회복지에 대한 담론," 『민주평통』 제306호(민주평화통일자문
　　회의, 2001)

______, "북한 사회복지 연구경향에 대한분석: 새로운 접근 방향과 모형," 『한
　　국사회복지의 개혁과제와 전망』(한국사회복지학회 주최, 2002년 춘계
　　학술대회자료집, 2002).(A).

______, "마르크스 복지인식에 관한 소고," 『아고라』 제4호(한국어외국어대학
　　교대학원, 2002).(B).

______, "7.1조치와 북한사회복지의 상관관계에 대한 고찰: 이념제도현실의 변
　　화를 중심으로," 『2003통일부 신진연구 논문집 II』(통일부, 2003).

______, "개성공업지구의 사회복지체제에 대한 연구: 기존 경제특구 복지조항
　　과의 비교를 중심으로," 『통일정책연구』 제14권 1호(통일연구원, 2005).

이희완, "평화통일과정에서 남북한 사회통합을 위한 사회보장의 방향," 『평화
　　학연구』 제9권 2호(한국평화연구학회, 2008).

임재형, "남북한 통일과정에 있어서의 사회복지에 관한 연구," 단국대학교대
　　학원 박사학위논문, 1997.

임현진, "남북한 사회복지의 비교," 『통일과정에서의 사회정책 과제』(서울대학
　　교 통일연구소 주최 서울대학교통일학기초연구심포지움자료집, 2007).

장중탁, "통일 이후의 사회복지제도 통합방안," 『통일논총』 12권 1호(동아대학
　　교 법정연구소, 1999).

정경배, "통일한국의 사회보장 정책방향," 『통일한국의 사회보장 정책 방향』
　　(한국사회보장학회 주최, 1994년도 하반기 학술발표논문집, 1994).

______, "한국 사회복지의 균형정책 방향," 『한국 복지정책의 쟁점과 방향』(한
　　국사회복지협의회 주최, 2011년도 학술발표논문집, 2011).

정우곤, "북한 사회복지제도와 사회경제적 계층구조 변화," 『국방연구』 제4권
　　제1호(국방부, 2006).

정은미, "북한주민의 '갈망(渴望)'적 통일인식과 새터민의 남한사회 적응 실
　　태," 『북한주민의 통일의식: 2008~2011 새터민의 의식조사 결과발표』
　　(서울대학교 통일평화연구원 주최 학술회의, 2011).

진재문, "초기 통일 과정에서의 사회복지적 대응," 『경남지역연구』 7호(경남대
　　학교 경남지역 문제연구원, 2002).

차문석, "사회주의 국가의 노동정책: 소련 중국 북한의 생산성의 정치," 성균
　　관대학교대학원 박사학위논문, 1998.

______, "사회주의 국가의 노동정책과 내전 - 소련 중국 북한 비교연구," 『국제

정치논집』 제40집 2호(한국정치학회, 2000).
차흥봉, "지방화시대의 사회복지수요와 사회복지사의 역할,"『지방자치시대와
　　　사회복지사 위상』(한국사회복지사협회 주최 발표 논문, 1994).
최종태, "독일의 사회복지제도,"『사회과학정책연구』제1권 제1호(서울대학교
　　　사회과학연구소, 1989).
현대경제연구소, "남북한 노동법제 비교를 통한 법제도 정비방안,"『통일경제』
　　　2000년 10월호(현대경제연구소, 2000).
함인회, "남북공화국연합단계에서의 사회복지 및 여성정책 교류방안에 관한
　　　연구,"『한국여성학』제3집(한국여성학회, 1987).
홍기준, "통일 후 남북한 사회통합: 새로운 이론구성을 위한 논의,"『국제정치
　　　논집』제39집 3호(한국국제정치학회, 1999).
황진수, "북한 사회보장제도에 관한 연구,"『북방연구』제3집(한성대학교, 1993).

3) 인터넷 자료

고용노동부, http://moel.go.kr.jsp(검색일: 2011. 10. 15.)
국민건강보험관리공단, http://nhic.or.kr(검색일: 2011. 10. 11.)
국민연금관리공단, http://nps.or.kr(검색일: 2011. 9. 10.)
근로복지공단, http://www.kcomwel.or.kr(검색일: 2011. 10. 20.)
보건복지부 통계포럼, http://team.mohw.go.kr(검색일: 2011. 10. 27.)
NK조선일보, http://www.nkchosun.com/news(검색일: 2011. 10. 1.)
경향신문, http://news.khan.co.kr/kh news/art(검색일: 2011. 10. 5.)
한국고용정보원, http://keies.or.kr(검색일: 2011. 10. 15.)

2. 북한문헌

1) 저서(단행본)

과학백과사전출판사 편,『조선민주주의인민공화국 국가사회제도』(평양: 과학
　　　백과사전출판사, 1984).
고영환,『우리민족제일주의론』(평양: 평양출판사, 1989).
김덕윤,『재정사업경험』(평양: 사회과학출판사, 1988).

김덕유,『인민대중 중심의 사회주의 제도』(평양: 평양출판사, 1992).

김승준,『사회주의 완전승리에서 소유문제와 그 해결방도』(평양: 백과사전출
　　　판사, 1989).

김인옥,『김정일장군의 선군정치 이론』(평양: 평양출판사, 2003).

김일성,『사회주의의 완전한 승리를 위하여』(평양: 조선로동당출판사, 1987).

김일성,『사회주의 농촌테제의 실현을 위하여2』(평양: 조선로동당출판사, 1994).

김정일,『주체철학에 대하여』(평양: 조선로동당출판사, 2000).

김현환,『김정일장군 정치방식연구』(평양: 평양출판사, 2002).

리기섭 편,『조선민주주의인민공화국 법률제도: 로동법』(평양: 사회과학 출판사, 1994).

리창근,『로동행정사업경험』(평양: 사회과학출판사, 1989).

리행오,『21세기를 내다보는 경제발전 추세』(평양: 사회과학출판사, 2004).

림이철·최금룡,『선군조선의 오늘』(평양: 평양출판사, 2007).

박동원,『사회적 필요 로동시간 계산과 경제관리의 개선』(평양: 사회과학출판
　　　사, 1983).

조선로동당중앙위원회당력사연구소,『조선로동당력사 교재』(평양: 조선로동
　　　당출판사, 1964).

　　　　　　　　　　　　　　　　　　,『조선로동당력사』(평양: 조선로동당출판
　　　사, 2006).

조선로동당출판사,『주체정치경제학독본』(평양: 조선로동당출판사, 1999).

　　　　　　　　,『위대한 수령 김일성동지께서 밝혀주신 인민생활을 균형적으
　　　로 발전시킬 데 대한 방침과 그 생활력』(평양: 조선로동당출판사, 1972).

사회과학출판사,『조선로동당 인테리정책의 빛나는 력사』(평양: 사회과학출판사, 2005).

서재영 외,『우리당의 선군시대 경제사상해설』(평양: 조선로동당출판사, 2005).

　　　　,『정치경제학연구의 몇 가지 문제』(평양: 사회과학출판사, 1988).

손종석 편,『정치경제학연구의 몇 가지 문제』(평양: 사회과학출판사, 1988).

주정희,『인민대중 중심의 사회주의 제도』(평양: 평양출판사, 1992).

승창호,『인민보건사업경험: 주체사상의 기치 밑에 새 사회건설에서 이룩한
　　　경험』(평양: 사회과학출판사, 1986).

승창호·리복희 편,『인민보건사업경험』(평양: 청년세대, 1986).

송국현,『우리민족끼리』(평양: 평양출판사, 2002).

심병철,『조국통일문제 100문100답』(평양: 평양출판사, 2003).

오현철,『선군과 민족의 운명』(평양: 평양출판사, 2007).

장석,『김정일장군의 조국통일연구』(평양: 평양출판사, 2002).

최중극,『사회주의 경제와 균형』(평양: 과학백과사전종합출판사, 1990).

______,『과도기와 사회주의 경제발전의 합법칙성』(평양: 과학백과사전출판사, 1987).

평양출판사 편,『외국인이 본 조선식사회주의』(평양: 평양출판사, 1992).

한득보,『주체의 사회주의 정치경제학의 법칙과 범주: 사회주의 경제에서의 기본
　　　분야들에서 작용하는 경제법칙과 범주』(평양: 사회과학출판사, 1992).

한석봉,『조선민주주의인민공화국 국가사회제도』(평양: 과학백과사전종합출
　　　판사, 1984).

홍순원,『조선보건사』(평양: 사회과학출판사, 1981).

2) 논문

강성산, "인민들의 물질생활을 끊임없이 높이는 것이 우리당 활동의 최고 원
　　　칙,"『근로자』제3호(근로자사, 1977).

강응길, "우리나라 사회주의 우월성을 높이 발양시키는 것은 사회주의 건설을
　　　성과적으로 수행하기 위한 근본 열쇠,"『근로자』제2호(근로자사, 1995).

김광일, "사회주의사회의 분배형태들과 그 지위,"『경제연구』제3호(과학백과
　　　사전종합출판사, 1999).

김원삼, "사회주의 하에서 인민생활문제의 가장 정확한 길,"『근로자』제9호
　　　(근로자사, 1971).

______, "우리나라에서 로동자, 사무원과 농민생활의 균형적 향상,"『경제연구』
　　　제3호(과학백과사전종합출판사, 1965).

김일성, "사회주의로동법을 철저히 관철하자,"『근로자』제11호(근로자사, 1979).

김재서, "사회적 소유를 강화하는 것은 사회주의 발전의 합법칙적 요구,"『근
　　　로자』제7호(근로자사, 1987).

김창원, "주체사상은 인간해방의 길을 과학적으로 밝혀주는 혁명학설,"『근로
　　　자』제12호(근로자사, 1987).

______, "사회주의적 민주주의는 근로인민 대중을 위하여 복무하는 국가활동
　　　의 기본 방식,"『근로자』제1호(근로자사, 1978).

김창주, "우리의 정권은 인민생활을 책임진 인민의 추복,"『근로자』제7호(근
　　　로자사, 1971).

김태근, "기본건설에서 당 정책 관철을 위한 몇 가지 문제,"『근로자』제13호
　　　(근로자사, 1962).

김하광, "사회주의 로동보수제를 정확히 실시하는 것은 사회주의 국가의 중요
　　　한 정치,"『근로자』제8호(근로자사, 1990).

김학봉, "수령, 당, 대중은 운명을 같이하는 사회정치적 생명체,"『근로자』제

12호(근로자사, 1987).

김형일, "수령은 사회정치적 생명체의 최고뇌수,"『근로자』제1호(근로자사, 1988).

류운수, "≪복지경제론≫자들이 설교하는 상품≪가치론≫의 허황성과 반동성,"『경제연구』제4호(과학백과사전종합출판사, 1998).

______, "≪복지경제론≫자들이 주장하는 물질적 부의≪공정한 분배≫에 대한 ≪리론≫비판,"『경제연구』제4호(과학백과사전종합출판사, 1997).

리정삼, "위대한 령도자 김정일동지의 인덕정치는 우리나라 국가사회보험 및 보장제도의 우월성을 규정하는 근본요인,"『경제연구』제1호(과학백과사전종합출판사 1997).

리수근, "로동계급과 농민의 계급적 차이 방도,"『근로자』제9호(근로자사, 1962).

문정석, "로동행정사업을 개선 강화하여 사회주의 현실에서 끊임없는 앙양을 이루자,"『근로자』제6호(근로자사, 1977).

박재영, "물질적 자극 문제해결의 원칙적요구와 기본 고리에 대한 주체적 해명,"『경제연구』제2호(과학백과사전종합출판사, 1997).

신영균·방명숙, "우리식 사회주의의 근본적 우월성,"『철학론문집18』제2호(사회과학출판사, 1996).

심은심, "사회생산물과 국민소득의 동태에 대한 연구,"『경제연구』제2호(과학백과사전종합출판사, 1999).

원준영, "사회주의 제도의 우월성,"『근로자』제7호(근로자사, 1966).

장영창, "사회주의사회에서 국가보험의 본질과 역할,"『경제연구』제1호(과학백과사전종합출판사, 1993).

전대영, "우리나라 사회주의제도는 우리 인민의 가장 위대한 혁명적 전취물,"『근로자』제8호(근로자사, 1968).

정광수, "현대제국주의 나라들에 류포되어 있는 기회주의적인 ≪복지국가≫론의 반동,"『경제연구』제3호(과학백과사전종합출판사, 2002).

정혁남, "주민수요에 기초한 인민소비품의 생산과 공급,"『경제연구』제2호(과학백과사전종합출판사, 1989).

최경인, "우리나라에서의 추가적 혜택에 대한 통계적 연구방법,"『경제연구』제2호(과학백과사전출판사, 1989).

최용남, "인민들의 물질문화적 수요에 영향을 주는 요인,"『경제연구』제2호(과학백과사전출판사, 2008).

최재림, "사회주의 하에서 사회급양은 근로자들의 식생활개선을 위한 사회적 봉사사업,"『경제연구』제1호(과학백과사전출판사, 1998).

한기호, "위대한 수령 김일성동지께서 마련하여주신 전반적 무상치료제는 가장 우월한 제도,"『주체의학』제2호(주체의학연구소, 1991).
한영철, "국제보험시장에서의 보험료 수입과 그에 영향을 주는 요인,"『경제연
　　　구』제4호(과학백과사전출판사, 2003).
______, "국제보험시장에 대한 조사연구에서 나서는 기본요구,"『경제연구』
　　　제4호(과학백과사전출판사, 2005).
허영금, "현 시기 국제보험시장에 일어난 변화의 중요특성,"『경제연구』제3호
　　　(과학백과사전출판사, 2003).

3) 정기간행물 및 사전 전집류

사회과학출판사 편, 『경제사전 Ⅰ·Ⅱ권』(평양: 사회과학출판사, 1985).
사회과학출판사 편, 『정치사전』(평양: 사회과학출판사, 1973).
사회과학출판사 편, 『철학사전』(평양: 사회과학출판사, 1985).
김일성, 『김일성저작집 1~44』(평양: 조선로동당출판사, 1979~1996).
______, 『김일성저작선집 1~40』(평양: 조선로동당출판사, 1967~1994).
______, 『김일성선집 1~28권』(평양: 조선로동당출판사, 1968~1984).
______, 『세기와 더불어 1~8』(평양: 조선로동당출판사, 1992~1998).
김정일, 『김정일선집 1~16』(평양: 조선로동당출판사, 1992~2011).
______, 『주체사상에 대하여』(평양: 조선로동당출판사, 1991).
______, 『친애하는 김정일동지의 문헌집』(평양: 조선로동당출판사, 1992).
『조선중앙연감』각호(평양: 조선중앙통신사, 1973~1997).
『로동신문』각호.
『민주조선』각호.
『조선신보』각호.
『경제연구』각호.
『철학연구』각호.
『근로자』각호.
『주체의학』각호.

3. 외국문헌

Carrier, John & Iran, Kendall. *Health and the National Health Service* (London: The Athlone Press. 1998).

Catherine Jones, *Patterns of Social Policy* (London: Tavistock Publications, 1985).

Clasen, Jochen, *Comparative Social Policy: Theories and Methods* (Oxford: Malden Mass Blackwell Pub, 1999).

Esping Andersen, Gosta, *The Three Worlds of Welfare Capitalism* (Princeton: Princeton University Press, 1990).

Frederick Pryor, *Public Expenditure in Capitalist and Communist Nations* (Homewood: Irwin, 1968).

Gaston V. Rimlinger. *welfare policy and Industrialization in Europe, America and Russia* (N.Y.: John Wiley & Sons, 1971).

Giddens, A, *The Third Way: The Renewal of Social Democracy* (Malden, MA: Blackwell Publishing Co, 1998).

Gilbert, N., & H. Specht. ed, *Handbook of the Social Services.* (Englewood Cliffs: Prentice —Hall, 1981).

Gilbert, N., & H.Spect, *Dimensions of Social Welfare Policy* (New Jersey: Prentice —hell, Inc, 1974).

H. L. Wilensky & L. Turner. *Democratic Corporatism and Policy Linkages* (Berkrley: University of California Press, 1987).

H. L. *Wilensky, The Welfare State and Equalty: Structural Ideological Roots of Public Expendituree* (Berkeley: Univ. of califonia press, 1975).

HOSO(ed,). *Social Welfare* (London: HMSO Publication Centre, 1994).

ILO, The Introduction to Social Security, 1984.

Joan Higgins, *States of Welfare: Comparative Analasis in Social Policy* (Oxford: Basil Blackwell & Martin Robertson, 1981).

John Dixon and Hyung Shik Kim(ed), *Social Welfare in Asia* (London: Croom Helm, 1985).

John Goldthorpe, "*Social stratification in industrial Socity,*" *Sociological Review* (Monograph: Univ. of Keele, 1864).

Lampert, Heinz. *Die Wirtschafts —und Sozialornund der Bundesrepublik Deutschland* (Muenchen: Wien, 1985).

Lampert, Heinz, *Lehrbuch der Sozialpolitik* (Berlin: Springer Verlag, 1991).

Mishra, Ramesh *Society and Social Policy* (N.Y.: Macmillan, 1980).

Mishra, Ramesh, *Society Policy: Theoretical Perspectives on Welfare* (London: McMillan, 1977).

Mishra, Ramesh, "Globalization and Social Security Expansion in East Asia," Linda Weiss ed., *States in the Global Economy: Bringing domestic institutions back in* (Cambridge: Cambridge University Press, 2003).

Peng, Ito and Joseph Wong, "East Asia." Castles, Francis G., Stephan Leibfried, Jang Lewis, Herbert Obinger ed. *The Oxford Handbook of the Welfare State.* (Oxford: Oxford University Press, 2010).

Przeworski, *A, Capitalism and Social Democracy* (N.Y.: Cambridge University Press, 1985).

Schurmann, *Ideology and Organization in Communist China* (Berkeley, Los Angeles: University of Califonia Press, 1968).

장용철

사회복지사이며, 시인(1985년 조선일보 신춘문예 등단)으로, 북한대학원대학교(석사), 동국대학교 북한학과(북한학 박사)에서 북한 사회문화를 전공하였다. 현재는 안양대학교 경영행정대학원 사회복지학과 교수로 재직하고 있다. 필자는 1995년부터 북한 교류 및 협력사업을 통해 사리원 금강국수공장 설립, 윤이상음악연구소 협력사업 등을 전개하였고, 진각복지재단 사무처장 및 기획이사, 윤이상평화재단 상임이사, 문화복지연대 공동대표, 안양대학교 산학부총장으로 활동하였다.

저서로는 시집 『늙은 산』, 명상에세이 『작대기』, 문화재 답사기 『잊혀진 가람탐험』, 『북한의 사찰』(공저) 등이 있고, 주요 논저로는 「북한의 '윤이상 음악' 연구」, 「김정일시대의 통치전략」, 「남북한 사회보장정책 비교 연구」 등이 있다.

통일한국의
사회보장정책

초판인쇄 | 2012년 08월 17일
초판발행 | 2012년 08월 17일

지 은 이 | 장용철
펴 낸 이 | 채종준
펴 낸 곳 | 한국학술정보㈜
주　　소 | 경기도 파주시 문발동 파주출판문화정보산업단지 513-5
전　　화 | 031) 908-3181(대표)
팩　　스 | 031) 908-3189
홈페이지 | http://ebook.kstudy.com
E-mail | 출판사업부　publish@kstudy.com
등　　록 | 제일산-115호(2000. 6. 19)

ISBN　978-89-268-3678-1 93330 (Paper Book)
　　　　978-89-268-3679-8 95330 (e-Book)

내일을여는지식 은 시대와 시대의 지식을 이어 갑니다.